Manfred Schmidt

REISEREPORTAGEN

LAPPAN

Inhalt

VORWORTE

Loriot: Mein Freund Manfred 5

Vorwort als Nachrede 8

REISEREPORTAGEN

DEUTSCHLAND

Brüder, zur Nacktheit, zur Sonne! 13

Rheinwein, Rummel und Romantik 27

Bei Müller, Kneipp und Bogomoletz 45

FRANKREICH

Wenn es nackt wird in Paris 58

Der Brieftaschen-Tango von Pigalle 73

Eine Nacht in Monte Carlo 84

ENGLAND

Tower, Themse und Tussaud 96

Für 55 Mark in hundert Klubs 120

Auf Geisterjagd an der Themse 136

SCHWEIZ

Highlife für 80 Pfennige 158

ÖSTERREICH

Wo die Mozartkugel rollt. 170
Bleibt Wien Wien?. 184

ITALIEN

Venedig fest in deutscher Hand. 196
Antike nur für Herren 208

GRIECHENLAND·BALKAN·TÜRKEI

Wanderer, kommst du nach Athen. 222
Pythia, Parnass und Poseidon. 244
Zwischen Hofbräuhaus und Harem – Der Orientexpress. 254

NORDAFRIKA

Auf Kreuzfahrt mit Frau Meier. 282
Bakschisch, Bauchtanz und Basare 303
Mit Frau Meier in die Wüste. 330

Loriot:
Mein Freund Manfred

Bevor ich dieses Vorwort zu schreiben begann, gab ich meinem Freunde Manfred zu bedenken, dass es doch seltsam sei, an einem Buch mitzuarbeiten, dessen Verkauf und Verbreitung mir aus Gründen gesunder, natürlicher Selbsterhaltung ein Dorn im Auge sein müsse, und es sei mir daher noch unklar, wie ich mich am besten aus der Affäre zöge. Er riet mir, doch einfach das zu schreiben, was ich an seinem Grabe zu sagen gedächte. Beschwingt greife ich zur Feder ...

Jeder Mensch braucht im Leben etwas, das ihn auf dem Boden der Wirklichkeit hält. Diese Aufgabe erfüllt für mich seit vielen Jahren mein Freund Manfred Schmidt. Ich verlöre mich sonst in einem Himmel rosiger Wunschträume, um mich dort womöglich grundlos wohlzufühlen.

Liege ich an einem warmen Sommertage am Gestade des Starnberger Sees, mit dem Blick in die sinkende Sonne ein Gefühl biedermeierlicher Zufriedenheit nährend, naht alsbald mein Freund auf dem Wasserwege. Mit kräftigem Ruderschlag setzt er sein Boot an Land, um neben mir Platz zu nehmen. „Bei diesem Föhn", sagt er unter Hinweis auf die besonnte, in makelloser Klarheit sichtbare Alpenkette,

„bei diesem Föhn möchte man sich umbringen". Und etwas später, während ihn Schmetterlinge umgaukeln und ein Segelboot sanft durch das Licht der Abendsonne gleitet, fügt er hinzu: „Diese Gegend ist infolge ihrer Witterung eigentlich nur geeignet für eine Strafkolonie." Während mein eben noch heiles Weltbild dumpfer Depression weicht, erhebt sich M. Sch., besteigt sein Boot und rudert erleichtert davon, mir noch lange fröhlich zuwinkend.

Der unwiderstehliche, strahlende Pessimismus meines Freundes erklärt sich durch seinen Geburtsort. Er ist Bremer. Bremer sind bekannt für ihr lustvolles Verhältnis zum Makabren. Schon als Knabe wurde er von einer Tante regelmäßig zum Friedhof mitgenommen, um dort mithilfe eines kleinen Hölzchens die auf dem Stein des Familiengrabes eingemeißelten Namen verblichener Vorfahren zu säubern. Damals kannten wir uns noch nicht. Erst sehr viel später trafen wir uns auf einer Faschingsveranstaltung unserer gemeinsamen Münchner Vertragsillustrierten. Er war in lange weiße Stoffbahnen gewickelt, die sich infolge seines ausschweifenden Tanzstils in Auflösung befanden und meterlange hinderliche Schlaufen zwischen seinen Beinen bildeten. Dazu trug er eine von den Ohren mühelos gehaltene Blätterkrone und schlug eine goldene Leier. Als Nero meiner ansichtig wurde, sagte er: „Sie heißen doch in Wirklichkeit Clausewitz oder so was."

Das ist jetzt zwanzig Jahre her, aber es scheint, als habe er gewisse exzentrische Züge des römischen Imperators nie mehr ganz abgelegt. Kürzlich befanden wir uns in einem kleinen, verkehrumbrandeten Pariser Straßencafé, wo er mich unter infernalischem Lärm und hautnahem Gedränge zu einem abgasgeschwängerten Aperitif einlud. Ich habe seine Augen nie so leuchten sehen. Allerdings muss gesagt werden, dass er in diesem Augenblick weniger den Konsum von Alkohol, als vielmehr den Genuss hochprozentiger Weltstadtatmosphäre im Auge hatte, ohne die er in seinem bayrischen Gartenparadies lustlos dahinwelken würde.

Im Übrigen wird seine phänomenale Beobachtungsschärfe nur noch übertroffen von der Sensibilität seiner Zunge. Ein geringfügiger Fehler in der Zubereitung seiner Lieblingssoße versetzt ihn in tiefe Niedergeschlagenheit. Andererseits riskiert er sein Leben, wenn es um das Wohl seiner Gäste geht. Kürzlich bewältigte er am Steuer seines Wagens mit einem gerösteten Spanferkel auf dem Rücksitz die acht Kilometer von der Kreisstadt bis zu seinem Haus in dreieinhalb Minuten, um das Tier knusprig auf den Tisch zu bringen. Ohne Spanferkel gilt M. Sch. als der besonnenste Fahrer des Voralpenlandes.

Diese Besonnenheit beruht nicht zuletzt auf dem bestimmten Gefühl, man habe ständig mit dem Hereinbrechen irgendeiner Katastrophe zu rechnen. Das veranlasst ihn, vor jeder Reise die besten Flaschen seines Kellers auszutrinken. Der Gedanke, im Falle seines Ablebens eine ungeleerte Flasche 64er Mouton Rothschild zu hinterlassen, erscheint ihm sündhaft und daher unerlaubt.

In meinem Freunde Manfred verbindet sich eine romantische Leidenschaft für die große, bunte Welt mit tiefem Misstrauen gegenüber ihrer Haltbarkeit. Und wer anfängt, in diesem Buch zu lesen, sitzt schon nach ein paar Seiten genauso in der Klemme.

Ammerland, im Sommer 1973
LORIOT

Vorwort als Nachrede

Ein rundes Dutzend Jahre meines Lebens habe ich damit verbracht, im Auftrage der Illustrierten „Quick" (und, was noch viel wichtiger ist, auf deren Kosten) in vieler Herren Länder herumzureisen und das, was den Leser interessieren oder gar zum Lächeln bringen könnte, in Wort und Bild zu Papier zu bringen.

Die Reportagen entstanden zwischen 1958 und 1970, stammen also aus einer Periode, deren Anfänge man als gute alte Zeit bezeichnen könnte. Viele Kleinigkeiten (Preise, Verkehrsverhältnisse, Moral und andere unwichtige Dinge) haben sich inzwischen geändert. Manches ist etwas besser, das meiste aber viel schlimmer geworden. Ich hätte jetzt alles umschreiben und auf den neuesten Stand der Dinge bringen können. Aber dieses Buch soll ja nicht als Reiseführer dienen, sondern nur erzählen, wie es damals war, als ich herumreiste.

An den vielen Urlaubszentren habe ich weit mehr gesehen, als in den Berichten drin steht. Aber die Länge der Reportagen war von der „Quick" genau vorgeschrieben. Aus angeborener Faulheit habe ich nie eine Zeile mehr geschrieben als nötig. Auch wusste man bei der „Quick" genau, was die Leser alles nicht wissen wollen. Deshalb wurde manches von stilbewussten Redakteuren gestrichen.

Das hatte seltsame Folgen wie im Falle einer Reportage über Wien: Ein Redakteur strich aus Rücksicht auf die österreichischen Leser alles raus, was als Bissigkeit hätte ausgelegt werden können. Mit dem

Erfolg, dass ich wenige Monate später in einem feierlichen Festakt im Wiener Rathaus für ebendiese Reportage die höchste Auszeichnung erhielt, die ein ausländischer Journalist an der Donau bekommen kann: Den „Goldenen Wiener Rathausmann", eine dem Hollywood-Oscar ähnliche, echt vergoldete Statue. Sie hätte eigentlich dem streichenden Redakteur zugestanden. Die Figur nahm ich mit und ließ dafür ein ungekürztes Exemplar der Reportage da. Seitdem habe ich nichts mehr aus Wien gehört.

Hier ist wohl der richtige Platz, um endlich einmal die häufigsten Leserfragen zu beantworten, die mir postalisch ins Haus flattern.

Viele wollen kaum glauben, dass mir unterwegs wirklich alles passiert, was an komischen Dingen passieren kann. Das kann aber jeder, der einmal mit mir reiste, bestätigen. Mein bloßes Auftreten lässt schnellstens groteske Situationen entstehen, ich übe eine geradezu magische Anziehungskraft auf skurrile Ereignisse aus. Das mag auch daran liegen, dass ich mich unterwegs auf alles einlasse, wovor normale Touristen aus Angst vor etwa entstehenden Kosten zurückschrecken. Ich reise ja, wie schon erwähnt, stets auf Kosten der „Quick", die auch die eigenartigsten Spesenrechnungen wie „Meine Brieftasche wurde an der Place Pigalle geklaut: DM 870,–" oder „Gepäckträger zwischen München und Kairo DM 540,80" anstandslos beglich. Die letztere Rechnung veranlasste allerdings den Buchhalter zu der berechtigten Frage: „Haben Sie etwa einen Münchner Dienstmann auf die ganze Reise mitgenommen?" Das wäre wahrscheinlich billiger gewesen.

Ein anderer Grund für die vielen Abenteuer: Ich lasse mich nicht nur auf alles ein, sondern lasse mir auch viel Zeit. Stunden- und tagelang wandere ich in jeder fremden Stadt durch die Straßen. Zunächst die Hauptstraße rauf, dann die erste Parallelstraße runter, die nächste wieder rauf, dann kreuz und quer. Wo man hineingehen kann, gehe ich hinein, und wo man sich hinsetzen kann, setze ich mich hin. Jeder kleine Tisch am Straßenrand, wo man einen Kaffee serviert bekommt, ist ein schönerer Platz als eine Proszeniumsloge im besten Theater.

Da sitze ich dann, hänge meinem geradezu krankhaften Beobachtungstrieb nach und denke angesichts des wildbewegten Lebens und Treibens vor meiner Nase an dieses und auch an jenes. Was dabei herauskommt, kann ich allerdings zum größten Teil wegschmeißen, denn es ist nur selten lustig. Und der Leser verlangt mit Recht was Lustiges.

Beim Herumbummeln lese ich jedes Schild und jede ausgehängte Speisekarte, sodass ich nach einem durchwanderten Vormittag stets ein besonders gutes, wenn nicht gar das beste Restaurant am Platze entdeckt habe. Da mache ich dann die verdiente Mittagspause.

Vielen Lesern ist schon aufgefallen, dass das Kulinarische in meinen Berichten eine Hauptrolle spielt. Der Verdacht, dass ich nur reise, um überall die Spezialitäten des Landes zu essen, kann nicht von der Hand gewiesen werden. Alle Freunde fragen mich vor Antritt einer Reise: „Wo sollen wir da und dort essen?" Sie haben es noch nie bereut, meine Ratschläge befolgt zu haben.

Sehr häufig werde ich gefragt, warum ich eigentlich meistens allein und nicht mit meiner Frau reise. Das liegt einerseits daran, dass die Großzügigkeit des Verlages betreffs Spesen irgendwo ihre Grenzen hat. Andererseits aber daran, dass auch die widerstandsfähigste Dame meinen Reisemethoden nicht gewachsen ist. Meine Frau ist ein

paarmal mitgefahren und schwor hinterher jedes Mal: „Nie wieder!"
Das lag an meinem „Sich-auf-alles-Einlassen", aus dem sich naturge-
mäß viele Misshelligkeiten und Aufregungen ergeben. Ich selber habe daran viel Spaß, was man aber von keinem auf Erholung bedachten
Mitreisenden verlangen kann.

Meine meist daheimgebliebene Frau freute sich immer wieder,
wenn ich von einer abenteuerlichen Reise zurückkam und allerlei zu
erzählen wusste. Sie freute sich dann aber auch (Loriot behauptet:
„Noch mehr!"), wenn ich endlich wieder zwecks einer neuen Reportage wegfuhr.

Am häufigsten taucht in den Leserbriefen die Frage auf, warum in
meinen Berichten nie eine Flugreise vorkommt. Das hat seine inzwischen weit zurückliegenden Gründe: Am Ende des vorigen Krieges,
in dem ich ziemlich viel herumgeflogen wurde, leistete ich einen heiligen Eid: „Nie wieder in die Luft! Der Mensch ist kein Vogel!" Daran
habe ich mich konsequent bis heute gehalten.

Der Gedanke, in einen stromlinienförmigen Behälter eingeschlos-
sen und dann – wie man im Düsenzeitalter ohne Übertreibung sagen
kann – in ein fernes Land hinübergeschossen zu werden, hat für mich
nichts Verlockendes. Wenn ich mit Auto, Bahn oder Schiff etappen-
weise und gemütlich meinem Reiseziel entgegentuckere und auch irgendwann ankomme, habe ich das schöne Gefühl, wirklich weit weg
zu sein. Und unterwegs gibt es immer was zu sehen, die Zeit ist nie
verloren. Leute, die fliegen, werden auch nicht älter als andere. Was
ist denn in zehntausend Metern Höhe schon los? So gut wie nichts.
Und wenn da oben wirklich mal was los ist, wirkt sich das meistens
sehr unangenehm aus.

Ich gebe zu: Für Leute, die mit ihren Urlaubstagen ein Maximum an Ferien erreichen möchten, ist die Flugreise ideal. Aber in meinem speziellen Fall liegt die Sache so, dass ich nie Urlaub gehabt habe, wenn auch ahnungslose Engel behaupten, ich hätte nichts anderes gemacht.

Nach diesem überlangen, aber notwendigen Vorwort kann ich die Leser nur noch bitten, bei der Lektüre des Buches wohlwollend über diverse Wiederholungen hinwegzusehen. Mein Wortschatz ist ziemlich bescheiden, was damals nicht so sehr auffiel, als die Reportagen im Abstand von einem Monat erschienen. In der konzentrierten Form eines Buches merkt man es wahrscheinlich.

Aber ganz so naiv, wie man aufgrund dieser Reportagen annehmen könnte, glaube ich nicht zu sein.

M. SCH.

Brüder, zur Nacktheit, zur Sonne!

Dass Kampen auf Sylt der ganz große Geheimtipp für erlebnisreiche Badeferien ist, weiß wohl jeder. Und deshalb ist der idyllische Ort in der Hochsaison bis auf die kleinste Dachkammer ausverkauft.

Ich wollte nur eine kurze Stippvisite machen und verließ mich auf das vielverbreitete Gerücht, dass man auf Sylt für eine Nacht immer noch sehr leicht etwas findet.

Das Gerücht stimmte ebenso wenig wie manches andere, was hinter vorgehaltener Hand vom Leben und Treiben in Kampen erzählt wird. Stundenlang musste ich in den weitverstreuten, niedrigen Strohdachhäusern herumfragen, bis man mir endlich eine kleine Höhlenwohnung anbot. Sie war in den Steilhang eines „Sonnenkliff" genannten Hügels hineingegraben und mit einem halben Dutzend ähnlicher Urlaubsbehausungen durch schmale, von hohen Sandrosen umwucherte Trampelpfade verbunden. Von außen sahen die aus Ziegelsteinen und Faserplatten zusammengebastelten und vom Besitzer stolz „Bungalows" genannten Notwohnungen ziemlich trostlos aus. Innen waren sie aber hübsch eingerichtet und mit Licht und fließendem Wasser ausgestattet.

Der Vermieter, ein agiler alter Herr in Shorts, wollte mich gerne für zwei Tage aufnehmen, hatte aber keine Bettwäsche mehr. „Die

Wäscherei kommt in der Hochsaison nicht nach, sie liefert frühestens übermorgen. Aber Sie kennen doch sicher den Reporter Max S. ...?" (Er nannte den Namen eines Kollegen, der für eine Illustrierte tätig ist.) Ich gab zu, dass ich Mäxchen kenne. „Großartig", rief strahlend der Schlummervater, „seine Laken und Bezüge habe ich noch, er hat nur eine Nacht drin geschlafen, die können Sie doch als Kollege ruhig nehmen!"

Höflich, aber bestimmt lehnte ich ab, womit nichts gegen Mäxchen S. gesagt sein soll. Ich wollte lieber unter meiner Reisedecke schlafen. Wo kämen wir denn hin, wenn bei fortschreitendem Arbeitskräftemangel die Hotelbettwäsche nach Berufsgruppen weiterbenutzt wird?

Diese kleine Bett-Episode ist natürlich keineswegs typisch für Kampen. Sie wirft aber ein bezeichnendes Schlaglicht auf die Leichtigkeit, mit der hier manche Ferienprobleme gelöst werden.

Nun strebte ich zum Badestrand. Aber wo war er? So weit das Auge reichte, sah man nur Dünen, Dünen und nochmals Dünen, dazwischen eine stark befahrene Autostraße. Der Zufall wollte, dass zwei Damen in neckischen Spielanzügen den Trampelpfad vor meiner Hütte entlangkamen. Ich fragte sie nach dem Weg zum Strand. „Gehen Sie mit uns", sagte die eine, „wir kennen eine Abkürzung!" Ich stellte mich vor und merkte zu meiner Freude, dass die beiden Strandnixen literarisch hochgebildet waren, denn sie kannten mein nunmehr in drei bescheidenen Bänden vorliegendes Gesamtwerk.

Auf dem halbstündigen Fußmarsch durch die Dünen erzählten sie mir Kampener Geschichten.

Ich erfuhr, das Sylt ein sogenanntes Reizklima hat. Wer zum Trunke neigt, trinkt hier angeblich das Doppelte. Und mit allen anderen Schwächen soll es, wenn ich den Damen glauben durfte, ähnlich sein. An der letzten Dünenkuppe vor dem Strand kam uns auf dem schmalen, durch den Sand führenden Holzsteg ein splitternackter Mann entgegen. Er hatte mit dem klassischen Apoll nur das Konstruktionsprinzip gemeinsam, ansonsten Hängeschultern, Spitzbauch und O-Beine. Die Damen stutzten, aber nicht wegen des Adams, sondern wegen meines erstaunten Gesichtsausdrucks.

„Wollten Sie etwa *nicht* zum FKK-Strand? Alle besseren Leute gehen hierher. Zum Textilstrand gehen doch nur noch die Spießer!"

„FKK" heißt „Freikörperkultur". Das Wort ist ein echtes Missverständnis, denn bekanntlich fing die Kultur damit an, dass die Menschen ihre Blößen mit irgendetwas Hübschem bedeckten, einem Tierfell oder einem Stückchen bunten Stoffes. Die Freikörperkulturschaffenden tragen dagegen, wenn es irgend geht, keinen Faden am Leibe.

Leicht geniert blieb ich stehen. Da sagte die eine Dame: „Sie können ruhig Ihre Hose anbehalten, solange wir zu unserem Strandkorb gehen." Ein großzügiges Angebot.

Hinter der Dünenkuppe entfaltete sich vor mir eine Szenerie, wie ich sie bisher nur aus Angstträumen oder künstlerischen Darstellungen des Jüngsten Gerichts kannte. Tausende von nackten Männlein und Weiblein gaben sich der Sonne, dem Meere und Ballspielen hin. Wegen der kühlen Brise trugen einige FKK-Anhänger kurze Hemden oder Pullover, doch nur oben.

Wer sich nun unter einem Freikörperkulturstrand etwas die Sinne Aufreizendes vorstellt, täuscht sich gewaltig. Etwas Deprimierenderes kann es kaum geben. Meine erste Gedanken-Assoziation: Zoologischer Garten. Viele der Nackedeis hatten sich nämlich, bevor sie

Mit Worten lässt sich ein Freikörperkulturstrand kaum beschreiben. Auch diese Zeichnung kann dem Leser natürlich bei Weitem nicht alles zeigen, was an einem Tummelplatz der Lichtfreunde zu sehen ist. Die im Prinzip wahrheitsgetreue, in der

Ausführung aber stark geschmeichelte Wiedergabe textillosen Badelebens vermag dem Beschauer nur einen ungefähren Eindruck zu geben. Der aber genügt völlig. An Geselligkeit ohne Hose gewöhnt man sich schneller, als der Laie glaubt.

hierherkamen, irgendwo anders mit Badehose bräunen lassen. Die nun nachträglich der Sonne ausgesetzten Gesäße leuchteten frisch-verbrannt und rot, was den unvoreingenommenen Beschauer sofort an Paviane denken ließ.

Meine zweite Gedanken-Assoziation war die einer Musterung beim Militär. Das Ganze sah aus, als kämen gleich die Stabsärzte, um die Leute je nach Geschlecht zur Infanterie, zur Artillerie oder zu den Nachrichtenhelferinnen einzuteilen.

Meine Begleiterinnen machten mich mit den Grundregeln des FKK-Lebens vertraut: „Sonnenbrillen sind verpönt, weil man da nicht weiß, wo Sie hingucken. Vor allem müssen Sie immer so tun, als ob Sie und alle anderen eine Hose anhätten."

Da könnte man sie ja gleich anbehalten, aber das wollen die FKK-ler auch wieder nicht.

Wir gingen zwischen den vollbesetzten Strandkörben und Sand-burgen hindurch. Jedem, der bisher den FKK-Strand mied, weil er sich nicht für schön genug gewachsen hielt, kann ich verraten: Er mag unbesorgt hingehen, denn so missgestaltet kann man gar nicht sein, dass man hier nicht noch Schlimmeres fände.

In einem Strandkorb saß eine etwa zwei Zentner schwere Dame, die nur mit einem kleinen, lebensfrohen Rhesusaffen bekleidet war, der auf ihrem Busen herumturnte. Man sagte mir, dass diese Tier-freundin damit sehr geschickt das Verbot umging, Hunde an den Strand mitzubringen.

Unten am Strand kam uns ein seltsames Paar entgegen: Beide para-diesisch nackt, der Herr trug seine Badehose aber auf dem Kopf, und die Dame hatte sich den Bikini um die Frisur geknotet. Es handelte sich um Leute, die eine längere Wattwanderung machten, und da außerhalb des FKK-Strandes Hosenzwang herrscht, hatten sie ihre Textilien griffbereit bei sich.

Ich begleitete meine beiden Weggefährtinnen weiter bis zu ihrem Strandkorb. Dort traf ich Freunde aus Berlin. In nackten Worten sagte man mir: „Wenn Sie hierbleiben wollen, müssen Sie sich den FKK-Bräuchen fügen."

Was blieb mir übrig? Nichts. Wer hier eine Hose anhat, kommt sich vor wie ein nackter Mann auf einer korrekt gekleideten Abendgesellschaft.

Wir liefen hinunter zum Meer, um zu baden. Aber das rechte Freikörpergefühl wollte sich bei mir nicht einstellen. Mich bedrückte, wenn ich so sagen darf, die fehlende Badehose. Während alle anderen sich kreischend in die rauschende Brandung stürzten, wich ich ängstlich zurück und verzichtete. Wer die reiche Nordsee-Fauna kennt, die vom zangenbewehrten Taschenkrebs über den stachligen Seeigel bis zur heftig beißenden Qualle alle Spielarten aufweist, wird Verständnis dafür haben.

Auf dem Rückweg zum Strandkorb bat mich eine Dame um Feuer, ein Beweis dafür, dass Freikörperkultur optimistisch macht.

Mir fiel auf, dass fast nirgends am Strand gelacht wurde. Wahrscheinlich wollen die Leute den Verdacht vermeiden, dass sie den Anblick der anderen komisch finden.

Wie froh war ich, als ich endlich meine Hose wieder anhatte! Und als ich dann nach kurzer Dünenwanderung den Textilstrand erreichte, sang ich innerlich das Lob der Bademodenschöpfer, denen wir so viele schöne Illusionen verdanken. Die bunten Farbflecken der Bikinis und Badehosen waren nach dem reichlich zoologischen Gesamteindruck des FKK-Strandes eine Wohltat fürs Auge. Schöner waren die Menschen hier auch nicht, aber in ihren Bewegungen viel freier. Daraus möchte ich den tiefgründigen Lehrsatz ableiten: Eine Hose, die man nicht anhat, hemmt. Und Leute, die sich in Gesellschaft ohne Hose freier fühlen, sind irgendwo verklemmt.

Der appetitlichste Anblick dieses Tages wurde mir in Keitum geboten, einem wunderhübschen, nur zehn Kilometer von Kampen entfernten Dorf. Beim „Fisch-Fiete", wo laut Speisekarte „nach alter deutscher Sitte" gekocht wird, bekam ich „Muscheln à la Fiete" vorgesetzt. Von einem italienischen Ober serviert, nach neuer deutscher Sitte. Die Muscheln waren ohne Schale, sozusagen FKK-Muscheln, aber bei dieser Spezies von Schaltieren mag das angehen.

Bei Einbruch der Dunkelheit fuhr ich mit einem Taxi nach Kampen zurück, um das berühmt-berüchtigte Nachtleben zu inspizieren. Der Chauffeur entpuppte sich als Soldat, der tagsüber im nahegelegenen Fliegerhorst Dienst schob und abends mal etwas Nützliches tun und außerdem ein paar Mark verdienen wollte.

Während wir durch das Gewühl teuerster Wagen hindurchlavierten, klagte er: „Die fahren hier alle wie die gesengten Säue. Am schlimmsten sind die alten Kerls mit den dicken Sportwagen, die sich hier Teenager aufreißen. Die Mädchen fliegen auf die PS, die einer unter der Motorhaube hat. Mehr ist ja auch meistens nicht da."

In diesem Augenblick überholte uns laut aufheulend ein zweisitziger Jaguar, der sich vor einem entgegenkommenden Ferrari gerade noch in eine Kolonnenlücke drängen konnte. Am Steuer saß eine knapp volljährige Blondine, daneben ein Endfünfziger, dem die

Haare bei dieser Fahrweise nicht zu Berge stehen konnten, weil er keine mehr hatte.

„Die Puppe habe ich gestern noch in einem Porsche beifahren sehen", sagte der Taxifahrer, „die arbeitet sich langsam rauf!"

Und dann wies er mich nicht etwa auf die landschaftlichen Schönheiten der Insel hin, sondern auf diejenigen Stellen, an denen es in diesem Jahre schon schwere Unfälle gegeben hatte. Zehn Unfalltote, alle wegen überhöhter Geschwindigkeit, hatte das Ferienparadies seit Saisonbeginn bereits zu verzeichnen. Der Promillegehalt liegt auf den Straßen Sylts nachts weit über dem Bundesdurchschnitt, denn hier gibt man sich abends dem Suff hin. Wahrscheinlich, um das desillusionierende Bild des FKK-Strandes zu vergessen.

Meine erste Station war „Ponys Bar", ein strohgedecktes Bauernhaus, das innen als „Western Saloon" eingerichtet ist. An der halbhohen Klapptür stand eine blonde Dame in grünseidener Bluse, sah mich scharf (im Sinne von „musternd") an und sagte:

„Es ist alles besetzt!" Ich guckte hinein: Das Lokal war höchstens zur Hälfte gefüllt.

„Alles reserviert!", teilte mir die Zerberussin mit. Auf meine Frage, wann ich es noch mal versuchen könnte, kam die überraschende Antwort: „Im Oktober." So lange wollte ich nicht warten, denn es war Anfang August. Mit einigen anderen abgewiesenen Pony-Aspiranten verließ ich das Etablissement und hörte, wie die verhinderten Gäste ehrfurchtsvoll äußerten, dass es hier eben besonders exklusiv sei und dass die Prominenten mit Recht unter sich sein wollten. Vor der Tür traf ich einen Bekannten, Inhaber einer Hamburger Reinigungsfirma. Mit dieser echten Prominenz kam ich ohne Weiteres hinein.

Das Bedienungspersonal war eine Augenweide. Drei bildhübsche Mädchen in hautengen Strandhosen, dazu natürlich auch eine Bluse. Der FKK-Gedanke ist erfreulicherweise noch nicht bis in die Lokale gedrungen, denn hier sollen die Gäste ja Appetit bekommen.

Mein Prominenter duzte das ganze Personal einschließlich Barmann. (Das ist bekanntlich das Höchste, was man in diesem Leben erreichen kann.) Er vertraute mir an, dass die eine Kellnerin Drogistin sei, die zweite bald Starlet und die dritte Krankenschwester. In welchem Krankenhaus konnte ich leider nicht herausbekommen. Die jungen Damen verbrachten hier einen wohldotierten Urlaub.

Trotz schärfster Gäste-Auswahl, die von der grünseidenen Dame an der Tür getroffen wurde, war das Lokal binnen einer halben Stunde so voll, dass kein Apfel mehr zur Erde fallen konnte. Aber Twist wurde trotzdem getanzt. An der Bar standen die Gäste in drei Reihen hintereinander. Für die hinten Stehenden hing unter der Decke ein Brett zum Abstellen der Gläser.

Wenn man den Gesprächen lauschte, musste man den Eindruck gewinnen, dass dieses Lokal dem Freundeskreis des Krupp-Bevollmächtigten Beitz als Treffpunkt diente. Ich schnappte auf: „Also ick sage zum Beitz, also Berthold, sage ick …" – „Ich rauf zum Beitz und sage: Nun höre mal zu …" usw. Der Beitz mit seinem Ferienhaus auf Sylt muss einen gewaltigen Freundeskreis haben, von dem er selber womöglich noch gar nichts weiß.

Auch der Name eines Hamburger Zeitungsverlegers, der seine Kampener Liegenschaften im Hubschrauber anzufliegen pflegt, wurde oft genannt. Er schien aber im Sozial-Prestige nicht so hoch im Kurs zu stehen.

Wer nicht mit seinen Beziehungen protzte, sprach über sein Auto. Und wenn das nicht zog, redete man von der Liebe, und zwar in einer Offenheit, die ich bisher nur aus medizinischen Veröffentlichungen kannte.

Nebenan bei „Charly" hatte die Innenausstattung einen völlig anderen Stil. Kronleuchter, Spiegel, venezianisches Glas, Samt, Seidendraperien, chintzbezogene Sessel und dicke Teppiche. Das alles befand sich unter einem anheimelnden Strohdach und sollte dem Gast ein echtes Wohlstandsgefühl vermitteln.

Aber auch mit ärmlichster Ausstattung kann man snobistische Gäste anlocken, wie Valeska Gerts „Ziegenstall" beweist. Man sitzt auf Strohsäcken vor kleinen Holzkrippen, in denen die Gläser stehen. Die angeblichen Nachwuchsschauspielerinnen, die das Programm mit literarisch mehr oder weniger hochstehenden Nummern bestreiten, machen dem „Ziegenstall" alle Ehre.

In der „Kupferkanne", einem ehemaligen Flakbunker und einer noch ehemaligeren Thing-Stätte, saufen die Germanen aller Altersklassen immer noch eins, und in der „Buhne 16" kann man kurz vor Lokalschluss das Spezialgetränk „Tirili-Tirila" bekommen, vor dem ich jeden warnen möchte, denn es ist nicht nur enorm teuer.

Stark verkatert fuhr ich am nächsten Morgen nach Westerland. In diesem Badeort weht ein viel rauerer Wind als in Kampen. Die Pensionen heißen „Germania", „Viktoria Luise", „Windhuk", „Bismarck" oder „Schützenhaus". Und wenn sie anders heißen, sehen sie doch so aus. Wie Rothenburg ob der Tauber das gut erhaltene Mittelalter repräsentiert, ist Westerland eine Architekturperle aus der Zeit um die Jahrhundertwende. Es hat deshalb auch ein ganz spezielles Publikum.

Nach Westerland gehen Leute, die alles lieben, was hart macht. und das tut das Seeklima. Die rührige Kurverwaltung hat, um mit der Zeit zu gehen und Kampen etwas Nudität abzugraben, ebenfalls einen FKK-Strand eingerichtet. Er ist aber bei Weitem nicht so frequentiert wie der Westerländer Textilstrand. Hier ist man konservativ, was nicht unbedingt „prüde" bedeutet. Im Schaufenster eines Fotogeschäftes las ich den Hinweis: „Im Laden große Auswahl von Strandfoto-Dias, nur für Erwachsene." Daneben lag ein Album mit der goldgeprägten Aufschrift „Meine Dienstzeit". Auch ein „Bruststativ für alle Zwecke" wurde angeboten, sicher ein sehr interessantes Gerät.

Am Abend besuchte ich den großen „Filmnachwuchswettbewerb" im Tivoli. Diese Veranstaltung wird seit nunmehr vierzig Jahren von einem gewissen Herrn Fischer aufgezogen, der die Festivität mit einigen ihn selber ergreifenden Worten eröffnete und unter anderem sagte: „Viele der Bewerberinnen meiner früheren Konkurrenzen sind beim Film etwas geworden, wenn sie nur richtig wollten." Wie wichtig das beim Film ist, bewies der Beifall. Der Conférencier, der dann auftrat, kannte sein Publikum. Er erzählte den Witz von dem neuen italienischen Panzer, der auch einen Vorwärtsgang hat. (Das war schon der Witz, und die Gäste brüllten vor Lachen.) Dann behauptete er, dass der Herrgott, im eklatanten Widerspruch zu einem bekannten Wiener Lied, keinesfalls Wiener sein könne. Denn dann wäre die Welt bis heute nicht fertig. Mit solchen wohlgezielten Pointen kitzelte der Alleinunterhalter das Nationalbewusstsein seiner Zuhörer dort, wo es am dunkelsten ist.

Nach dieser geschickten Vorwärmung des Publikums begann die Parade der nach Filmruhm dürstenden Amateurinnen. Der

Plauderkünstler fragte jede Bewerberin nach ihrem Namen und machte dabei charmante Scherzchen wie: „Sie sind also Fräulein Mönkemeyer ... hieß Ihr Vater auch Mönkemeyer?" Das Gelächter war groß, und auch Fräulein Mönkemeyer lachte herzlich mit.

Die jungen Damen wurden nach ihren Hobbys gefragt. Fast alle antworteten. „Reiten, Schwimmen, Segeln und Lesen." Nur eine gab als Hobby „Schwere Musik und kleine Kinder" an, was dem Conférencier Gelegenheit zu köstlich humorigen Anspielungen gab.

Ebenso dankbar waren die Antworten auf die Frage nach dem Beruf, denn fast alle sagten: „Ich lerne noch ..." Als ein Mädchen sich als „Mannequin und Fotomodell" bezeichnete, fragte der Showmaster charmant: „Wie interessant! Was gibt's denn Neues in London?" Das geistig außerordentlich rege Publikum verstand sofort, was gemeint war, und lachte aus vollem Halse.

Vierzehn Leinwand-Aspirantinnen trabten, stelzten oder stakten dann mit nummerierten Papptafeln um die Tanzfläche herum, immer wieder vom Conférencier ermahnt, „die Nummer stets hochzuhalten". Und sogar das gab dem Publikum Anlass zur Heiterkeit.

Ich ging vorzeitig, ohne erfahren zu haben, welche Maid die auf einem Plakat versprochenen „sehr netten Preise" errang. Ob man die eine oder andere demnächst auf der Leinwand erleben wird, ist schwer zu sagen. Beim deutschen Film ist nichts unmöglich.

Ich machte noch eine kleine Runde durch die Lokale. Überall wurden unheimliche Mengen von Schnaps und Bier konsumiert. Als Begründung wurde mir angegeben, dass die Kurgäste aus gesundheitlichen Gründen tagsüber in der Trinkhalle Meerwasser mit Tomate trinken. Das macht natürlich Durst.

Sylt ist also, wie man sieht, die ideale Urlaubsinsel. Es gibt dort Erholungsformen für jeden Geschmack. Von der knallvollen, kontaktfördernden Tanzbar bis zur seewindumspielten Watt- und Düneneinsamkeit. Das harte, aber gesunde Klima hat den Vorteil, dass Sie Ihre Skipullover auch im Sommer benutzen und somit schneller amortisieren können.

Sylt bietet Sonne, See, Sand, Suff und sogar Sex. Letzteres allerdings nur, wenn Sie sich etwas Mühe geben und den FKK-Strand meiden.

Rheinwein, Rummel und Romantik

Kein Strom der Welt hat Dichter und solche, die sich dafür hielten, so stark zur Absonderung von Versen veranlasst wie der Rhein. Dass er auch heute noch zum Dichten anregt, konnte ich an der Landungsbrücke in Mainz beobachten. Dort malte der Schalterbeamte folgenden selbstgemachten Vers liebevoll auf eine große Tafel:

> *Autofahren strapaziös,*
> *Schilder, Stockungen machen nervös!*
> *Will man seine Nerven stählen,*
> *Muss man eine Rheinfahrt wählen!*

Das ließ ich mir nicht zweimal sagen. Eine kleine Nervenstählung kann man immer brauchen.

Ich hatte das große Glück, auf einem zwischen Basel und Rotterdam verkehrenden Passagierschiff für zwei Tage eine Kabine zu bekommen, mit großem Aussichtsfenster und einem Zahnputzglas, das durch eine Magneteinlage am Waschbecken festgehalten wurde und deshalb nicht scheppern konnte.

Majestätisch glitt das blütenweiße Schiff dem Vater Rhein den Buckel runter, vorbei an Rebenhügeln und gewaltigen Werken der chemischen Industrie. Beide haben natürlich nichts miteinander zu tun.

Für die reinheitsbewussten Winzer sind Kontakte zur Chemie etwa das, was Ostkontakte für Politiker sind. Böse Weinkennerzungen behaupten allerdings, dass es hin und wieder Querverbindungen gäbe. Sehr schlimm kann es aber nicht sein, denn ein angeklagter Weinpanscher brachte kürzlich zu seiner Verteidigung vor: „An meinen Weinen ist noch keiner gestorben!" Dass er trotzdem verurteilt wurde, ist ein erfreulicher Beweis für den Willen der deutschen Justiz, wenigstens den deutschen Wein sauber zu halten.

Auf dem Oberdeck lagen die Passagiere in bequemen Stühlen neben dem Swimmingpool und sogen sich voll Romantik. Jeder hatte den auf anderthalb Meter Länge verkleinerten Rhein mit eingedruckten Erklärungen auf dem Schoß. Ein korrekter Schweizer hakte das Gesehene jeweils ab. Fast lautlos zog das Schiff an berühmten Flaschenetikett-Orten vorbei. Ich machte es mir bequem, jeden Augenblick mit einem aus den Lautsprechern herniederprasselnden Rheinliederpotpourri rechnend. Aber nichts dergleichen geschah. Die nervenstählende Ruhe wurde nur hin und wieder vom Aufkreischen der Mitglieder eines Kölner Damenkegelklubs unterbrochen. Die durchweg stark ausgereiften Damen erzählten sich Herrenwitze.

Die umsitzenden Engländer, Amerikaner, Holländer und Skandinavier zuckten bei jedem Kreischen indigniert zusammen. Sie wussten nicht, dass es keine bessere Vorbereitung für den am Abend geplanten Besuch der Rüdesheimer Drosselgasse geben konnte.

An Steuerbord wurde Skat gedroschen, und zwar vom Pendant des Kölner Damenkegelklubs, einem Frankfurter Herrenkegelverein.

Als wir am Schloss Johannisberg vorbeifuhren, der Heimstätte eines der berühmtesten deutschen Weine, rief uns der Gong in den Salon. Dort gab es nicht etwa, wie ich im Stillen gehofft hatte, einen erlesenen Tropfen, sondern Tee und Kaffee. Dazu reichten die Ober süßes Backwerk. Ein diskret zuschlagender Pianist servierte Lieder, in denen „Rhein" sich immer wieder so glücklich auf „Wein" und „Mägdelein" reimt. Wie froh können wir sein, dass bei der Namensgebung der Wasserwege die Bezeichnung „Neiße" auf einen weiter östlich liegenden Fluss fiel und nicht auf Deutschlands rebenumsäumten Renommier-Strom.

Vom Pianisten vorsichtig auf die zu erwartende rheinische Fröhlichkeit vorbereitet, gingen die Passagiere in Rüdesheim, wo das Schiff für eine Nacht festmachte, an Land. Zwei ältere, sehr steife Engländerinnen wollten an Bord bleiben, weil sie fürchteten, in dem berühmten Weinstädtchen würde es zu *noisy*, zu geräuschvoll, sein. Den Überredungskünsten einiger Mitreisender gelang es aber, sie von Bord zu schaffen. Die Kegelbrüder und Kegelschwestern, die sich dank ihrer gemeinsamen Sportinteressen beim Tee menschlich nähergekommen waren, marschierten geschlossen über den Landungssteg, um eine Kegelbahn zu suchen.

Eine enorme Auswahl von Holztellern, Aschenbechern und Weinpokalen wurde im Mekka deutscher Weinseligkeit angeboten. Die aufgemalten Reime bewiesen aufs Neue, wie befruchtend der Rebensaft auf Lyriker wirkt. Viel belacht wurde ein Aschenbecher mit dem Zweizeiler:

Wenn's Arscherl brummt,
Ist's Herzerl g'sund!

Fachärzte werden sicher gegen diese Art der Diagnose einiges einzuwenden haben – aber welch köstlicher, volksnaher Humor spricht aus dem schlichten Reim!

Ein Wandspruch, der in jedem Andenkenladen in vielen Größen und Ausführungen zu finden ist, lautet:

Mancher hat ein trautes Heim –
Mancher traut sich nicht heim!

Das Versmaß des Spruches mag anfechtbar sein, der innere Gehalt ist es wohl nicht, denn immer wieder brachen Passanten in fröhliches Lachen aus, wenn sie den Vers lasen. Von da bis zum Kauf war nur noch ein Schritt, der gerne getan wurde.

Tief beeindruckte mich auch ein Glasbecher, auf dem geschrieben stand:

Wer Geld hat, schickt die Frau ins Bad –
Wer keins hat, schrubbt sie selber ab!

Wie köstlich muss ein edler Tropfen aus einem solchen Glase munden, zumal noch ein dickes nacktes Weib, in einem Waschzuber stehend und von Künstlerhand schweinchenrosa koloriert, das Trinkgefäß ziert.

Wo Bacchus ist, da ist auch Venus – heißt es in einem alten lateinischen Spruch. Dem tragen die Andenkenhändler mit einem als „Originelles Einstecktuch" plakatierten Scherzartikel Rechnung. Man steckt dieses Tüchlein zusammengefaltet in die Brusttasche, um es in fröhlicher Runde wie versehentlich herauszuziehen. Der Erfolg ist umwerfend, denn das Tuch entpuppt sich als seidenes Damenhöschen.

Wer nun glaubt, eine Steigerung dieser Pointe sei nicht mehr möglich, unterschätzt den Einfallsreichtum der Scherzartikelindustrie. Auf das Höschen ist nämlich ein kleiner Storch gestickt. Ein zusätzlicher todsicherer Lacher. Da ist es kein Wunder, wenn die Besucher der Drosselgasse schon lustig sind, bevor sie einen Tropfen Wein getrunken haben.

Ich kaufte mir einen Strohhut, um in der fröhlichen Menge nicht unangenehm aufzufallen. Die Wichtigkeit einer albernen Kopfbedeckung bei der Erzeugung innerer Gelöstheit ist ja allgemein bekannt.

Um mir einen Überblick zu verschaffen, ließ ich mich vom Gedränge der Romantiksucher die enge Drosselgasse hinaufschieben. Die Fachwerkhäuser müssen wunderhübsch gewesen sein, bevor die Lichtreklamen an ihnen hochwucherten. Am stärksten leuchteten die Markenzeichen der rheinischen Bierbrauereien, die hier stark vertreten sind und dem Wein, was ich richtig zu verstehen bitte, viel Wasser abgraben.

Bei der „Lindenwirtin" spielte ein sehr italienisch klingendes Orchester Jazz, dass die Butzenscheiben schepperten. Aus dem Weinhaus „Rüdesheimer" drang das vielstimmig gesungene Lob auf die rheinischen Mädchen, die in Verbindung mit rheinischem Wein der Himmel auf Erden sein sollen. Im „Drosselhof" tanzte man in einer Dekoration konzentrierter Trinkstubenromantik knallharten Rock and Roll.

Ein Haus weiter wurde ein fünfpromilliger Zecher von zwei Kellnern herausgeschleppt und sanft vor eine Tür gesetzt, auf der in prächtiger Holzschnitzarbeit zu lesen stand:

„Ein froher Gast ist niemals Last!"

Das obere Ende der Drosselgasse geht ziemlich steil bergan. Dort steht die bestgehende Wurstbude, die ich je sah. Wie der Wurstmaxe innerhalb von zwei Sekunden einen Fächer von acht Pappdeckeln mit genau gleich großen Senfportionen versah, das grenzte schon an Artistik.

An der Steigung drehte ich mich um und wollte das turbulente Bild der romantischen Gasse von oben betrachten. Da verlor ich die Balance. Eine geheimnisvolle Kraft riss die Beine unter mir weg, mit den Händen suchte ich Halt an einem Mauervorsprung, griff in etwas Glitschiges und segelte wie auf Schmierseife etwa zwei Meter weit. Bei näherem Hinsehen musste ich feststellen, dass der Boden über und über mit senfbeschmierten Papptellern bedeckt war. Und auch auf sämtlichen umliegenden Simsen hatten die Wurstkunden das nach dem Mahl nicht mehr Benötigte abgelegt.

Das Gelächter rundherum war groß, denn man hielt mich für volltrunken. Vergeblich suchte ich nach einer Weinstube ohne Rundgesang und Bumsmusik. Doch auf diese abseitige Art des Weingenusses ist man in der Drosselgasse nicht eingerichtet.

Ich bog in eine Seitenstraße ein und landete an der Talstation der Seilschwebebahn zum Niederwalddenkmal. Gerne wäre ich hinaufgefahren, um die in Erz gegossene Verherrlichung von Deutschlands Größe zu betrachten und der Germania in den hohlen Kopf zu steigen, was angeblich möglich ist. Der Dame ist schon vieles zu Kopf gestiegen. Leider ist dieses Symbol der deutschen Herrlichkeit nur bis 18 Uhr geöffnet.

Neben der Talstation liegt eine Kellerkneipe. Kurz entschlossen stürzte ich mich in das, was rund um den Erdball als „Deutsche

Dieses Warnschild „Vorsicht, kurvenrei-
che Fußgänger!" sollte zur Vermeidung
von Blechschäden an allen rheinischen
Ortseinfahrten aufgestellt werden.

Gemütlichkeit" gerühmt wird. Sie besteht nach einhelliger Meinung aller von mir befragten Ausländer darin, dass man sich hinter Butzenscheiben betrinkt und dabei laut singend gegenseitig anfasst. Diese kontaktfördernde Tätigkeit hebt erfahrungsgemäß das seelische Wohlbefinden. Sie gibt dem von Lebensangst Geplagten festen Halt am Nebenmann, der seinerseits wiederum das schöne Gefühl hat, vom Mittrinker gehalten zu werden.

Als ich mich setzte, sangen über hundert volle Kehlen den Evergreen „Waldeslust, Waldeslust, ach, wie einsam schlägt die Brust...!". Ich sah mir die vielen wild schunkelnden Damen an – nirgends eine Brust, die einsam schlug.

Die Kellnerin brachte mir eine Flasche (Schoppen gibt es aus kommerziellen Erwägungen nirgends) und ein Liederbüchlein, damit ich meine Stimme zum Lobe des Weines, des Rheines und der an demselben wohnhaften Damen miterschallen lassen konnte. Vorläufig war mir nicht danach. Ich blätterte in dem Heft und fand Perlen vaterländischer Weinverbrauchslyrik. Von der Frage „Hast du geliebt am schönen Rhein" bis zur schwer nachweisbaren Behauptung „Es liegt eine Krone im tiefen Rhein" konnte man alle Verse vom Blatt singen, die das Herz höher schlagen und die Stimme lauter dröhnen lassen. Trotz offizieller Verbrüderung mit Frankreich verzichtete man auch in dem 1963 gedruckten Heft nicht auf das Lied:

> *Mag der Franzmann eifrig loben*
> *Seines Weines Allgewalt,*
> *Mag er vor Begeisterung toben,*
> *Wenn der Kork der Flasche knallt –*
> *Nur am Rheine will ich trinken*
> *Einen echten deutschen Trank,*
> *Und solang noch Becher blinken,*
> *Töne laut ihm Lob und Dank.*

Der Rhein durfte zufrieden sein. Lauter als hier in der Drosselgasse konnte ihm Lob und Dank kaum tönen. Kenner behaupten allerdings, ein leise genossener Rheinwein schmecke besser.

Als der Wirt fünf bereits leicht angesäuselte Damen im biblischen Alter an meinen Tisch setzte, war ich gezwungen, in den Chor einzustimmen. Ich wurde von beiden Seiten an den Armen gepackt und heftig hin und her bewegt. Dazu musste ich laut singend versichern, dass ich, wenn überhaupt, nur ein am Rhein geborenes Mädel freien würde.

Dann bat mich die kräftigste der fünf Damen zum Tanz. Ich konnte mich ihr schlecht verweigern. Als wir dampfend an den Tisch zurückkehrten, ertönte auf Veranlassung des Wirtes das Animierlied „Jetzt trinken wir noch ein Flascherl Wein, holderioh!". Da habe ich mich verdrückt.

Draußen schien der Mond. Die „Prosits der Gemütlichkeit" quollen aus allen Ritzen der Fachwerkhäuser. Sollte es wirklich unmöglich sein, ein Lokal zu finden, wo die schöne Blume eines guten Rheinweins nicht vom Lärm geknickt wurde?

Da leuchtete mir aus einer Seitengasse ein einsames Schild entgegen: „Zum Bacchus". Der Name des Weingottes konnte nur einem Ort dienen, der wirkliche Genießer zu gepflegtem Trunk vereinte. Ich eilte auf das Schild zu, stutzte allerdings, als ich die Kellertreppe hinunterstieg. Auf der Wand neben der Treppe lag ein etwa drei Meter langes nacktes Mädchen, in sehr suggestiver Position hingemalt. Darunter der in diesem Zusammenhang etwas seltsam anmutende Spruch:

Frohsinn ist für jedermann –
auf die Haltung kommt es an!

Noch mehr stutzte ich beim Betreten des Lokals. Es war eine elegante Bar, ein Nachtlokal, nicht anders als in jeder Großstadt zwischen Hamburg und Tahiti. Ich ergriff die Flucht.

Am oberen Ende der Drosselgasse wich ich, durch Erfahrung gewitzigt, im Zickzackgang den am Boden liegenden Senfpappen aus.

Meine nächste Station war der „Drosselhof", dessen Geschäfts-
führer mich irgendwoher kannte. Er servierte mir eine Spätlese von einzigartiger Köstlichkeit und das dicke, schweinslederne
Gästebuch.

Ein gewisser Hanns Kappel hatte hineingeschrieben:

> *Was man möcht haben so gerne,*
> *Liegt in weiter Ferne.*
> *Des Lebens schönster Traum*
> *Bleibt Traum.*

Leider hatte Herr Kappel keine Adresse angegeben, sonst hätte ich
ihn postalisch, Diskretion natürlich zugesichert, nach dem Traum
gefragt. Vielleicht haben wir denselben.

Herr Karl Freidank, laut eingeklebter Visitenkarte „President of
Finkeldey Baking Corporation Brooklyn USA", scheint sich hier ganz
besonders gut unterhalten zu haben. Er schrieb:

> *... und neben mir das junge Weib,*
> *das sorgte für den Zeitvertreib.*

Ich hoffe, Herrn Freidank mit dieser Veröffentlichung keine fami-
liären Ungelegenheiten zu bereiten.

Wie beliebt wir Deutschen in der Welt sind, bewies einmal mehr
die Eintragung eines Japaners. Seinen Namen schrieb er in fernöst-
lichen Schriftzeichen. Aber darüber hatte er sauber in lateinischen
Druckbuchstaben seine Rüdesheimer Erinnerungen in einem Satz
zusammengefasst: „Deutschland über alles!" Vielleicht war er total
betrunken.

Trotz des Radaus trank ich die Spätlese mit Genuss und ging, als zum Schunkeln geblasen wurde.

Auch im „Rüdesheimer", den ich zum Abschluss aufsuchte, schlug die Gemütlichkeit haushohe Wellen. Dort führten die beiden Engländerinnen, die eigentlich auf dem Schiff bleiben wollten, zur Melodie „It's a long way to Tipperary" eine Marschpolonäse an. Die vaterländische Weise aus vollem Halse singend, warfen die greisen Töchter Albions Arme und Beine wild um sich. Sie machten einen sehr gelösten Eindruck. Ihren Busen hatten sie mit kleinen, von einer Taschenlampenbatterie gespeisten roten Lämpchen markiert, einem Verkaufsschlager des ambulanten Zigarettenmannes.

Ich wurde in die Polonäse hineingezogen und trabte, die Hände auf den spitzkantigen Schultern einer Amerikanerin und die unheimlich fest zupackenden Pranken eines skandinavischen Naturburschen auf meinen schwachen Schultern, durch alle butzenscheibenverglasten Räume des Etablissements. Auch hier konnte ich wieder das Phänomen beobachten, dass beim Unfugtreiben gegenseitiges Anfassen das Gewissen beruhigt, denn was alle mitmachen, muss richtig sein. Auf dieser Basis wurde schon oft Geschichte gemacht.

Als ich erschöpft auf einen Stuhl sank, brachte eine Kellnerin Weinkarte und Liederheft. Die letzte Seite trug die Überschrift „Erinnerungsblatt". Darunter stand: „Am ... waren wir gemütlich vereint." Der Rest der Seite war leer, denn dort sollte sich jeder, der hier gemütlich vereint war, eintragen. Diese Gemütlichkeitsbuchführung beweist, dass der deutsche Ordnungssinn trotz aller Schicksalsschläge intakt blieb.

Während ich einen lupenreinen Wein trank und vor einer neuen Polonäse zitterte, las ich die Sprüche, die rundherum in die Deckenbalken gemeißelt waren. Links prangte:

Der Kaiser geht hinüber
und schreitet langsam fort
und segnet längs dem Strome
die Reben an jedem Ort.

Wenn ich mich recht erinnere, schritt der letzte Kaiser ziemlich schnell hinüber und dürfte sich kaum noch Zeit zum Rebensegnen genommen haben. Aber vielleicht bezieht sich der Vers auf einen Amtsvorgänger.

Dass es neben dem sattsam bekannten Bierernst auch einen Weinernst gibt, bewies der zu meiner Rechten eingegrabene Spruch:

Bei gleichbleibender Arbeit im Weinberg ist die
Ernte des Winzers Schwankungen unterworfen.

Dass die Schwankungen stets auf den Verbraucher abgewälzt werden, blieb leider unerwähnt.

Im Laufe eines halbstündigen Rheinliederpotpourris nahm die Gemütlichkeit Formen an, die mich meine Flasche ergreifen und in die hochgelegenen Weinberge fliehen ließen. Ich überkletterte einen Zaun und trank, auf einem Stein zwischen Rebstöcken sitzend, direkt aus der Flasche. Dabei ging natürlich das Bukett des Weines verloren. Aber die Gegend roch sowieso nach Hering. Durch Aufhängen dieser starkduftenden Tiere vertreiben die Winzer erfolgreich die Stare, die Erbfeinde der reifenden Traube.

Tief unter mir zog der singende, klingende Rhein dahin. Fast wäre ich in romantische Stimmung geraten, aber da vertrieb mich ein wildkläffender Köter aus dem Weinberg seines Herrn.

Ich schlug einen großen Bogen um die Drosselgasse und wanderte durch verträumte Nebensträßchen zum Rhein hinunter. Wie schön ist Rüdesheim außerhalb seiner Wein-Hauptverkehrsader!

Am Rheinufer sang ein Urlaubertrupp der Bundeswehr weinselige Strophen vom Sanitätsgefreiten Neumann, und italienische Gastarbeiter schickten ein sehnsüchtiges „O mia bella Napoli" zum Himmel. Über die Landungsbrücke zu unserem Schiff marschierten in festem Schritt und Tritt die vom Kegeln heimkehrenden Kölner Damen und Frankfurter Herren unter Absingen des Liedes „O du schöner Westerwald".

Als das Schiff am nächsten Morgen auf die hochromantische Strecke zwischen Bingen und Koblenz ging, kaufte ich mir im Bordladen die dort in drei Sprachen erhältlichen „Rheinsagen". Man will ja wissen, was auf den Burgen eigentlich los war und weshalb die Rheintöchter ausgerechnet „Wigalaweia" singen. Die Sagen waren nach Rheinkilometern geordnet, aber in einer Sprache geschrieben, der ich nicht gewachsen war. Bis Seite 63 kämpfte ich mich durch, bis zu dem Satz: „Rauher Herbststurm begleitete den Herzenssturm der Jungfrau und umfauchte mit mächtigem Flügelschlag jählings die Feste …"

Da schmiss ich das Werk jählings in den Rhein. Sollen es die Rheintöchter lesen, die sind so ein Deutsch gewohnt.

Ich genoss den Anblick der Burgruinen, ohne erfahren zu haben, wo welches wonnige Weib wehmütig wisperte, mühsam mutige Männer zur Maiden-Minne mahnend.

Deutsche Gemütlichkeit hat einen Ruf wie Donnerhall und lässt sich nicht verpflanzen. Deshalb fliehen Menschen aus aller Herren Länder vor der Unrast ihres Daseins in die Rüdesheimer Drosselgasse, wo hinter Butzenscheiben und unter weinlaubgeschmückten Balkendecken die deutsche Gemütlichkeit am dicksten ist. Griesgrämige, die den köstlichen Rebensaft ohne eingelegte Lockerungsübungen und ohne Vonsichgeben rheinischen Liedgutes genießen wollen, sind hier nicht am Platze. Für solche Stimmungstöter gibt es längs des Rheines genügend kleine Weinstuben, wo sie unter sich sein können.

Vom Schiff gesehen, ist die burgengespickte Landschaft weitaus schöner als von der dieselverqualmten und meistens verstopften Landstraße aus. Wie deutsch der Rhein ist, riefen uns immer wieder die meterhohen Hotelnamen vom Ufer aus zu: „Deutsches Haus", „Deutscher Adler", „Deutscher Kaiser", „Hohenzollern" und andere

markige Bezeichnungen. An einer Mauer las ich die Riesenbuchstaben „WELLMICH". Das ist keine ungehörige Aufforderung in rheinischem Dialekt, sondern nur ein Ortsname.

In großen Lettern leuchtete der Werbeslogan einer berühmten Mineralquelle weit ins Land: „Aus dieser Quelle trinkt die Welt!"

Wenn man den Zustand der Welt bedenkt und überlegt, dass es vielleicht an dieser Quelle liegt, sinkt der Werbewert des Slogans beträchtlich.

An mehreren Uferstellen gab es Straßen, die schräg zum Rhein hinunter und direkt ins Wasser führten. Vielleicht ist das die Patentlösung unseres Verkehrsministers zur Entlastung der überfüllten und verstopften Verkehrswege.

Der Höhepunkt der Rheinfahrt war natürlich sowohl für In- als auch für Ausländer der Moment, als der vielbesungene Loreley-Felsen auftauchte. Alle Passagiere standen auf dem Oberdeck.

Bisher fuhr das Schiff zu meiner großen Freude ohne Lautsprecherberieselung. Aber hier waren die Membranen nicht mehr zu halten. Mithilfe eines auf Platten gezogenen Männerchores dröhnten sie: „Ich weiß nicht, was soll es bedeuten." Manche verstohlene Träne wurde da aus eiskaltem Managerauge gewischt.

Neben mir stand ein Amerikaner an der Reling und sagte zu seiner Gattin: „There you see, what a good hit can do." Er war der Überzeugung, dass nur der hit, der Schlager, den Felsen berühmt machte. Der Herr war sicher aus der Musikbranche und bedauerte, den Schlagertexter Heinrich Heine nicht unter Vertrag zu haben.

Ein Frankfurter Kegelbruder erschien in Badehose und sprang ins Schwimmbecken, die herbstliche Kühle missachtend. Er hatte am heimischen Stammtisch eine Wette abgeschlossen, dass er unterhalb der Loreley baden und am Felsen entlangschwimmen wollte.

Allen Fahrgästen war sehr romantisch zumute. Es störte kaum jemand, dass der Rhein heute der größte Abwässerkanal Europas

ist. Davon können die Fische ein garstig Lied singen, das in keinem Rheinliederbuch steht.

Als steuerbords der Westerwald auftauchte, wandte ich mich ab und würdigte ihn keines Blickes. Dieser Wald mag wunderschön sein, hängt mir aber zum Halse heraus, weil ich ihn in meinen besten Jahren unter fürchterlichen Umständen, mit einer Granatwerferplatte auf dem Buckel, als schön besingen musste.

In Köln verließ ich das gastliche Schiff und habe die Rückfahrt den Rhein hinauf auf dem Landwege gemacht, mit guten Freunden und in mehreren Etappen.

Wir kehrten in verträumten „Straußwirtschaften" ein und probierten bei weinbefeuerten Gesprächen sang- und klanglos die schönsten Gewächse. (Die Bezeichnung „Straußwirtschaft" wirkt auf den Laien zunächst deprimierend. Es handelt sich aber dabei lediglich um den Strauß, den der Winzer draußen aufhängt, um anzuzeigen, dass es drinnen jungen, reinen Wein gibt.)

Beim vierten Glase überraschte ich mich dabei, wie ich leise summte: „Oh, du wunderschöner deutscher Rhein …" Ich betone ausdrücklich: leise!

Bei Müller, Kneipp und Bogomoletz

Alljährlich, wenn der Lenz ausbricht, spüren Männer zwischen vierzig und fünfzig die von der ärztlichen Wissenschaft so hintergründig als „Leistungsknick" bezeichneten Verschleißerscheinungen besonders deutlich, ja oft sogar peinlich. Auch in mir erwachte anlässlich einer auffallend starken Frühlingsmüdigkeit der Wunsch nach durchgreifender Regeneration.

Seit die illustrierten Zeitschriften durch detaillierte Berichte aus dem Weltreich von Spritze und Skalpell dem aufgeschlossenen Leser eine medizinische Grundausbildung vermitteln, steckt in jedem Menschen ein Arzt, und der will heilen. Als ich im Freundeskreis von meinen Gesundheitssorgen sprach, wurden mir so viele grundverschiedene Kuren ans strapazierte Herz gelegt, dass ich mich zu einer informativen Wochenendrundreise an drei viel gerühmte, in den Methoden aber grundverschiedene Leistungsknickbeseitigungsstätten entschloss. Erst hinterher wollte ich meine Wahl treffen.

Erste Station: Wörishofen, Wirkungsort des biederen Pfarrers Sebastian Kneipp, des Mannes, der uns den Malzkaffee gab und die Wasserkur. Zwei Errungenschaften, die ich im gesunden Zustand jederzeit weit von mir gewiesen hätte.

Auf der Suche nach einer Kurzbleibe machte mich ein Schild stutzig, das an einem Privathaus hing:

Zimmer zu vermieten –
sämtliche Anwendungen!

Das war nicht etwa ein Beweis für die Großzügigkeit der Zimmerwirtin, sondern ein Hinweis auf im Hause vorhandene Kneippsche Begießungsmöglichkeiten. In der Wörishofener Kursprache heißen die Wassergüsse, die dem Gast nach einem ausgeklügelten System versetzt werden, „Anwendungen". (Als kältesten Guss empfinden angeblich manche Heilungsuchende die wöchentliche Kurrechnung.)

In einem Hotel, dessen Wahrzeichen eine große Gießkanne ist, nahm ich ein Zimmer mit sämtlichen Anwendungen. Auf die Bitte, mir schnellstens einige Probegüsse verabfolgen zu lassen, antwortete der Portier: „Das geht nicht. Jeder Guss muss von unserem Badearzt verordnet werden, und der ist leider krank." Beides wunderte mich.

Mit der Begründung, ich sei ein dringender Fall, bat ich um die Adresse eines gesunden Arztes. Der Portier telefonierte herum, während Pfarrer Kneipp in Öl gemalt von der rechten Wand, in Gips geformt von der linken Wand und in Bronze gegossen von einem Podest wohlwollend auf mich heruntersah. Fast jeder Raum in Wörishofen ehrt so den Mann, der die Stadt finanziell gesund machte.

Auch der momentan gesunde Arzt, zu dem ich vermittelt wurde, saß unter einem großen Kneipp-Porträt. Deshalb war meine Frage, ob er mir zu einer Kneipp-Kur raten könne, rein rhetorisch. Er konnte es natürlich und schrieb mich k. v. (kneippverwendungsfähig). Auf einem Rezeptformular verordnete er für den nächsten Morgen einen

Knieguss und eine Oberkörper-Frühabreibung. Das Rezept sollte ich vor dem Schlafengehen dem hoteleigenen Bademeister übergeben.

In der Abenddämmerung bummelte ich über die belebte Kurpromenade, die den für alle Heilungsuchenden unschätzbaren Vorteil hat, dass man an keinem Punkt weiter als eine halbe Minute von der nächsten Apotheke entfernt ist. Überall kann man die zahlreichen Produkte der „Kneipp-Heilmittelwerke" kaufen, vom herzstärkenden Rosmarinwein über Haferstrohextrakt bis zu den Schlankheitspillen „Wörisetten" mit dem natürlichen Beschleunigungsfaktor. Wie mir ein Apotheker verriet, gehen auch Nicht-Kneipp-Medikamente sehr gut. Am häufigsten werden Schlafmittel verlangt. Kneippkuren machen so munter, dass man oft etwas Beruhigendes braucht.

Im Zentrum der Kurpromenade steht auf einem Sockel die überlebensgroße Figur Kneipps. Sein Gesicht hat fast managerhafte Züge angenommen. Wohlgefällig ruht sein Auge auf den kreislaufgestörten Wirtschaftsführern und auf der Fassade der Sparkasse, die ihr Gebäude in rührender Dankbarkeit mit Fresken schmückt, die einen Kurgast beim Wassertreten und einen anderen beim Gussempfang zeigen.

In vielen Geschäften werden Kneipp-Sandalen feilgeboten, in einer Drogerie sogar mit beigelegter „Hornhautraspel". Für Leckermäuler gibt es Sandalen, deren Sohlen mit Pralinen gefüllt sind. Diese Sonderanfertigung wird allerdings nicht in den Schuhgeschäften verkauft, sondern in den Konditoreien. Die süßen Sohlen sind ein beliebtes Mitbringsel.

Nirgends in der Welt sah ich so viel Krankheitsliteratur wie in den Schaufenstern der Kurpromenaden-Buchhandlungen. Wunderhübsche Farbdarstellungen auf den Buchumschlägen zeigten aufgeschnittene menschliche Innereien und buntschillernde Kreisläufe. Wer bisher nicht recht glauben wollte, dass er krank war, wurde hier zum Wohl der Kurstadt eines Besseren belehrt.

Als mir beim Abendessen der Ober die Speisekarte überreichte, prüfte ich die Liste gewohnheitsmäßig auf etwaige Spezialitäten. Unter den Fleischspeisen entdeckte ich die Zeile: „Leber und Galle ... DM 4,56". Diese interessante Zusammenstellung war mir völlig neu, ich bestellte sie. Was dann kam, enthielt weder Leber noch Galle. Es war nur die Diätkost für Leber- und Gallenleidende. Notgedrungen musste ich das Bestellte verzehren.

Ich ging früh schlafen und löschte schnell das Licht, denn Tapeten, Vorhänge und Möbelstoffe des Kurhotelzimmers hatten alle das gleiche Muster: klassische Ruinen. Auf einen sensiblen, vom Leistungsknick betroffenen Gast dürfte der stete Anblick geborstener Säulen außerordentlich deprimierend wirken.

Um halb sechs Uhr morgens wurde ich aus dem tiefsten Schlaf hochgeschreckt. Durch die Tür kam eine lange weiße Gummischürze mit Füßen. Ich rieb mir die Augen, knipste das Licht an und sah den Bademeister mit einem Eimer Wasser auf mich zukommen. Mein freigemachter Oberkörper wurde rundherum mit eiskaltem Wasser benetzt. Dann durfte ich mich nicht etwa abtrocknen, sondern musste nass zurück unter die Decke, mit klebendem Pyjama. Die weiße Schürze verschwand, nachdem sie mich aufgefordert hatte, in zwei Stunden zur Entgegennahme eines Kniegusses in den Baderäumen des Hauses zu erscheinen. Während dieser Zeit sah ich schlaflos der meiner Meinung nach unvermeidlichen Lungenentzündung ins Auge.

Am frühen Morgen herrschte im Hotelkurbad Hochbetrieb. Auf dem Gang vor den Kabinen saßen Männlein und Weiblein in Bademänteln, sprachen von Krankheiten und warteten auf die „Anwendungen". Ich setzte mich dazu und hörte viel von gefährlichen Symptomen, die ich bei schärferem Nachdenken alle hatte.

Von den Behandlungsräumen waren wir durch eine mannshohe Kachelwand getrennt. Dahinter schien es hoch herzugehen. Im Rauschen, Sprudeln und Platschen gewaltiger Wassermassen gellte eine weibliche Kommandostimme: „Herr Regierungsrat, heute brauche ich Sie ganz ... Sie kriegen Unter- und Oberguss!" Und kurz darauf: „Herr Direktor, ein tiefgekühlter Blitz, und Sie erkennen Ihren Bauch nicht wieder!" Für einen Kneipp-Neuling waren die Sätze verwirrend, aber mein Nachbar klärte mich auf: Ein „Blitz" ist ein mit großem Druck aus einem Schlauch abgefeuerter Wasserstrahl, während ein „Guss" eine Berieselung bezeichnet.

Endlich wurde ich von einer rosagekleideten Walküre, die einen Wasserschlauch in der Hand hielt, hereingebeten. Mit dem Rücken zu ihr musste ich mich auf einen Abfluss stellen. Innerlich bereitete ich mich auf einen eiskalten Wasserstrahl in die Kniegegend vor. Bei dieser seelischen Einstellung war es natürlich eine teuflische Überraschung, als mir die Dame hinterrücks mit einer brennenden Lötlampe von unten nach oben am Bein hochfuhr. So empfand ich jedenfalls aufschreiend und springend den heißen Wasserstrahl, der mir appliziert wurde. Sie machte dann dasselbe von vorn und schwor, das Wasser hätte eine Temperatur von 33 Grad, während ich auf mindestens 100 hätte schwören mögen. An den Beinen hatte ich jetzt ein Gefühl, wie es frisch gekochte Hummer haben müssen.

Das Wassertretbecken in der prunkvollen Halle eines Wörishofener Hotels ermöglicht den Menschen aus gehobenen Schichten, sich auch bei unwirtlichem und feuchtem Wetter in gepflegter Wohnraumbehaglichkeit nasse Füße zu holen. Wertvolle alte Truhen, barocke Kutschlampen und tropische Blattpflanzen schaffen die für eine Kur so wichtige kultivierte Atmosphäre.

Nach der Aufforderung, tief einzuatmen, erwartete ich weitere Verbrühungen. Aber nun prasselte aus demselben Schlauch ein dicker Strahl Eiswasser und vermittelte das Gefühl einer Vollamputation.

Nach diesem Thermalschock bat die Begießerin um meine Fußsohlen, die ich aus Angst vor einer kreislauffördernden Kitzelmarter ungern hergab. Sie bekamen aber nur einen kalten Abschiedsguss.

Ich fragte das rosa Sprühteufelchen, wie viele verschiedene Gussarten es denn eigentlich gäbe. „Viel zu viel", sagte sie, „denn die Badeärzte denken sich immer neue aus, um in medizinische Fachzeitschriften zu kommen. Ich bin dagegen, weil so die Lehre Kneipps verwässert wird." Rundherum rauschte das Wasser aus Schläuchen, Spritzdüsen, Kannen und Wannen.

Mit den Worten: „Das war eine Turnstunde fürs Herz" wurde ich entlassen. Nach der Herzturnstunde besuchte ich das Kneipp-Museum, wo die Originalgießkanne des Wasserpfarrers, sein Bierwärmer, seine Kaffeetasse und ein etwa fünfzehn Zentimeter langes, ausgefranstes Stück des von ihm benutzten Spritzschlauches unter Glas ausgestellt sind. Über diesen schönen Reliquien hängt das große Schild, das die ersten Patienten für die Pfarrhauswaschküche stifteten, wo die Wasserkuren ihren Anfang nahmen. Der rührende Text lautet:

Leb wohl, Du liebe, traute kleine Waschküche
hab Dank für alle Wohltaten, die wir in Dir genossen!

Damals wurde wohl noch nicht so heiß gegossen. In der Nähe des Kurhauses hing ein Plakat, das ich wortwörtlich abgeschrieben habe:

Versäumen Sie nicht während Ihres Kuraufenthaltes einen
Besuch in meiner Sprechstunde. Diese Orientierung befriedigt
Sie über Ihre Erwartungen hinaus. Ihre vererbten Krankheits-
dispositionen, momentaner Zustand, persönliche Wesenslage,
Geschäftliches, Aufstieg oder Abschwächung der wirtschaft-
lichen Position sowie nächstliegende Einzelheiten.

Frau A. Rudolf

Eine so umfassende Diagnose kann einem kein Arzt bieten. Wie gerne hätte ich Frau Rudolf besucht, um meine persönliche Wesenslage kennenzulernen. Aber ich wollte ja an diesem kurzen Wochenende noch zwei weitere Kreislaufreparaturwerke besuchen und sagte Wörishofen Lebewohl. Vorher erkundigte ich mich noch bei einem Fachmann, ob man die so einfach anmutenden Begießungen nicht auch zu Hause vornehmen könne. Mir wurde dringend abgeraten, denn das sei außerordentlich gefahrvoll. Damit war wohl gemeint, dass eine um sich greifende Selbstbegießung den Kneipp-Kurorten sehr gefährlich werden könnte.

Zweite Station: das zwischen Garmisch und Mittenwald in tiefster Waldeinsamkeit liegende Schloss Elmau, wo laut Prospekt „das Zusammenspiel einer Reihe von Wirkkräften, wie Musik, Natur, Tanz, Gespräch und Stille, in unbewusster und absichtsloser Weise die Erholung erlaubt".

Durch Schloss Elmau weht heute noch der Geist Johannes Müllers, der diese so überaus angenehme Kurmethode zur inneren Gesundung begründete. Er sammelte um die Jahrhundertwende einen großen Freundeskreis zur „Pflege der Mitmenschlichkeit", was man heute wohl Kontaktarmutsbeseitigung nennen würde. Müllers immer wieder verkündeter Leitsatz „Trau dich, gib dich, freu dich!" lässt Auslegungen zu, die allen Wünschen gerecht werden.

Müller muss ein großer Könner gewesen sein. Brachte er es doch zuwege, dass ihm die innerlich verbundene Gräfin Waldersee zwischen 1914 und 1916 (!) das zweihundertzimmerige Schloss Elmau erbaute, damit er dort die Adepten seiner Lehren um sich versammeln konnte. Ziel der Zusammenkünfte war laut Müller die „Wiedergewinnung des Kindeswesens und damit der seelischen Gesundheit".

Das alles wusste ich aus dem Prospekt, in dem auch zu lesen stand, dass man in Elmau die „Möglichkeit zur Lösung der Ichverkrampfung und zur Pflege der menschlichen Anlage zum Füreinander" hat. Nur eine geistig besonders hochstehende Kundschaft versteht das zu goutieren.

Der mit Wagen der oberen Preisklassen vollbesetzte Parkplatz des Schlosses bewies, dass der Wunsch nach Wiedergewinnung des Kindeswesens bereits tief in die wirtschaftlich erfolgreichen Kreise eingedrungen ist. In der pompösen Halle sah ich allerdings viele Gäste, die dem Alter der natürlichen Wiederkindwerdung schon bedenklich nahe waren.

Vor der Bronzebüste des seehundsbärtigen Gründers empfing mich eine kleine, resolute Dame. Sie wies mir ein hochmodern eingerichtetes Zimmer mit einzigartigem Alpenblick zu und mich dann auf die Gepflogenheiten des Hauses hin. Obligatorisch ist: pünktliches Einnehmen des Platzes, den die täglich wechselnde Tischordnung vorschreibt. Der stetige Partnerwechsel beim Essen ist ein

Vermächtnis Johannes Müllers, der auf diese Weise die mitmenschliche Atmosphäre fördern wollte.

Im riesigen Speisesaal saßen etwa zweihundert Gäste an Tischen zu jeweils vierzehn Personen. Durch den Raum schwebten und trippelten ein Dutzend knackfrischer, appetitlicher Mädchen zwischen achtzehn und zwanzig. Sie servierten den durchweg doppelt bis viermal so alten Menschen die Speisen. Um eine mitmenschliche Konversation in Gang zu bringen, fragte ich die neben mir sitzende Dame: „Können Sie mir sagen, was Johannes Müller eigentlich wollte?" Sie überlegte kurz und sagte: „Gott, der wollte seinen Spaß haben." Und dann erfuhr ich, dass die jungen Mädchen sogenannte „Helferinnen" waren, Töchter aus gutem Hause, die hier als gleichberechtigte Gäste der Gemeinschaft dienen.

Man kann mit den (von der resoluten kleinen Dame übrigens streng bewachten) Helferinnen am Kamin plaudern, sie zum Tanz oder zu einem Ausflug bitten oder das hundert Meter vom Schloss befindliche Nachtlokal „Al Camino" aufsuchen und dort beim Kerzenschimmer flirten. Das Müller'sche „Trau dich, gib dich, freu dich" (ich möchte es kurz müllern nennen) erschien mir nach diesen Informationen in einem kurpsychologisch denkbar günstigen Licht.

Die Mädchen genießen hier, so wurde mir versichert, eine Lebensschulung, wie sie kein Elternhaus bieten kann. Unter den vielen überreifen Gästen befinden sich immer einige Kenner im besten Alter, die den heranwachsenden Damen wertvolle Kenntnisse vermitteln, sei es im Gespräch, sei es bei kleinen Vergnügungen. Die Helferinnen sind kein Personal, sondern Mitmenschen im besten Müller'schen Sinne. Auch diejenigen Gäste, denen das Müllern nicht unbedingtes

Anliegen ist, finden Gefallen an dieser charmanten Form des Service, denn man darf den jungen Damen keine Trinkgelder geben. Alle Bestellungen gehen bargeldlos vor sich. Man unterschreibt kleine Bons, die einmal wöchentlich im Büro aufgerechnet werden.

Nach dem Abendessen ging ich in den Kaminsaal, wo auf einem großen Tisch etwas Lektüre ausgelegt war. Außer Sammelmappen der „Briefe für den Elmauer Freundeskreis" gab es dort einige Exemplare der Zeitschriften „Antriebstechnik", „Fördern und Heben", „Kunststoff und Gummi" sowie „Auszüge der Bundesbank". Nur durch Gedankenakrobatik kann man diese Fachblätter mit dem Müllern in Verbindung bringen.

Ich verzichtete auf die Lektüre und ging in den pompösen Festsaal, wo gerade einer der berühmten Elmauer Tanzabende stattfand. Auf einer Tanzfläche, die für tausend Tänzer gereicht hätte, bewegten sich an die vierzig Paare. Sie tanzten Quadrille, Française, Galopp und Walzer. Alle anderen Tänze sind verpönt. Auch das ist ein Vermächtnis Johannes Müllers, der den Tanz als wichtigstes Kurmittel bezeichnete. In einer seiner Schriften heißt es: „Beim Tanz treten die Rhythmen von Herz, Atmung, Musik und der Partner in eine geheimnisvolle Wechselwirkung."

Leider klang die Musik mehr nach Gymnastikstunde als nach festlichem Ball, denn sie wurde von einem pathetisch zuschlagenden Pianisten ganz allein bestritten. Auch muss ich gestehen, dass der optische Eindruck etwas deprimierend war. Der Müller'schen Tradition folgend, trugen Damen und Herren Turnschuhe. Aber das war noch nicht das Schlimmste, denn als Ballkleidung ist für die Damen großes, wallendes Abendkleid, für die Herren aber dunkle Hose und offenes weißes Hemd ohne Jacke vorgeschrieben. Es sah aus, als ob ein Kegelklub in einen feudalen Debütantinnenball eingebrochen war.

Als ich am nächsten Morgen mein Zimmer verließ, hingen an allen Türklinken der Gästezimmer buntverschnürte Pralinenpackungen, Pikkolo-Sektflaschen und Bücher. Nur an meiner Klinke hing nichts. Ich fühlte mich aus dem Schlossfamilienschoß ausgestoßen. Da erklang im Treppenhaus ein Chorgesang von engelreinen Mädchenstimmen: „Von den blauen Hügeln – reitet Gefahr ins Land!" Es waren die schönen Müllerinnen, die ihre Gästefamilie am Sonntagmorgen auf so hübsche Art weckten. Dann sammelten sie die Päckchen ein, die jeder Gast am Wochenende als kleine Aufmerksamkeit für die Helferinnen an seine Türklinke hängt. Als ich mich nach eintägigem Aufenthalt verabschiedete, sagte man mir: „Das Fluidum von Elmau können Sie nach einem einzigen Tag niemals verspüren, dazu muss man mindestens zwei Wochen hier verbringen."

Trotzdem wage ich, das Fluidum folgendermaßen zu definieren: Es ist eine Mischung aus liebenswürdiger, antiquierter Betulichkeit, knisterndem Helferinnen-Appeal und geschickter kommerzieller Nutzung der einmalig schönen Lage, das Ganze gewürzt durch das mitmenschlich-müllersche „Trau dich, gib dich, freu dich" und umweht von einem säuerlichen Dunst abgestandener Jugendbewegung.

Die dritte Station meiner Wochenendrundreise lag an einem der vielen oberbayerischen Seen, die bei aller landschaftlichen Verschiedenheit eines gemeinsam haben: die an ihren Ufern blühenden Sanatorien für Frischzellentherapie. Diese Behandlungsmethode erlaubt den Ärzten, was ihnen sonst streng verboten ist: zu inserieren. Ich fuhr an einen Ort, dessen Namen ich aus rein persönlichen Gründen nicht nennen möchte und wo der Arzt (laut Inserat „nach Bogomoletz und anderen") regenerationsbedürftigen Menschen wohlgezielte Spritzen mit tierischen Säften in die bereitwillig und hoffnungsfreudig hingehaltenen Sitzfleischmuskeln stößt. Eine Beschäftigung, die nicht so lustig ist, wie mancher Laie glauben mag.

In einem solchen Sanatorium kann man sich natürlich nicht für einen einzigen Tag einmieten. Deshalb besuchte ich die nächstgelegene bäuerliche Gastwirtschaft. (Es ist eine bekannte Tatsache, dass Restaurants in der Nähe von Diätkostsanatorien besonders gut florieren.)

In der verqualmten Gaststube traf ich mehrere „Bogomoletzer". Sie alle sangen Lobeshymnen auf die von rückwärts zugeführte neue Spannkraft. Die Geschichten, die mir von einigen Herren hinter vorgehaltener Hand über die erstaunlichen Wirkungen erzählt wurden, waren sehr überzeugend. Ich hörte, genau wie an den vorher besuchten Orten, nur Gutes über die Kur.

Welche von den drei Möglichkeiten sollte ich nun wählen, das Kneippen, das Müllern oder das Bogomoletzen? Das Müllern in Elmau war mir am sympathischsten, aber das Kneippen und Bogomoletzen schienen medizinisch gründlicher, wenn auch ungemütlicher zu sein.

Nach langem Überlegen habe ich mich zu einem Kompromiss entschlossen:

Ich fuhr nach Paris.

Wenn es nackt wird in Paris

Eine kurzsichtige Engländerin stand auf dem Bart des Komponisten Giuseppe Verdi. Ein Japaner ging im Bogen um den heiligen Georg herum, der mit einem feuerspeienden Drachen kämpfte. Eine üppige Spanierin in rotseidenem Abendkleid mit schneeweißer Hermelinstola stand neben ihrem Caballero vor einer lindgrünen Badewanne, und ein eleganter dunkelhäutiger Mann betrachtete versonnen ein schwarzes Bidet. Ein Amerikaner warf Kleingeld auf die Straße.

Diese Szene habe ich nicht etwa einem surrealistischen Roman entnommen, sondern an einem schönen Herbstabend selber erlebt. Es war gegenüber der Madeleine (der Kirche) in Paris, wo sich in einem Eckhaus ein großes Spezialgeschäft für Badezimmereinrichtungen befindet. Vor den Schaufenstern hatte ein Pflastermaler den italienischen Tonsetzer und den heiligen Georg mit bunten Kreiden aufs Pflaster gemalt. Nebenan befand sich ein Reisebüro, vor dem ein kleiner Mann stand und mir zurief:

„Paris bei Nackt-Abfahrt neun Uhr dreizick!" Weil der Franzose das „ch" in „Nacht" nicht aussprechen konnte, traf er genau den Kern der Sache. Neben dem Parterre-Gemälde des heiligen Georg stand ein Plakat:

Das interessanteste Nachtleben der Welt! Besuchen Sie mit uns einen echten Apachenkeller an der Bastille, eine romantische Taverne im Quartier Latin, ein elegantes Striptease-Kabarett in Montmartre und die weltberühmte Lido-Revue an den Champs-Elysées! Paris bei Nacht für 90 Neue Francs, <u>alles inklusive</u>!

Das dick unterstrichene „alles inklusive" veranlasste mich, zuzugreifen. Neunzig Neue Francs sind etwa 72 DM. Das ist natürlich viel Geld, aber so viel kostet normalerweise schon der Besuch des Lido allein. Ich kaufte ein Billett und ließ mir eine Quittung geben, die ich inzwischen mit Erfolg dem Finanzamt vorgelegt habe.

Ich habe die „Tour" mitgemacht, obgleich ich Paris sehr genau zu kennen glaube. Aber ich wollte einmal wissen, wie eine straff organisierte, nepp- und abenteuersichere „Paris-bei-Nacht"-Rundfahrt für eilige Transitgäste aussieht.

Der Omnibus füllte sich schnell mit Nachtlebenshungrigen aus aller Herren Länder. Außer den Gästen, die schon vor den sanitären Anlagen warteten, kamen noch ein Inder mit Sari-geschmückter Gattin, drei Japaner, einige Rheinländer sowie ein siamesisches Ehepaar, das aber nicht zusammengewachsen war. Und natürlich die aus keinem Fremdenverkehr mehr wegzudenkenden amerikanischen Witwen mit den bekannten Blumenhütchen.

Über dem Fahrersitz hing eine hell erleuchtete Küchenuhr, die in dieser Nacht eine sehr wichtige Rolle zu spielen hatte, denn die uns versprochenen fünf Stunden Nachtleben waren auf die Minute durchgeplant.

Punkt 21 Uhr 35 donnerte der Bus über die Place de la Concorde. In rasender Fahrt ging es an der Seine entlang. So wenig habe ich noch nie von Paris gesehen. Der Fremdenführer neben dem Chauffeur nahm das Mikrofon und verkündete, dass die erste Attraktion des Abends ein Apachenkeller an der Bastille sei. Darauf sang der Bundesdeutsche neben mir laut und fröhlich: „Allongsangfangs alla Bastihieje!"

Die Küchenuhr zeigte 21 Uhr 52, als wir mit quietschenden Bremsen in einer dunklen und menschenleeren Straße hinter dem Bastille-Platz hielten. Im Geschwindschritt trabten wir in eine noch dunklere Seitengasse, immer hinter dem Fremdenführer her, der seinen Arm wie eine Standarte hochhielt.

Vor dem Eingang des „Petit Balcon", in dem angeblich die „mauvais garçons", die schweren Jungen der Pariser Unterwelt, verkehrten, stand bereits eine dicke Touristentraube. Wir stellten uns dazu.

Plötzlich drang aus einer Nebengasse aufgeregtes Trappeln. Es klang, als ob ein Dutzend Polizisten eine fliehende Verbrecherbande verfolgte. Ich wollte in Deckung gehen, aber da kam die wilde Jagd schon um die Ecke: Es war eine verspätete Omnibusladung von Nachtleben-Aspiranten. Wegen der Enge der Gasse müssen die Omnibusse nämlich zwei Straßen weiter parken.

Als wir hereingelassen wurden, war das Apachenlokal bis auf den letzten Platz leer. Mit vier Omnibusladungen wurde es knallvoll. Wir Touristen waren ganz unter uns. Das Etablissement wird von den Reisebüros betrieben, die ihre Gäste nicht den Gefahren eines echten Apachenkellers aussetzen möchten.

Jeder Besucher bekam etwas Weißwein in einem Glasformat, das ich bisher nur aus der Puppenküche meiner Tochter kannte. Dann

Die zweistöckigen Cityrama-Aussichtsbusse fahren allnächtlich über die Place Pigalle. Bei der hier gezeigten Herrengesellschaft handelt es sich nicht etwa um einen Ziegenzuchtverein aus der Provinz. Der seltsame Bocks-Effekt wird durch die Bügel der Kopfhörer verursacht, mit denen jeder Sitz ausgestattet ist, damit die Gäste den Erklärungen des Reiseleiters lauschen können. Wer diesen Omnibus vorbeifahren sieht, denkt unwillkürlich: Was mögen wohl die Gattinnen jetzt treiben?

Wenn im Apachenkeller „Petit Balcon", einer Hochburg des Omnibus-Tourismus, die Apachenbraut in vorbildlich unterwürfiger Körperhaltung sich bei ihrem legitimen Beschützer dafür entschuldigt, dass er sie soeben verhauen musste, reagieren die umsitzenden Herren, einem Ur-Instinkt folgend, ganz anders als ihre mitgebrachten Damen.

legte die Musette-Kapelle los, und die erste Apachin im seitlich bis zur Taille geschlitzten Rock trat auf. Sie strich (womit wohl alles über ihren Gang gesagt ist) an den Kunden entlang und setzte sich mit untrüglichem Sinn für Qualität auf die Knie eines Rheinländers, legte ihm die Arme um den Hals und drückte einen Kuss auf die Hochkonjunkturstirn. Der Kopf des Herrn nahm die Farbe eines frischgekochten Hummers an, seine Gattin kreischte vor Lachen. Aber da nahte der Herr Apache persönlich, mit Schiebermütze und quergestreiftem Pullover. Mit gut gespielter Eifersucht forderte er seine Halbwelt-Genossin auf, sofort das rechtsrheinische Knie zu verlassen. Sie hustete ihm was, worauf der Apache drohend seinen Bizeps zeigte.

Dann schickte er sich an, das Mädchen mit Gewalt vom bundesdeutschen Wohlstandsschoß zu entfernen. Als sie aber einen Hundert-Francs-Schein aus dem Netzstrumpf zog und pflichtbewusst ablieferte, ließ er sie in Ruhe. Die aus allen Ländern herbeigeströmten Zuschauer hatten das prickelnde Gefühl, ein echtes Stückchen uralten französischen Brauchtums am eigenen Leibe mitzuerleben.

Der Pseudo-Unterweltler steuerte auf eine appetitliche Engländerin zu und beflirtete sie heftig. Da sprang die Apachin auf und trat ihm mit spitzem Schuh rasant ins Gesäß, von einem präzisen Paukenschlag der Kapelle untermalt.

Schmerzerfüllt und wutentbrannt drehte der Betretene sich um und schmiss das lose Mädchen über die Schulter aufs Parkett. Mit Fußtritten rollte er das wimmernde Bündel zum Ausgang.

Als der Apache sich für den Applaus des Publikums bedankte, schlug ihm das wieder hochgekommene Mädchen von hinten einen Stuhl über den Kopf, wobei die Sitzfläche (des Stuhls) zersplitterte.

Sie floh, er schmiss eine Schnapsflasche, die aber ihr Ziel verfehlte und im laut aufkreischenden Publikum landete. Die Flasche war aus Schaumgummi. Ich wurde den Verdacht nicht los, dass bei dieser Schau ein deutscher Lustspielfilm-Regisseur seine Hand im Spiel hatte. Es war alles so echt. Eine neue Netzstrumpf-Schönheit trat hüftwackelnd auf und blieb ausgerechnet vor mir stehen.

Die Kapelle spielte einen Musette-Walzer, das Mädchen zog mich zum Tanz aufs Parkett.

Unter dem Jubel der Zuschauer schob sie meine Hand, die ich vorschriftsmäßig auf ihrem Rücken oberhalb der Taille deponiert hatte, bis zu einer Stelle eine Handbreit unterhalb der Gürtellinie. Während wir auf einer Fläche von der Größe einer Schallplatte den Valse Musette drehten, kam der Beschützer dieser Fremdenverkehrsförderin und machte seine Rechte geltend, indem er mich auf den Stuhl drückte und das Mädchen auf den Boden schmiss. Sie wollte aber nicht von mir lassen, umklammerte meine Beine und im Sturm der Leidenschaft auch die des Stuhls.

Der Apache packte ihre Fußknöchel und zog das Mädchen mitsamt dem Stuhl, auf dem ich saß, quer über das Parkett. Ein so großer Lacherfolg war mir in meiner langjährigen Humoristenlaufbahn noch nie beschieden.

Man ließ von mir ab.

Nach einem Cancan trieb die Vorführung ihrem Höhepunkt zu: Eine Apachin verlor ihren Rock, ließ sich von einem genierten Gast die Korsage lockern und machte den Oberkörper frei. Den zeigte sie dann mit aus statischen Gründen hochgehobenen Armen nach allen Seiten herum.

„Das ist Paris!", hörte ich von mehreren zufriedenen Touristen, als wir das Etablissement verließen. Vor der Tür wartete bereits ein kräftiger Besuchernachschub: Halbstündlich wird von den Reisebüros neu angeliefert.

Als wir unseren Fremdentransporter wieder bestiegen, zeigte die Küchenuhr 22 Uhr 32.

Punkt 22 Uhr 45 kamen wir planmäßig vor einem alten Fachwerkhaus gegenüber von Notre-Dame an, mussten aber vier Minuten draußen warten, weil Cooks Reisebüro Verspätung gehabt hatte und das Lokal „Les Oubliettes" blockierte. Über eine steile Wendeltreppe ging es hinab in ein Gewölbe, das im Mittelalter als Gefängnis gedient haben soll. Von den Wänden baumelten Ketten und Halseisen. An der Stirnseite des Raumes hing auf rotem Samt gebettet und von Scheinwerfern angestrahlt ein Meisterwerk mittelalterlicher Schmiedekunst: ein echter Keuschheitsgürtel, liebevoll gehämmert und fein ziseliert.

Unter diesem Emblem gehemmter Fröhlichkeit sang eine als Burgfräulein verkleidete Chansonette scharf gewürzte Refrains, die aber nur für Franzosen oder französisch sprechende Gäste verständlich waren. Trotzdem unterhielten sich die Fremden ganz ausgezeichnet, denn alle Blicke hingen, wie ich beobachten konnte, an dem mit vielen rätselhaften Scharnieren versehenen Gegenstand auf dem roten Samt. Technischen Problemen nachsinnend, betrachteten Männlein und Weiblein unverwandt die mittelalterliche Zweckform.

Jeder Gast bekam zur Aufmunterung einen Liliputaner-Cognac. Größer hätten die Gläser sowieso nicht sein dürfen, denn die Bevölkerungsdichte in diesem Keller betrug fünf Personen pro Quadratmeter.

Allgemein verständlich wurde das Programm erst, als Wirt und Wirtin sich gotisch gekleidet aufs Podium stellten und singend verkündeten, dass sie für ihre nebenstehende Tochter einen Mann suchten. Einen Gast nach dem anderen boten sie unter Besingung aller seiner Vorzüge dem Mädchen an. Sie schrie aber nur jedes Mal verzweifelt auf: „Nein, den nicht, niemals!" Die Gattinnen der betreffenden Herren kamen fast um vor Lachen.

Als das Mädchen bereits das achte Angebot heulend weit von sich gewiesen hatte, riss dem Vater die Geduld: „Wir haben dir die besten Männer angeboten, die es gibt! Jetzt suche dir gefälligst selber einen!"

Glückstrahlend sang sie: „Für mich gibt es nur einen, und das ist dieser …" Sie schob sich durch das Lokal und – ich kann es dem Leser nicht ersparen, aber ich wirkte an diesem Abend anscheinend ganz besonders stark auf Frauen – blieb vor mir stehen. Unter völlig unbegründetem Gelächter der Umsitzenden nahm sie meine Hand und zog mich zum Podium.

Die Eltern schlugen verzweifelt die Hände über dem Kopf zusammen. Das Mädchen nahm mich zärtlich in die Arme und besang zunächst meine Haarpracht (sie ist sehr stark gelichtet, aber geschickt gekämmt), meine zierlichen Ohren (sie haben Übergröße und stehen im Winkel von neunzig Grad zum Kopf), meine edle Nase (sie ist ausgesprochen Stups) und viele andere, nicht so offen daliegende Vorzüge. Ich wurde rot bis unter die wenigen noch vorhandenen Haarwurzeln. Wer rechnet schon damit, wenn er „Paris bei Nacht" mitmacht, dass er in einer Schaunummer mitwirken muss? Ich wollte mich verdrücken, aber meine Braut linker Hand hielt mich zurück: „Monsieur, haben Sie denn keinen Humor?"

Das saß.

Unter den Klängen eines Hochzeitsmarsches drückte mir der Wirt eine wassergefüllte Babypuppe in den Arm. Es tropfte mir zwischen den Fingern durch. Das Publikum jubelte. Der Wirt hatte offensichtlich bei Millowitsch gelernt, was „ankommt". Er fing einige Tropfen auf, rieb sie auf meinen Kopf und sang dabei: „Das ist das Beste für den Haarwuchs!"

Die Leute haben über diesen feinsinnigen Scherz gelacht, dass der Kalk von den Kellerwänden rieselte. Gequält grinsend verließ ich die momentane Gattin, denn mein vorgesetzter Fremdenführer beorderte seinen Haufen nach draußen. 23 Uhr 30 zeigte die Küchenuhr im Omnibus, als wir vor dem angeblich eleganten Striptease-Kabarett in Montmartre hielten. Hier sollte uns die Kunst des Sich-Ausziehens, die ja das nackte Rückgrat der Vergnügungsindustrie aller zivilisierten Länder ist, in höchster Vollendung gezeigt werden.

Der Fremdenhirte trieb seine Herde an Hochglanz-Aktfotos vorbei in einen scheunenartigen, verräucherten Saal. Auf der Bühne stand eine dicke Marktfrau und sang ein sehr ordinäres Lied. Sie wurde am Klavier begleitet von einem kleinen Männchen mit Zwicker, das auch schon bessere Lokale gesehen hatte. Am Schluss des Chansons riss sich die Sängerin die Perücke vom völlig kahlen Schädel, öffnete die Bluse, zog einen falschen Busen heraus und schwenkte ihn triumphierend durch die Luft. Nun ist ein Damen-Imitator ja wohl das Letzte, was man in einem Stripteaselokal erwartet.

Jeder Teilnehmer der „Paris-bei-Nacht"-Tour bekam ein Schnapsglas voll Wein. Man konnte diesen Abend ohne Übertreibung als Nachtleben-Trockenkursus bezeichnen. Ich möchte jedem, der sich

Dieser Lieferwagen einer Firma, die Patentkochtöpfe herstellt, führt bei vielen Touristen zu völlig falschen Gedankenverbindungen. Wer des Französischen einigermaßen mächtig ist, weiß: „Cocotte" heißt „Kochtopf".

aufgrund meines Berichtes zu einer solchen Rundfahrt entschließt, zur Mitnahme einer wohlgefüllten Feldflasche raten.

Nach dem Damen-Imitator kam ein Herr im Pullover auf die Bühne und kündigte „La belle Sofia in ihrem atemberaubenden Striptease" an.

Der Zwickermann am Klavier verschwand, ein Tisch, der mit einem Bärenfell bedeckt war, wurde an die Rampe geschoben, und zu den Klängen der „Unvollendeten" von Schubert (Aufnahme der Wiener Philharmoniker) kam „la belle Sofia" auf die Bühne. Sie hatte einen Blick, wie ich ihn bisher nur von den abgekochten Kalbsköpfen in den Pariser Markthallen kannte.

Während im fernen Wien der Schubert-Franzl leise im Grabe rotierte, untermalte seine bestimmt nicht dafür gedachte Musik hier in der Seine-Metropole das Fallen von Textilien.

Ich bin der Letzte, der wegguckt, wenn ein hübsches Mädchen nichts mehr anhat. Aber „la belle Sofia" betrieb ihre fremdenverkehrsfördernde Tätigkeit so, als wäre sie nicht auf einer Kabarettbühne, sondern beim Arzt. Dieser Eindruck wurde noch verstärkt, als sie sich auf das Bärenfell legte und mal das linke, mal das rechte Bein in die Luft streckte, wobei sie sich mehrfach umbettete, damit auch alle was davon hatten. Dabei streichelte sie immer wieder ihre Leberpartie, als ob sie einem imaginären Onkel Doktor sagen wollte: „Da tut's weh!"

Weil Schubert seine „Unvollendete" nicht vollendete, musste Sofia vorzeitig mit der Hampelei aufhören und hinter der Bühne verschwinden. Der Japaner neben mir seufzte: „That's Paris – das ist Paris!"

69

Ich hätte ihm gern widersprochen, aber da schlug bereits der Zwickermann aufs Neue in die Tasten und begleitete den Auftritt eines mitleiderregenden alten Chinesen, der zwanzig Meter farbiges Klopapier an zwei Bambus-Stöckchen befestigt hatte und damit abstrakte Figuren in die ziemlich dicke Luft wedelte. Man merkte den von diesem vollendet dargebotenen Akt gelangweilten Zuschauern deutlich an, dass sie wegen anderer Akte und Figuren hergekommen waren. Ich habe als Einziger kräftig applaudiert, denn was konnte der arme Sohn des Himmels dafür, dass er nicht als Nackttänzerin auf die Welt gekommen war.

Bei dieser Gelegenheit möchte ich vorschlagen, Nackttänzerinnen in Zukunft lieber schlicht „Nacktzerinnen" zu nennen, denn das Tänzerische ist irreführend und meistens nicht vorhanden.

Der Zwickermann räumte das Klavier, was wörtlich zu verstehen ist, denn er nahm sein Bierglas mit. Und nun erklang von einer Schallplatte Tschaikowsky-Musik.

Eine Dame, deren Künstlername mir entfallen ist, trat in großem Abendkleid und mit einem kleinen Pinscher unter dem Arm auf die Bühne. Das hatte mir gerade noch gefehlt, eine Hundenummer als Höhepunkt von „Paris bei Nacht".

Ein müder deutscher Schäferhund schlich auf die Bühne und setzte sich lustlos an die Rampe. Wider Erwarten wurde es dann doch noch eine Striptease-Nummer: Das Mädchen zog den Rock aus und deckte damit den Schäferhund zu, wobei sie durch eine mimische Glanzleistung zu verstehen gab, dass sie sich vor dem Hund genierte. Aus demselben Grund tat sie den Pinscher in einen Deckelkorb, den sie sorgfältig verschloss, bevor weitere Hüllen fielen. Bei dem

Pinscher schien es sich aber um einen besonders scharfen Hund zu handeln, denn immer wieder hob er den Deckel, um dem Geschehen zu folgen. Als die letzten fünf Quadratzentimeter Stoff fielen, türmte der Schäferhund mitsamt Rock, wofür alle Zuschauer volles Verständnis hatten.

Die Küchenuhr stand auf o Uhr 45, als wir wieder im Omnibus saßen. Nach einigen hundert Metern Fahrt hatten die Opfer von „Paris bei Nacht" das große Glück, dreißig Sekunden lang die Place Pigalle zu sehen, weil die Verkehrsampel auf Rot stand. Vor dem „Moulin Rouge" an der Place Blanche wurde noch einmal kurz gehalten, obgleich das heutige Unternehmen, mit dem alten „Moulin Rouge" nicht mehr gemeinsam hat als Franz Josef Strauß mit dem Walzerkönig.

Punkt 1 Uhr 10 kamen wir vor dem Lido an den Champs-Elysées an. Ein Dutzend Autobusse stand bereits vor der Tür. Das sogenannte bessere Publikum verließ das Lokal, während wir eingeschleust wurden. Um 1 Uhr 30 begann der zweite Teil der Revue, die in der Welt nicht ihresgleichen hat.

Das jedem Rundfahrtteilnehmer zustehende Glas Schaumwein wurde von geschickten Obern im Verhältnis 1:5 in die Gläser gebraust (ein Fünftel Wein, vier Fünftel Schaum).

Eine Lido-Revue mit Worten zu beschreiben, ist völlig unmöglich. Das weiß jeder, der dort einmal seine Pupillen auf die Augenweide führte.

Die Kostüme haben Hunderttausende gekostet. Aber nur wenige Quadratzentimeter der Stoffmengen tragen die Mädchen direkt am Körper. Den Rest haben sie teils auf dem Kopf, teils ziehen sie ihn hinter sich her.

Man muss sehr scharf (und die meisten Herren tun das auch) unterscheiden zwischen den „beauties", also den „Schönheiten" genannten Mädchen, und den „girls". Die „beauties" können nicht tanzen, sind aber als Ausgleich dafür bis auf ein kleines goldenes Dreieck splitternackt. Sie stehen als Dekoration mit hocherhobenen Armen herum oder werden von den männlichen (was ich nicht allzu wörtlich zu verstehen bitte) Mitwirkenden neckisch, aber ziemlich uninteressiert, auf Schüsseln liegend oder freihändig gestemmt auf der Bühne herumgetragen.

Die „girls" dagegen können tanzen, und wie! Das einzig Gebändigte an ihnen ist der Busen. Sie tragen ihn, im Gegensatz zu den „beauties", bedeckt und durch Meisterkreationen der Miederindustrie gegen die Wirkung der bei den rasanten Tänzen auftretenden Fliehkraft gesichert.

Nach dem Abgrasen dieser Augenweide wurde die Herde in den Omnibus zurückgetrieben und an den Ausgangspunkt der Nachtlebens-Rundreise zurücktransportiert. „Paris bei Nacht, alles inklusive" war zu Ende, aber nicht für alle: Alleinstehende Teilnehmer zerstreuten sich, von dem Erlebten sichtlich angeregt, in alle Winde, während die Ehepaare müde ihren Hotels zustrebten.

Nach fünf Stunden Aufenthalt in verräucherten Lokalen bei einem Getränkekonsum von insgesamt höchstens einem Viertelliter hatte ich einen Mordsdurst, den ich in mehreren kleinen „Bistros" stillte, wo es weitaus lustiger und vor allem pariserischer zuging als an den vorher besuchten Wallfahrtsorten durchorganisierten Nachtlebens.

Der Brieftaschen-Tango von Pigalle

An der Place Pigalle, wo die vierstöckigen Lichtkaskaden flimmern und viele tausend bunte Neonröhren sinnlich zucken, liegen dicht an dicht Nackedei-Kabaretts, diskrete Bars, noch diskretere Hotels und einige hell erleuchtete Nachtdienst-Apotheken in logischer und sich sinnvoll ergänzender Nachbarschaft nebeneinander. Wer in diesen Nachtlebens-Kreislauf hineingerät, muss mit beträchtlichen Ausgaben rechnen. Wer sich aber auf den Besuch jener „Bistro" genannten Kneipen beschränkt, wo der kleine Beaujolais an der Theke 50 Pfennig kostet, kann für ein paar Mark eine Unmenge echter Pigalle-Atmosphäre mitbekommen. Grundregel für so einen billigen Bummel: Niemals eine Bar betreten, die Gardinen vor den Scheiben oder einen Portier vor der Tür hat. Diese Regel wird immer wieder durch das Ausnehmen von Gästen bestätigt.

Drei Wochen lang habe ich in einem kleinen, sehr verkehrsgünstigen Hotel in der Nähe der Place Pigalle gewohnt und allnächtlich mehrstündige Rundgänge durch dieses in der Welt einzigartige Sexbedarfsdeckungs-Viertel gemacht. Die billigen Stamm-Bistros, wo mich die Wirte bereits nach einer Woche mit Handschlag begrüßten, lagen an dem Lust-Dreieck Rue Pigalle-Rue Douai-Rue Fontaine. Es waren die Kneipen, in denen um Mitternacht die in der

Fremdenbetreuung tätigen Kleingewerbetreibenden jeden, aber auch jeden Geschlechts eine kleine Stärkung zu sich nehmen, Erfahrungen austauschen oder Beziehungen anknüpfen.

Da kauten in den Show-Pausen die Tänzerinnen vom Nachtklub nebenan ein Sandwich, unter dem schlichten Regenmantel nur mit etwas Puder und dem polizeilich vorgeschriebenen „Schrittband" bekleidet. Sie sprachen von den Fortschritten ihrer Kinder in der Schule und den steigenden Preisen. Da tranken die Anreißer mit dem goldenen Band um die Mütze und den Adressen für alle Ansprüche im Kopf ihren Kaffee. Und da kontrollierten Clochards, Kellner, Blumenfrauen und Zuhälter an einem antiken Morse-Ticker die Ergebnisse der Pferderennen von Auteuil oder Longchamps. Und auch die Pferdchen, die manche der anwesenden Herren in unmittelbarer Nähe laufen ließen, kamen hin und wieder auf ein Gläschen herein und brachten oft eine sehr gute Quote.

In einem solchen Bistro gewann ich eines Nachts einen tieferen Einblick in die nicht immer ganz reibungslose Maschinerie des im Allgemeinen perfekt durchorganisierten Nachtlebens.

Friedlich an die Theke gelehnt und meinen „Petit Rouge" schlürfend, wurde ich Zeuge einer heftigen Auseinandersetzung zwischen zwei sehr kriminell aussehenden Herren, die sich den Besitz einer danebenstehenden, äußerst farbenprächtigen Blume der Gosse streitig machten, wobei aber das „Besitzen" nicht in unserem landläufigen Sinne, sondern als Inkassoberechtigung zu verstehen ist.

Plötzlich haute der Kleinere von den beiden der Strichbezieherin eine herunter, dass ihre Perücke verrutschte und die falschen Wimpern davonflogen. Dafür kassierte er von dem Größeren einen ungenau ankommenden Kinnhaken, der mit einem Tiefschlag in die erogene Zone heimgezahlt wurde. Als dem Kleinen mit einem Fausthieb ein Auge geschlossen wurde, ging durch den Rückstoß mein Rotwein zu Boden. Einige harmlose Touristen verließen fluchtartig das Lokal, das so hart umkämpfte Mädchen lief kreischend zum Telefon, der Wirt stellte sich schützend vor die auf der Theke stehende Kristallvase mit Gladiolen und bat die Herren in aller Form, ihre Unstimmigkeiten draußen zu bereinigen.

Das taten sie und droschen vor der Tür weiter aufeinander los. Während sie sich am Boden wälzten, rollte eine schwere Limousine heran, zwei bullige Herren in tadellosen Maßanzügen sprangen heraus, trennten die Streithähne und führten sie ab. Den einen in die Limousine, den anderen in ein Taxi. „Die werden was erleben!", sagte der Wirt, als er mir einen neuen Beaujolais einschenkte. Und erzählte, dass die mit der Unterwelt stark verfilzte Vergnügungsindustrie eine Art eigene Polizei hat, die strikt dafür sorgt, dass die geldbringenden Fremden nicht durch Keilereien erschreckt und vom Konsum abgehalten werden. Zu ebendieser Privatpolizei gehörten die zwei Herren mit der schweren Limousine.

Einen von ihnen traf ich eine Stunde später in meinem nächsten Stammlokal wieder, dem „Sanssouci" an der Ecke der Rue Pigalle und Rue Douai. Er schob sich an mich heran und fragte: „Suchen Sie jemanden Bestimmten?" Das musste ich verneinen. Und dann kam heraus, dass der Mann mich für einen deutschen Kriminaler hielt, der hier nach jemandem fahndete. Anders konnte er sich nicht erklären, dass ich seit zwei Wochen jede Nacht dieselben Kneipen besuchte und an der Theke stehend stundenlang das Treiben um mich herum scharf beobachtete. Ein echter Tourist kommt im Allgemeinen nur einmal.

Ich konnte meinem Thekennachbarn nicht ausreden, dass ich ein *commissaire allemand* sei. Er bestand darauf: „Sie haben den typischen Kriminalerblick – und auch den Gang!" Die zehn mit Knatterton verbrachten Lebensjahre haben mich wohl gezeichnet.

„Wenn Sie irgendeinen entwischten deutschen Kriminellen suchen, kann ich Ihnen vielleicht helfen", sagte mein neuer Freund, „wir wollen Pigalle sauber halten, damit die Fremden sich ungestört vergnügen können. Gegen seinen ausdrücklichen Willen wird hier keinem Touristen ein Haar gekrümmt!"

Das beruhigte mich außerordentlich.

Zum Abschied drückte mir das die Unterwelt überwachende Unterweltmitglied die Hand, dass die Knochen knürpsten: „Wenn Sie mich mal brauchen sollten: Eine Stunde nach Mitternacht bin ich immer hier zu treffen!"

Froh über die nützliche Verbindung zum „Milieu", bummelte ich die Rue Victor Massé entlang.

Ein Türsteher mit goldgeränderter Mütze pries mir die angeblich einzigartigen Schaunummern an, die sein „Cabaret" zu bieten hatte. Aus nacktem Geiz lehnte ich ab und ging weiter. Da rief der Anreißer mir nach: „Sie werden es bereuen!"

Wie recht er haben sollte! Als ich um die Ecke ging, kamen singend und tanzend drei gut gekleidete, dunkelhäutige Herren die Straße entlang. Sie swingten im Ringelreihen um eine Laterne herum und waren von überschäumender Fröhlichkeit. Handelte es sich etwa um eine innerafrikanische Delegation, die einen

Entwicklungshilfe-Abschluss begossen hatte? Bald sollte ich Genaueres wissen.

Die fröhlichen Bummler stimmten ein Tangolied an und tanzten in Dreierreihe auf mich zu, umringten mich, einer umfasste meine Taille und nötigte mir einen heißen Tangoschritt auf, einen einzigen – aber der hatte es in sich. Mein momentaner Tanzpartner wurde von seinen Kumpanen weggezogen, wobei sie sich mit ausgesuchter Höflichkeit für die Entgleisung ihres Kameraden entschuldigten.

Ich sagte etwas geniert: „Keine Ursache, meine Herren!", denn nichts sehe ich lieber als fröhliche Menschen. Doch da merkte ich, dass meine Brieftasche mit ziemlich viel Geld weg war. Die dunklen Gestalten waren nur wenige Meter entfernt und schalteten von Tanzschritt auf Laufschritt.

Ich hätte hinterherrennen können und dann mit ziemlicher Wahrscheinlichkeit eines über den Schädel bekommen. Mein Kopf ist mir aber mehr wert als jede noch so volle Brieftasche, was die Leser hoffentlich nicht als Arroganz auslegen werden.

Außer dem Geld waren auch noch mein Pass und alle Papiere weg. Ich ging zurück zur Ecke, wo der Cabaret-Anreißer stand, und fragte nach dem nächsten Polizisten. Er zeigte mit dem Finger nach oben: „Die sitzen irgendwo hinter den Fenstern – hinter welchen, weiß keiner – und beobachten die Straße. Hier unten fährt die Polizei nur in Salatkörben durch!" (Die vergitterten Mannschaftswagen der Polizei heißen in Paris sehr sinnig *panier au salade*.) Den angeblich hinter den Gardinen stehenden Polizisten erschien mein Fall wohl nicht wichtig genug, keiner kam herunter.

Der Türsteher sagte noch: „Jetzt hat man Ihnen das Geld mit Gewalt abgenommen – hier drinnen hätte man es mit Liebe gemacht. Kein Vergleich, sage ich Ihnen!"

Das glaubte ich ihm unbesehen.

Weil im ganzen Viertel kein Polizist zu finden war, wanderte ich zum Bistro, in dem man mich für einen Kriminaler gehalten hatte.

Mein hilfsbereiter Freund aus dem „Milieu" war noch da. Er explodierte fast vor Wut, als ich die Geschichte erzählte. Seine Empörung war verständlich, denn der Inhalt jeder Brieftasche, die auf der Straße geklaut wird, entgeht dem Vergnügungsgewerbe. Der Wirt des Bistros, Gäste und einige Trottoirpächterinnen (so nennt man im Pigalle-Jargon alleinstehende Damen) machten ihrem Zorn Luft: „Diese ausländischen Schweine ruinieren den Ruf von Pigalle!"

Um den guten Ruf von Pigalle hatte ich mir eigentlich noch nie Sorgen gemacht, musste den Umstehenden aber sogar als Ausländer recht geben. Mein Freund winkte zwei vorbeikommende Männer von Kleiderschrankformat herein, stellte sie als Kollegen vor und bat um eine genaue Beschreibung der Täter. Ich sah meinen Fall in den besten Händen.

„Wie groß war der Kerl, der mit Ihnen tanzte? Hatte er volles Haar, eine Glatze oder einen Bart? War er dick oder dünn? Rundes oder ovales Gesicht? Welche Anzugfarbe?"

Rechts oben:
Der Brieftaschen-Tango: Ouvertüre: Molto allegro

Rechts Mitte:
Furioso: Con amore

Rechts unten:
Finale: Molto desperato

Keine einzige Frage konnte ich mit gutem Gewissen eindeutig beantworten. In diesen Minuten verlor ich jeden Glauben an Zeugenaussagen und mein neuer Freund die Überzeugung, dass ich Kriminaler sei. Aber den Journalisten wollte er mir noch weniger glauben, weil er diesem Berufsstand eine gute Beobachtungsgabe zutraute. Das Einzige, was ich genau wusste, war die Höhe des Geldbetrages, den die Brieftasche barg. Bei Nennung der ziemlich beachtlichen Summe riefen alle einstimmig aus: „*Merde!*", was im Französischen soviel heißt wie „Na, so was!"

(Bei dieser Gelegenheit möchte ich darauf hinweisen, dass die Tätergesichter auf meiner Zeichnung mangels Gedächtnis frei erfunden sind. Etwaige Ähnlichkeiten mit lebenden Personen im diplomatischen Dienst sind zufällig.)

In Anbetracht meiner Bargeldlosigkeit bestellten die Herren umschichtig etwas zu trinken. Wir verabredeten uns für den nächsten Abend, und man gab mir zehn Neue Francs, damit ich nicht völlig ohne Geld nach Hause lief.

Mit diesem Hilfsfonds der Unterwelt nahm ich mir ein Taxi zum nächsten Polizeirevier. „Was wollen Sie da?", fragte der Chauffeur. Nach Schilderung meines Falls rief er ebenfalls „Merde!", stellte den Taxameter ab und fuhr mich umsonst zum Polizeirevier in der Rue Pelletier.

Rechts hinten in einem großen Hof, wo mehrere „Salatkörbe" standen, war der Eingang. In einem fliesenbelegten, wartesaalartigen Raum saßen an einfachen Holztischen Weißbrot kauende und Rotwein trinkende Polizisten. Hinter einer Art Bankschalter saß der Reviervorsteher. Als ich auf ihn zuging, sagte er strahlend: „Guten

Abend, Herr Manfred Schmidt!" Das war der weitaus schönste Moment dieser Nacht, denn etwa eine Sekunde lang glaubte ich, dass meine Bücher auch hier gelesen würden.

Aber dann sah ich auf dem Tisch meinen aufgeschlagenen Pass, die Fotos von Weib und Kind sowie die Restaurantquittungen der letzten Tage. Vor einer halben Stunde hatte man mir die Brieftasche geklaut, und schon lag sie hier bei der Polizei! Demnach hatte man die Burschen gefasst.

Der Kommissar sagte: „Nun zählen Sie mal genau den Inhalt der Brieftasche auf!"

Er schrieb meine Inhaltsangabe auf einen Zettel, drückte den Revierstempel drauf und sagte freundlich: „Das ist für Ihre Versicherung. Das Geld ist nämlich weg."

Ich bin reichhaltig versichert, aber nicht gegen Brieftaschendiebstahl an der Place Pigalle. Die Prämien dafür hätten im Laufe der letzten zwanzig Jahre wahrscheinlich genau den Betrag ausgemacht, der mir abhanden kam.

Der Reviervorsteher rief zu den Tischen hinüber „George! Nimm das Protokoll auf!" George schob die Rotweinflasche zur Seite, wischte die Weißbrotkrümel vom Tisch und bat mich, ihm gegenüber Platz zu nehmen. Meine Erzählung erzeugte bei den umsitzenden Polizisten große Fröhlichkeit, denn die musikalisch-tänzerische Variante des alten Anrempeltricks war ihnen neu.

George erzählte mir, die Brieftasche sei von einer Dame unter einer Straßenlaterne gefunden und ihm übergeben worden. Wenn weniger Geld drin gewesen wäre, hätten die Taschendiebe die geleerte Brieftasche wahrscheinlich in einen Kanalrost geworfen. Durch das

Ablegen an gut sichtbarer Stelle bezeugten sie ihre Dankbarkeit. Ich fragte, wie ich mich bei der Finderin bedanken könne. Das belustigte die Ordnungshüter sehr. Verschmitzt lachend sagte ein Flic: „Da müssten Sie die Brieftasche erst mal neu füllen, hahaha!"

Den weiteren Anspielungen glaubte ich entnehmen zu können, dass die ehrliche Finderin in den Nachtstunden an einer bestimmten Ecke in mehr oder weniger kurzen Intervallen anzutreffen sei.

Meine Zeugenaussagen nützten den amtlich konzessionierten Polizisten ebenso wenig wie den Unterwelt-Wachhabenden aus meinem Stammbistro.

Auf dem Heimweg kam ich an der Ecke vorbei, an der meine Brieftasche gefunden wurde. Die hilfsbereite Dame war im Moment nicht da, deshalb möchte ich ihr an dieser Stelle herzlich danken.

Kurz vor meinem Hotel kamen drei junge Leute die Straße entlang. Durch Erfahrung gewitzigt, bog ich aus und deckte meine mühsam wiedererrungene Brieftasche ab. Trotzdem kamen die salopp gekleideten Jünglinge dicht an mich heran.

Der Größte sagte auf Deutsch: „Entschuldigen Sie bitte, wo ist hier die Jugendherberge?"

Ich vermutete eine neue Variante des Anrempeltricks. Es waren aber drei ehrliche Studenten aus Tübingen. Die Jugendherberge befindet sich in der Nähe der Place Pigalle. Vielleicht hat man diese Gegend gewählt, weil junge Menschen da sehr viel lernen können.

Mein Weg führte mich noch an mehreren Nachtlokalen vorbei. Zum ersten Mal in meinem Leben wurde ich von keinem einzigen Anreißer angesprochen. Geld scheint also doch zu riechen, denn diese erfahrenen Spezialisten schnuppern es sofort, wenn einer keines mehr hat.

Am nächsten Tag ließ ich mich telegrafisch mit neuen Barmitteln aus der Heimat versehen, ein bei Paris-Reisenden sehr häufiger postalischer Vorgang. Abends wollte ich die zehn Francs an die so liebenswürdige Unterwelt-Polizei zurückzahlen. Kurz nach Mitternacht traf ich die Herren im Stammbistro. Sie wollten das Geld keinesfalls annehmen. Nur auf dem Umweg über Getränke konnte ich meine Ehrenschuld begleichen. Und das beweist wohl zur Genüge, dass „Pigalle" weit besser ist als sein Ruf. Auch in Zukunft werde ich meine nächtlichen Spaziergänge fortsetzen, allerdings nie wieder mit praller Brieftasche.

Abschließend wage ich zu behaupten, dass es an der Place Pigalle am lustigsten ist, wenn man eine oder sogar seine Frau mitnimmt. Ich weiß, dass ich mit dieser Behauptung allen überlieferten Vorstellungen von Paris ins Gesicht schlage und einen Sturm der Entrüstung bei vielen streng und rein geschäftlich Reisenden entfachen werde. Es gibt aber nichts Lächerlicheres auf der Welt als Männer, die nachts alleine durch das Vergnügungsviertel streichen, in die dunklen Seitengassen abbiegen und so tun, als suchten sie einen Briefkasten.

Nur solchen Männern werden die Brieftaschen geklaut.

Eine Nacht in Monte Carlo

Das Fürstentum Monaco ist eines der schönsten Fleckchen dieser Erde, denn dort gibt es keine Wehrpflicht und (wahrscheinlich eben deshalb) keine Steuern. Wegen dieser Vorteile haben außer den statistisch nachgewiesenen 2 696 echten Monegassen etwa 18 000 Ausländer ihren ständigen Wohnsitz unter den Schirm (im Sinne von Herrschaft) Gracias, geborene Kelly, und Rainiers des Dritten gestellt.

Die wehrfähige männliche monegassische Bevölkerung dient Landesherrn und Landesmutter treu ergeben mit der Harke: sechshundert Croupiers rechen rastlos und schichtweise im Casino das Geld vom Tisch, wobei allerdings ziemlich viel für den nicht immer stillen Teilhaber Onassis abfällt.

Laut farbenprächtigem Prospekt ist Monte Carlo „ein Ort der Ruhe und Erholung für die internationale Elite". Darunter versteht man im heutigen Sprachgebrauch diejenigen Leute, die unsere westliche Freiheit geschickt zu nutzen und in hohe Bankkonten umzusetzen verstehen.

Diese Spielart der „Elite" fand ich in Monte Carlo in überreichem Maße vor, aber von Ruhe konnte gar keine Rede sein: Der „Ort der Erholung" war erfüllt vom Dröhnen der Presslufthämmer und dem

Kreischen der Betonmischmaschinen. Überall wurde die Kelle ge-
schwungen. Nicht umsonst stammt Ihre Hoheit Fürstin Gracia aus
dem Geschlecht der Kellys, das seine Bedeutung dem Baugewerbe
verdankt.

Die Quadratmeterpreise schossen in den letzten Jahren sprung-
haft in die Höhe, viele internationale Großfirmen verlegten ihren ju-
ristischen Verwaltungssitz an den steuerliche Vorteile spendenden
Meerbusen. Acht- bis zwölfstöckige Gebäude wuchsen reihenweise
aus dem fruchtbaren Felsen, um Steuerflüchtlinge aus aller Herren
Länder aufzunehmen. So leistete auch das kleine Monaco seinen Beitrag zum Weltflüchtlingsjahr.

Auf der Hotelsuche landete ich durch die geschickt umleitende
Armbewegung eines Polizisten in der Einfahrt eines luxuriösen Ho-
telpalastes. (Wahrscheinlich stand der Polizist im Dienste des Hotels.) Bei Betreten der Hotelhalle fühlte ich mich sofort um siebzig
Jahre jünger, nämlich im Jahre 1890.

Ein Page führte mich durch den stucktriefenden Raum in einen
kleinen, mit Schnitzereien, Bronzeleuchtern und samtgepolsterten
Ruhebänken ausgestatteten Salon, der sich nach oben in Bewegung
setzte und ein Fahrstuhl war.

Der Hotelboy, zwei gepäcktragende Hausdiener (eine Reisetasche,
ein Koffer) und der Empfangschef geleiteten mich durch saalartige,
teppichbelegte Korridore – vorbei an dienernden Etagenkellnern,
Stubenmädchen und Kammerdienern – zu dem mir zugedachten
Appartement.

Vier kleine Löwen trugen das mit geschnitzten Rosen verzierte
Bett, der Kleiderschrank erfüllte für sich alleine die Bedingungen

Im weltberühmten Aquarium von Monaco wird man immer wieder daran erinnert, dass Aristoteles Onassis in diesem kleinen Fürstentum an allen Unternehmungen irgendwie beteiligt war oder noch ist.

des sozialen Wohnungsbaus, und das Telefon war ein Modell, wie es nicht einmal das Deutsche Museum in München besitzt. Das Badezimmer konnte man kaum als Badezimmer bezeichnen, sondern schon eher als Badeanstalt. Die Klinke der Balkontür war ein Messinghebel in Form einer Meerjungfrau. Ich drückte das Mädchen kräftig hoch und klemmte mir vier Finger der rechten Hand zwischen ihrem Busen und dem Fensterrahmen. Als ich dann den mehrteiligen Fensterladen zurückklappte, gerieten drei Finger der linken Hand zwischen die zusammenschlagenden Flügel. Und ausgerechnet in diesem Hotel wohnten alle großen Virtuosen von Paderewski über Kreisler und Casals bis zu Yehudi Menuhin! Das Wunder, dass trotzdem noch Konzerte stattfanden, ist nur damit zu erklären, dass die Künstler erfahrener im Umgang mit antiken Grand Hotels waren und nichts selber anfassten.

Der Portier überreichte mir einen Stadtplan und wies auf die Sehenswürdigkeiten des Fürstentums hin: Das Aquarium und Ozeanographische Museum, den Palast des Fürsten, den exotischen Garten und das Prähistorische Museum mit den Fossilien, womit er nicht etwa das Spielcasino meinte. Das erwähnte er gar nicht. Man geniert sich anscheinend.

Auf dem Weg zum schönsten Aquarium der Welt konnte ich feststellen, dass fast alle blonden Monegassinnen sich nach dem Vorbild der Fürstin Gracia frisieren. Die Fische im Aquarium dagegen versuchten mit Erfolg, Onassis ähnlich zu sehen.

Das Bassin mit der Aufschrift „Hummer" war leer. Er wurde wohl gerade als Opfer des Fremdenverkehrs irgendwo serviert. Besonders eindrucksvoll war ein etwa fünfzigpfündiger Fisch, der in einem runden Spiritusbehälter senkrecht auf dem Schwanz stand. Eine Gedenktafel verkündete: *Dieser Fisch aus der Bucht von Villefranche starb am 6. Juli 1940 in dem Aquarium, in dem er 29 Jahre lebte.*

1940: In stolzer Trauer vernahm damals das nicht wehrpflichtige Volk der Monegassen den Tod dieses stummen Mitbürgers.

Das ozeanographische Museum wurde vom Fürsten Albert gegründet, der ein großer Meeresforscher war und dessen Name trotzdem auf allen Flaschen des Albert-Bieres (de luxe) prangt. Auch er gehörte zum Geschlecht der Grimaldis, dessen neuerdings dank Amerika wieder kräftig blühender Stammbaum auf einen gewissen Otto Canella aus Genua zurückgeht. Dieser Otto nannte seinen erstgeborenen Sohn Grimaldo und ersparte so dem jetzigen Fürsten Rainier die bittere Pille, aus dem Geschlecht der Ottos zu stammen. Die leider historische Tatsache, dass die Grimaldis die günstige Lage ihres Felsens zu Seeräuberei benutzten, wollen wir vergessen. Hätte es damals schon ein Spielcasino gegeben, hätten sie das nicht nötig gehabt.

Der nach Bonner Begriffen äußerst bescheidene Palast der Grimaldis ist das Ziel aller Touristen, die einmal den Hauch eines angestammten Herrscherhauses verspüren möchten. Das Schloss ist umgeben von Andenkenläden und Postkartenständen. Man kann das hohe Paar für 2 DM auf Seide gestickt und als Aschenbecher, für 0,50 DM als Postkarte bekommen (farbig sind sie etwas teurer). Für eine D-Mark gibt es die scheinbar unerschöpfliche Restauflage der offiziellen Sonderpostmarke mit Sonderstempel von der Hochzeit 1956.

Vor dem Palast stehen sauber ausgerichtet die Kanonen und Feldschlangen, mit denen die Vorfahren des jetzigen und durchaus ehrbaren Fürsten die Passanten belästigten. Neben jeder Kanone zu Pyramiden aufgeschichtete Eisenkugeln, die durch dazwischengestrichenen Zement am Rollen gehindert werden. Rollende Kugeln sind immerhin im Verein mit den Briefmarken die stabile Grundlage dieses pittoresken Fürstentums. Und damit wären wir endlich beim Spielcasino.

Monaco ist durch Heirat zu einer echten Demokratie geworden. Im Gegensatz zu früher können hier nicht nur die Reichen ihr Geld loswerden. Das prickelnde Vergnügen steht nunmehr auch den unteren Volksschichten offen. Dasselbe pompöse Portal führt die nerztragende Elite an den Roulette-Tisch und den buschhemdtragenden Touristen zu den Spielautomaten. Die *slot-machines* sind mit Sioux-Indianern verziert und stammen aus der Heimat der Landesmutter. Wem es gelingt, drei Äpfel, drei Kirschen oder drei Pflaumen auf

Die Touristen leiden in der Spielhölle Höllenqualen. Wenn die Reisegesellschaften am frühen Vormittag und am späten Nachmittag durch die Spielsäle geschleust werden, müssen alle Fotoapparate draußen bleiben, denn im Casino herrscht strenges Fotografierverbot. Die leidenschaftlichen Knipsamateure machen aber auch ohne Kamera instinktiv die entsprechenden Handbewegungen, denn sie sind es gewohnt, bei Sehenswürdigkeiten stets die Hand am Auslöser zu haben.

eine Linie zu bringen, hat gewonnen. Leute, deren Geld fürs Roulette nicht mehr reicht, legen einen solchen „Obsttag" ein.

Wenn man diesen Raum mit seinen etwa hundert Spielautomaten betritt, hat man die Geräuschkulisse einer gutgehenden Metallwarenfabrik. Das rasselt, scheppert, bumst und klingelt. Zwei Automaten laufen fürs Rote Kreuz, der Rest für Gracia. Die Automaten schlucken nur Hartgeld, jeweils einen „Neuen Franc", also etwa eine D-Mark. Pfundweise verschwindet das Geld in den dafür vorgesehenen Schlitzen. Deshalb war es eine gute Idee der Casino-Leitung, hier eine Personenwaage aufzustellen. Sie steht dicht bei den Spielautomaten, und wenn man sich vor und nach dem Spielen wiegt, kann man ohne mühsames Nachzählen seine Verluste auf hundert Gramm genau errechnen.

An den Spielautomaten sind höchstens zwanzig Mark pro Minute zu verlieren. Für Leute, die mit ihrer Zeit rechnen müssen, sind Roulette und Bakkarat das gegebene bzw. das schneller Nehmende.

Um in die Roulette-Säle zu gelangen, muss man sich ausweisen. Weshalb, war mir zunächst unverständlich. Den möchte ich sehen,

Die feinfühlige Casino-Gesellschaft hat vor der Spielbank besonders konstruierte Bänke aufgestellt, die man in zwei Richtungen benutzen kann. Die Lehne ist umklappbar, falls man nach größeren Spielverlusten das Casino nicht mehr sehen will. Andersherum hat man den beruhigenden Blick aufs Meer.

dessen Geld die Spielbar nicht haben will! Als ich meinen Pass aus der Brieftasche zog, warf der Beamte einen prüfenden Blick auf deren Inhalt. Nun war es mir klar: Die Spielbank ist ein seriöser Geschäftsbetrieb, hier fand die Vorkalkulation statt.

Vor den Spielsälen steht ein Säulenstumpf, der einen Felsbrocken trägt, der eine nackte Dame trägt, die ein Kind trägt, das einen Leuchter trägt, der eine Glühbirne trägt. Das ist der Mindestaufwand pro Glühbirne in den von vielen tausend Lampen erhellten, mit ungeheuerlichem Pomp ausgestatteten Sälen. Der Zweck heiligt die gewaltigen Mittel.

Der erste Roulette-Saal ist mit barocken Schäferszenen geschmückt. Diskreter kann man wohl kaum auf den Zweck des Saales hinweisen: Der Gast soll hier gründlich geschoren werden.

Dieser Saal hat schlichtes Parkett und ist für das gemeine Volk, das nur ein paar hundert Mark täglich verspielen kann. Dahinter liegen die Salons privés und so dicke Teppiche, dass keinerlei Geräusch verursacht wird, wenn jemand vor Schreck vom Stuhl fällt.

Die *Salons privés* verdanken ihre Berühmtheit den zeitgenössischen Romanen unserer Großeltern. Damals versuchten russische Großfürsten, hier ihrer Reichtümer Herr zu werden, indem sie durch Spielverluste das Vermögen auf ein überschaubares Maß brachten. Mancher Fürst brachte es so weit, dass er beim Verlassen des Casinos dem Portier nur noch einen Schuldschein über seine letzten hundert Leibeigenen in die Hand drücken konnte.

Unter goldstrotzenden Armleuchtern spielten die zahlreich vertretenen Industriellen von Rhein und Ruhr sehr vorsichtig. Auf „Rot" trauten sie sich nicht zu setzen, und wenn sie dann auf

„Schwarz" setzten, verloren sie oft nicht nur das Geld, sondern auch den Glauben. Viele brillantenbehängte alte Damen versuchten ihr Glück im Spiel mit dem Geld, das sie früherem Glück in der Liebe verdankten.

Ein Schauer der Ehrfurcht lief mir vor dem in so vielen Romanen erwähnten Fahrstuhl über den Rücken. Er verbindet die Salons privés mit einem in die Felsen gesprengten unterirdischen Gang, der zum feudalen „Hotel de Paris" führt. Man hatte den Gang gebaut, damit die reichen Leute der Jahrhundertwende diskret und ungesehen ins Casino gelangen konnten. Der Aufzug ist seit vielen Jahren nicht mehr in Betrieb, weil die Millionäre von heute gar kein Interesse daran haben, diskret aufzutreten.

Der Aufzug erleichterte aber auch den Weg zu einer berühmten Klippe, auf der sich Männer von Welt mittels eines Trommelrevolvers in eine andere Welt beförderten, wenn sie den eigenen letzten Pfennig zuzüglich einer Ehrenschuld verspielt hatten. Ein immer wieder kolportiertes (und immer wieder von der Casino-Leitung dementiertes) Gerücht behauptet, dass ein Angestellter der Spielbank sofort zur Klippe eilte, wenn von dort ein Schuss erklang. Er steckte (angeblich) dem bleichen und bargeldlosen Verblichenen ein dickes Bündel Banknoten in die Brusttasche, damit nachher niemand behaupten konnte, die Spielbank habe ein neues Opfer gefordert. Das Gerücht berichtet hartnäckig weiter, dass sich eines Nachts ein ausgekochter Bursche mit Lippenstift ein Loch auf die Schläfe malte, in die Luft schoss, sich hinlegte, tot stellte und das Geld in die Brusttasche stecken ließ. Nach Verschwinden des Casino-Angestellten verschwand er ebenfalls.

·

Ich hörte am helllichten Tag eine ganze Salve von Schüssen aus der Richtung dieser Klippe. Die Vermutung, dass hier eine Reisegesellschaft nach verlustreichem Spiel den Weg ins Jenseits antrat, trog: Da unten befindet sich jetzt der Tontauben-Schießplatz.

Der Leser wird mit Recht fragen, weshalb ich immer nur von Spielverlusten, aber nie von Gewinnen rede. Das ist leicht zu erklären: Erstens habe ich nur verloren, und zweitens hat ein Direktor der Spielbank von Monte Carlo einmal geäußert: „Das Geld, das hier jemand gewinnt, betrachten wir als kurzfristiges, zinsloses Darlehen!"

Ich hatte das Vergnügen, einen leitenden Herrn der Spielbank kennenzulernen. Er residierte im ersten Stock des Casinos.

Hier oben hing ein riesiges Wandgemälde, das für die Spielsäle völlig ungeeignet war: In einer zerklüfteten Uferlandschaft saß auf einer Klippe ein hungerndes und verzweifeltes Paar, das sich über einem kleinen Reisigfeuer ein dünnes Süppchen kochte. Spielers Ende!

Der charmante und gegen das Roulette immune Monsieur Bernard erzählte wehmütig von den großen Spielern vergangener Zeiten. (Im Interesse des Hauses natürlich nur von Gewinnern.) So zum Beispiel von dem berühmten Baron van Palland, der sich eine Gärtnerschürze umband, eine Gießkanne mit edelstem Wein füllte und damit die Laternen vor dem Casino begoss zum Dank dafür, dass sie ihm den Weg zum Roulette erleuchteten.

Beim Verlassen des Casinos kam ich an einem Glaskasten vorbei, in dem Postkarten, Briefe und Telegramme ausgehängt waren. Sie waren an Spieler gerichtet, die das Casino als Adresse angegeben hatten. Laut Poststempel waren die Telegramme zwischen sechs und

Jeder Monte-Carlo-Besucher drückt auf den Auslöser, wenn die Soldaten der monegassischen Armee sich bei der Wachablösung aneinander festhalten. Die selbst für militärische Verhältnisse eigenartige Bewegung ist vom Reglement vorgeschrieben und soll wohl den so lobenswerten blinden Gehorsam verdeutlichen.

zehn Jahre alt, ein Brief hätte also auch genügt. Die Porto-Differenz hätte dem Spieler vielleicht den letzten gewinnbringenden Einsatz ermöglicht.

Und dann fiel mein Blick auf ein Plakat, das zum wirklich allerletzten Einsatz aufforderte: *„Offrez votre sang!"* Auf Deutsch: „Biete dein Blut an!" Ein Aufruf zur Blutspender-Aktion. Außerdem hing am Casino-Ausgang ein Kasten mit der Aufschrift „Für die Armen!". Diejenigen, die drinnen alles verloren haben, dürfen da aber nicht ran.

Am nächsten Morgen sprang ich im luxuriösen Strandbad „Monte-Carlo-Beach" ins Meer. Im Prospekt stand: „Monte-Carlo-Beach bietet *alle am Meer denkbaren Vergnügungen!"* Das ist ein stolzes Wort, aber der Leser möge seiner Fantasie nicht allzu freien Lauf lassen. Monte Carlo und sein charmantes Herrscherpaar geben sich alle Mühe, aus dieser Perle der Riviera einen soliden Kurort zu machen.

Tower, Themse und Tussaud

Wenn man in London unter Depressionen leidet (und das kann dem Fremden besonders an Wochenenden leicht passieren), gibt es kein besseres Aufheiterungsmittel als einen Besuch des Towers. Die düstere Historie dieses Bauwerks schenkt dem Gast die schöne Illusion, heute in einer humanen Zeit zu leben.

Als ich die U-Bahn-Station „Tower-Hill" verließ, lag auf dem Straßenpflaster ein fest verschnürter Sack mit einem zappelnden Menschen drin. In der Verschnürung steckten ein Säbel und ein Schwert, die dem Verpackten bei jeder Bewegung die Kehle zu durchbohren drohten. Rundherum standen vergnügte Menschen und verfolgten aufmerksam das nervenkitzelnde Schauspiel.

Ein Mann ging mit einem strumpfartigen Beutel an der Menge entlang und rief: „Meine Herrschaften, niemand kann sehen, wie viel sie für den Entfesselungskünstler in den Beutel werfen! Aber ich vertraue darauf, dass Sie alle Gentlemen sind. Wer kein Geld bei sich hat, besorgt sich vielleicht etwas aus der Tasche des Nachbarn!"

Das scheint also auch einem Gentleman erlaubt zu sein. Unter den Umstehenden entdeckte ich einige Leute, die so aussahen, als ob sie diese Kunst beherrschten. Der sammelnde Mann machte seine Runde, die Zuschauer steckten einzeln die geschlossene Hand in den Beutel, und dann machte es jedes Mal „kling!". Als der Beutel neben dem zuckenden Sack auf das Pflaster entleert wurde, fielen ausschließlich Kupferpennys heraus.

„Ladys und Gentlemen! Für diesen lächerlichen Betrag kann mein Kollege unmöglich seinen lebensgefährlichen Entfesselungstrick vorführen! Werfen Sie jetzt das Geld, das sie spenden wollen, vor sich aufs Pflaster, damit jeder Ihre Freigebigkeit erkennen kann!"

Nach dieser Aufforderung fielen zahlreiche silbern blitzende Sixpence- und Schillingmünzen aufs Pflaster und ein leichter Schatten auf den sorgsam gepflegten Ruf der Engländer, am liebsten alles diskret zu machen. Vor allem das (angeblich zinsentragende) Wohltun. Nach dem Entfesselungsakt ging ich hinüber zum Eingang des Towers.

Vor einem Schilderhaus stand ein Gardist mit Bärenfellmütze, der militärischsten aller Kopfbedeckungen, denn die sauber gebürsteten Zotteln hängen dem Träger über die Augen und verengen den Horizont auf anderthalb Zentimeter, das ideale Maß für Befehlsempfänger. Ein Unteroffizier marschierte auf den Posten zu, baute sich vor ihm auf und ging in die Knie, als wolle er den Stiefelglanz des Gardisten mit einem Belichtungsmesser kontrollieren. Er griff aber nur an den Beinen des Postens vorbei und langte aus dem Schilderhaus einen am Boden stehenden Bilderrahmen heraus: Die sauber gedruckte Dienstvorschrift. Daraus las er dem Posten, der demnach Analphabet war, leise allerlei vor. Nach der Vorlesung stellte er den Rahmen wieder an seinen Platz, stampfte wie ein eigensinniges Kind mit dem rechten Fuß auf den Boden und stelzte in widernatürlicher Gangart davon. Rundherum klickten begeistert die Verschlüsse der fotografierwütigen Touristen.

Am ersten Torbogen des Towers steht ein gutgehender Postkartenladen. Der Verkaufsschlager zeigt ein Stillleben von prickelndem Reiz: Den Richtblock mit messerscharf wiedergegebenen Schrammen auf der Oberseite und angelehnter Henker-Axt. Angelsächsische Touristen pflegen solche Feriengrüße an Daheimgebliebene mit dem hintergründigen Text „Wish, you were here!" zu versehen. Aber auch in Verbindung mit „Alle guten Wünsche aus London" dürfte der Empfänger Reiselust und ein leichtes Kribbeln im Nacken verspüren.

Beim Betreten des mit so vielen königlichen Kopfabtrennungen verbundenen Festungsgeländes begrüßt den Gast ein etwa fünfzig Zentimeter hohes, aufrecht stehendes weißes Hündchen mit einem Spartopfschlitz im Gesicht, wo hinein man Münzen werfen soll. Es ist aus Kunststoff gefertigt und sammelt für den Königlichen Tierschutzverein.

Wie vielfältig die Aufgaben dieses unter dem Protektorat Ihrer Königlichen Majestät stehenden Vereins sind, erfuhr ich an einem offenen Käfig, der reich beschildert und ebenso reich bekleckert in einem Mauerwinkel stand. Um die tiefe Bedeutung des Käfigs zu verstehen, muss man wissen, dass das Britische Weltreich von einer Horde Affen und einem halben Dutzend flügellahmer Raben zusammengehalten wird.

Diese auch für politisch Uninteressierte überraschende Theorie beruht auf der uralten Weissagung: „Das Weltreich wird auseinanderfallen, wenn keine Affen mehr auf dem Felsen von Gibraltar hocken und keine Raben mehr den Tower umkreisen."

Die letztere Gefahr wurde akut, als mit Einführung der Hygiene die Hauptnahrungsquellen der Tower-Raben versiegten: die aus den

Manchem Tower-Besucher ist es schon passiert, dass plötzlich Gegenstände an ihm vorbeifliegen, die er auf dem bewachten Parkplatz im offenen Wagen liegen ließ. Die Tower-Raben stehen im Dienste Ihrer Majestät der Königin, klauen aber, worauf ausdrücklich hingewiesen werden muss, auf eigene Rechnung.

Fenstern geworfenen Abfälle sowie die an den Galgen des nahe gelegenen Richtplatzes abhängenden Missetäter.

Nun sorgt der um die Erhaltung der Traditionsvögel bemühte Tierschutzverein nicht etwa, wie Kenner der organisierten Tierliebe vermuten könnten, für stets frische Behängung der Galgen. Er beaufsichtigt vielmehr, wie der am Käfig befestigten Urkunde zu entnehmen ist, eine die schwarzen Weltreichbewahrer an den Tower fesselnde Maßnahme. Den Tower-Raben (es sind jeweils sechs, und bei natürlichem Ableben wird jeder Rabe sofort durch einen neuen, aus der Provinz importierten Vogel ersetzt) wird bei Indienststellung der rechte Flügel zur Hälfte gestutzt. Frei nach Schlieffens „Macht mir den rechten Flügel schwach". So können die politisch wertvollen Vögel nicht mehr entwischen.

Abends kommt die Rabenstaffel freiwillig zurück in den Käfig, um die vom englischen Parlament bewilligte Pferdefleischration im Werte von zwei Shilling und sechs Pence pro Schnabel und Woche in Empfang zu nehmen. Dass die königliche Fleischrente nicht nach Gewicht, sondern nach Preis festgesetzt wurde, lässt die Raben natürlich ständig vor einer Inflation zittern.

Trotzdem scheinen die schwarzen Kleinrentner rechte Witzbolde zu sein. Der Rabenmeister (so ist der offizielle Titel des Beamten, der für das Wohlergehen der Tiere und damit des Weltreiches verantwortlich ist) erzählte mir, sie würden „attracted by female legs", also von weiblichen Beinen angezogen. Sie verstecken sich unter den Ruhebänken und zwicken die Damen ohne Ansehen von Alter, Glaubensbekenntnis oder Nationalität in die Waden.

Vom Käfig der Protektionsraben wanderte ich zum Wakefield-Turm, wo hinter meterdicken Mauern der Kronschatz aufbewahrt wird. Eiserne Barrieren ordnen vor dem Eingang die Touristen-schlangen. Schilder verbieten in drei Sprachen das Fotografieren, wahrscheinlich, um eine präzise Einbruchsplanung unmöglich zu machen.

Ich schob mich mit der Menge eine Wendeltreppe hinauf und durch eine gewaltige, hochmoderne Panzertür. Dann gleißten und glitzerten mir aus einer riesigen Käseglocke Kronen aller Größen und Preislagen entgegen. Ich stand sozusagen vor dem Hutschrank der Königsfamilie.

Das teuerste Modell war wohl die „Imperial-State-Crown" mit ihren dreitausend Diamanten. Wer die klaut und zerlegt, könnte nacheinander die dreitausend schönsten Frauen der Welt aus den Angeln heben. Aber das schafft wohl keiner. Die Panzertüren sind zu dick.

Ich konnte deutlich beobachten, dass die weiblichen Besucher beim Betrachten der Schatzkammer einen leicht irren Blick bekamen und sich die Pupillen mal richtig satt voll Gold- und Edelsteinglanz sogen.

Der Wert der hier angesammelten bunten und glitzernden Steinchen ist, wie mir ein Wächter sagte, in Zahlen kaum auszudrücken.

Am Ausgang dieser unvorstellbare Reichtümer bergenden Schatzkammer erwartet den von so viel Glanz geblendeten Touristen ein vollautomatisches Bettelkind aus Pappmaché mit einer Sammelbüchse „Für arme Kinder" und beweist den ausgeprägten Sinn der Briten für grotesken Humor.

Wer Freude an dieser Art Humor hat, kommt am idyllisch zwischen grünen Rasenflächen gelegenen Richtplatz voll auf seine Kosten. Die Stelle, wo einst der Haublock stand, ist durch eine

Bronzeplatte markiert. Ich hatte das große Glück, dort im Kreise einer englischen Reisegesellschaft den Erklärungen eines „Beefeaters" lauschen zu dürfen. („Beefeater", also „Fleischesser", heißen seit Jahrhunderten die malerisch uniformierten Tower-Wächter. Sie bekamen diesen Namen, weil sie auch in Hungerzeiten immer mit genügenden Fleischrationen versorgt wurden, um, so gestärkt, etwaige revoltierende Hungerleider durch kräftiges Zuschlagen mit Holzknüppeln stillen zu können. Ganz gebildete Leute behaupten, der Name gehe auf das französische „buffetier" zurück, eine Berufsbezeichnung, die mein Lexikon unverständlicherweise mit „Bahnhofswirt" übersetzt.)

Der Wächter stellte sich auf eine kleine Holzkiste und begann listig zu lächeln: „Wir stehen hier auf einem Platz, an dem viele Leute den Kopf verloren ..."

Nachdem er durch eine Kunstpause den Zuhörern die Möglichkeit gegeben hatte, den köstlichen Doppelsinn des Satzes voll auszukosten, veranstaltete er ein kleines Kopf-Quiz:

„Was meinen Sie wohl, wie viele seiner Ehefrauen Heinrich der Achte hier köpfen ließ? Nun?"

Er forderte mit ausgestrecktem Zeigefinger einen Herrn, der zwischen grimmig blickender Gattin und ebensolcher Schwiegermutter stand, zur Antwort auf. Verklärt sagte der vom Familienleben offensichtlich hart Mitgenommene: „Alle!"

Überlegen lächelnd schüttelte der Richtplatz-Dozent den Kopf und bat mit dem Zeigefinger eine junge Dame mit rotem Halstuch, ihren Tipp abzugeben. Sie riet zögernd: „Acht?"

Auch diese Lösung stimmte nicht. Jetzt kam ein kleiner, sommersprossiger Junge mit College-Mütze dran.

Trotz der launigen Scherze, mit denen der „Beefeater" am historischen Richtplatz seine Erzählungen würzt, steigt sensiblen Besuchern an dieser makabren Stätte ein seltsames Gefühl in den Hals ... (Obige Zeichnung soll keine Tatsache, sondern ein Gefühl bildlich darstellen.)

„Mindestens fünfzig!", behauptete er strahlend.

Als die Heiterkeit sich gelegt hatte, strich der Beefeater dem Knaben zärtlich über das Köpfchen und zählte ihm an den Fingern vor, auf wie viele verschiedene Arten der vitale König seine Lebens-Kurzgefährtinnen los wurde:

„Die erste – geschieden. Die zweite – geköpft. Die dritte starb von selber. Von der vierten ließ er sich scheiden, und erst die fünfte wurde wieder geköpft. Die sechste und letzte aber überlebte ihn. Wirst du dir das schön merken, Kleiner?"

Der Kleine nickte, denn dieses Wissen kann im Leben sehr nützlich sein.

So schlimm war also Heinrich der Achte gar nicht, wie man immer behauptet! Er hatte als Herrscher stets die Möglichkeit, seine jeweilige Gattin köpfen zu lassen, und wenn er nur zweimal davon Gebrauch machte, ist das als besonders schönes Beispiel der berühmten englischen Zurückhaltung zu werten.

Wir erfuhren weiterhin aus des Wächters Munde, dass es sich hier um einen „ganz privaten Richtplatz" handele, wo nur hochstehende Persönlichkeiten ihren Kopf hinhalten durften:

„Die Hinrichtung an diesem hübschen Platz sollte dem Delinquenten ein privates, intimes Gefühl geben."

Leute niederen Standes wurden draußen auf der allgemeinen Richtstätte kürzer gemacht. Hier geköpft zu werden, war also eine echte Auszeichnung. Man hatte im Augenblick des Ablebens das erhebende Gefühl, etwas Besseres (gewesen) zu sein. Umso mehr wunderte mich der nächste Satz des Beefeaters: „Die Geköpften wurden in großen Kisten aufbewahrt, Herren und Damen durcheinander."

Es war eben, wie auch die Geschichtsschreiber einhellig bestätigen, eine sinnenfrohe Zeit.

Plötzlich ertönte hinter uns ein markerschütternder Schrei, der das Blut in den Touristenadern gerinnen ließ.

Alles fuhr erschreckt herum.

Das furchtbare Geräusch war aus der Gurgel eines strammstehenden Gardeoffiziers gekommen, der die Wachablösung befehligte. Nach einem neuerlichen Brüllen riss er das rechte Knie bis unter die Kinnspitze und stampfte auf den Boden, als ob er eine Maus totträte. Dann stand er wieder da wie aus Holz.

Was hatte das zu bedeuten?

Weil in England alles mit irgendeiner Tradition zusammenhängt, möchte ich annehmen, dass vor ein paar Hundert Jahren ein Gardist eine Maus tottrat, die seine Königin erschrecken wollte. Das Zutreten wurde dann zur Erinnerung an das denkwürdige Ereignis ins Reglement übernommen. Ich kann mich aber auch täuschen, und die Bewegung ist völlig sinnlos, also rein militärisch.

Nach kurzer Zeit kam wieder Leben in den Offizier.

Er zog den Degen heraus, zeigte ihn nach allen Seiten herum und stellte sich anschließend breitbeinig hin, die vor dem Bauch gefalteten Hände auf den Degen gestützt.

So stand er ziemlich lange da, und es sah aus, als ob er nachdächte. Das konnte ich mir aber eigentlich kaum denken. Es war wohl nur eine Tarnung, um etwaige Feinde zu verwirren.

Nach dieser für einen Berufssoldaten besonders schwierigen Übung ging der Gardeleutnant über den gepflegten Rasen, der dem Schutz des Publikums empfohlen und für es verboten ist.

Im satten Grün lag eine Harke. Ich hätte einiges drum gegeben, wenn er darüber gestolpert wäre oder auf die Zinken getreten hätte, was bekanntlich einen sehr komischen Effekt auf das Nasenbein hat. Leider nahm der Bärenfellbemützte das Hindernis sehr geschickt.

Nun begann ein wildes Hin und Her mysteriöser Kommandos und tierischer Schreie. Zwischen den Gardisten hopste ein respektloser Tower-Rabe herum und quatschte dauernd als einziges Lebewesen mit halbwegs menschlichen Reaktionen laut dazwischen.

Als das reizvolle Schauspiel der Wachablösung vorbei war, zeigte uns der Beefeater eine historische Delikatesse: das Fenster, von dem aus Jane Gray, Königin für einen Tag, 1554 ihren soeben geköpften Gatten vorbeikommen sah. Er wurde als kleine Aufmerksamkeit unter ihrem Fenster vorbeigetragen, eine Handlungsweise, die man wohl kaum als „gentlemanlike" bezeichnen kann.

Ich machte noch einen Abstecher in den „Bloody Tower". Er heißt so, weil hier im sechzehnten Jahrhundert zwei kleine Prinzen, die störend in irgendeiner Thronfolge herumstanden, in ihren Betten umgebracht wurden. Die Gebeine fand man erst hundertneunzig Jahre nach der Tat unter einer Treppe des Turmes, was ein seltsames Licht auf die damaligen Putzfrauen wirft.

Ein Aufseher verriet den Besuchern, dass die Wendeltreppe, die zum Prinzenschlafzimmer hinaufführt, ein kleines, aber für den britischen „sense of humor" typisches Geheimnis birgt: Die Stufen sind von sehr unterschiedlicher Höhe, und das ist vom Architekten beabsichtigt. Wenn in dunkler Nacht ein ortsfremder Attentäter die sehr steile, unbeleuchtete Wendeltreppe hinaufschleichen wollte, kam er durch die verschieden hohen Stufen unweigerlich ins

Stolpern. Er fiel auf die Nase, was ein gewaltiges Spektakel machte, denn man trug damals sehr viel Blech am Körper. Aber auch für moderne Touristen ist die steile und enge Treppe nicht ohne Gefahren. Eine fahrlässige, nach hinten ausschlagende Beinbewegung des Vordermannes kann eine vierköpfige Dentistenfamilie etwa zwei Monate lang ernähren.

Beim Verlassen des finsteren Turmes zählte ein Reiseführer seine Gruppe nach mit der witzigen, aber historisch fundierten Begründung: „Im Tower gehen sehr leicht Leute verloren."

Im Hauptgebäude des Towers ist die berühmte Waffensammlung untergebracht, eine Fundgrube für die konventionelle Aufrüstung. Neben der Vitrine mit dem Fernrohr, durch das Wellington bei Waterloo so lange nach den Preußen Ausschau hielt, bis das Okular beschlug (man sieht das heute noch deutlich), steht eine prächtige Ritterrüstung. Auf einer erklärenden Tafel kann man lesen, dass Sofia von Sachsen dieses knitterfreie und formtreue Blechgewand ihrem Gatten im Jahre 1591 zu Weihnachten schenkte. Wie mag der Kurfürst da unter dem Lichterbaum gestrahlt haben!

Eines der schönsten Stücke der Sammlung ist die reichverzierte Streitaxt des Erzbischofs Leonhard von Salzburg, der ein kriegerischer Herr war. Die von ihm benutzte ideale Mehrzweckwaffe ist eine Kombination aus Axt und Pistole. Wenn Seine Eminenz wegen Fehlzündung den Gegner nicht mit der Kugel traf, drehte er das Ding einfach um und trieb die vergoldete Axt in die feindlich gesinnte Fontanelle.

In einem Glasschrank standen unscheinbar aussehende Filzhüte, die aber innen mit Eisen ausgeschlagen waren.

Richtblock und Henker-beil sind im Tower Haupt-anziehungspunkt für die Fremden. Durch geschick-tes Aufstellen hinter der Vitrine erzielt man Bilder von prickelndem Reiz.

Leider suchte ich in der reichhaltigen Keulen- und Morgenstern-kollektion vergeblich jenes Schlaginstrument, das einer meiner Freunde hier gesehen haben will: Eine Metallkeule, auf deren zu-schlagendem Ende in Spiegelschrift „God save the king!" aus kleinen Stahlspitzen eingearbeitet war. Wer mit so einer Waffe eines auf die Stirn bekam, trug den positiven Satz in rotpunktierter Schrift davon. Auch die späteren Narben waren sicher noch gut lesbar. Hier dürften die Anfänge der Außenreklame zu suchen sein.

Höhepunkt jedes Tower-Besuches ist natürlich der schaurig-schöne Moment, in dem der Gast vor den echten Richtblock mit der authentischen Axt tritt. Als ich in den kleinen Raum kam, der die-se Fremdenverkehrszugnummer beherbergt, wurde der Block gerade von einer Gruppe aus dem Heimatland der Guillotine besichtigt. Ein Fremdenführer erklärte wörtlich: „Der Block ist, wie Sie sehen, sehr sauber gearbeitet, damit der Klient es bequem hat und sich nicht wehtut. Von dieser Seite bückt man sich – und dort drüben fällt der Kopf runter."

Man bekam direkt Lust, es mal zu versuchen. Um solche Versuche zu verhüten, hat die umsichtige Tower-Verwaltung wohl die beiden nicht sehr empfindlichen Gegenstände in einem Glaskasten untergebracht.

Gleich daneben stand, von kichernden Eton-Schülern umdrängt, das niedliche Modell eines Folterbettes, auf dem ein langhaariges Püppchen an Armen und Beinen kreuzweise auseinandergezogen wurde.

In einer Vitrine befand sich ein massiv schmiedeeisernes Damenkorsett, das nur mit einem Schraubenschlüssel oder sogenannten „Engländer" zu öffnen war. Laut angebrachtem Schild war das leicht angerostete Stück eine „Leihgabe des Viscount Gage". Das Wort „Leihgabe" veranlasst mich, alle Damen dringend vor Herren dieses Namens zu warnen.

Handwerklich wunderhübsch gearbeitete Daumenschrauben (frühes sechzehntes Jahrhundert) und stachelbewehrte Halseisen (Hochrenaissance) schmückten die Wände, und es war erstaunlich, wie viel fachliches Interesse eine kleine Gruppe älterer Herren diesen Gegenständen entgegenbrachte. Vielleicht waren es Finanzbeamte, die der guten alten Zeit nachtrauerten.

An der Schmalseite des Raumes hingen drei gewaltige Richtschwerter Solinger Herkunft. „Me fecit Solingen" stand auf jedem sauber eingraviert. Für diese Gebrauchsartikel gab es also schon im Mittelalter einen gemeinsamen Markt.

Ich verließ den von gedämpfter Fröhlichkeit erfüllten Raum und ging in den Keller zur Sammlung der Schiffskanonen, wo mich die von Rohrkrepierern zerfetzten am meisten erfreuten, weil sie wie Meisterwerke abstrakter Bildhauer aussahen.

In einer Ecke lag ein Holzklotz von etwa einem Meter Länge, ein Stück vom Kiel des Kriegsschiffes „Royal George". In goldenen Buchstaben stand auf einer schwarzen Tafel zu lesen, dass mit diesem Schiff am 29. 8. 1782 infolge eines Unfalls ein veritabler Admiral und sechshundert Mann Besatzung „were launched to eternity", also in die Ewigkeit vom Stapel gelassen wurden. Nur ein mit trockenem Humor gesegnetes Volk christlicher Seefahrer konnte für „feuchtes Ende" einen so schönen Ausdruck finden.

Heiter gestimmt verließ ich das wehrhafte Gebäude. Draußen schien die Sonne, der Richtplatz lag im sommerlichen Grün gepflegter Rasenflächen, und ein Beefeater erzählte buntgekleideten, aufnahmefreudigen Menschen seine von feinem Humor durchtränkten Köpf-Anekdoten. So interessant und erhebend es auch sein mag, das politische Handwerkszeug von der Keule bis zum Henkerbeil am Schauplatz des längst vergangenen Geschehens zu betrachten – ein klares Bild, wie das nun alles im täglichen Gebrauch und im Kostüm der Zeit aussah, kann sich der Laie nur schwer machen. Wer eine wahrheitsgetreue, plastische Darstellung der historischen Vorgänge in natürlicher Größe sehen möchte, der besuche das Wachsfigurenkabinett der Madame Tussaud. Die Bezeichnung „Kabinett" für dieses Unternehmen ist übrigens eine typisch englische Untertreibung, denn das Gebäude hat die Ausmaße eines mittleren Großstadtbahnhofs und ist mit dem Prunk eines Spielcasinos der Jahrhundertwende ausgestattet.

Die niedlichen und anschaulichen Modelle mittelalterlicher Justizgeräte wecken bei kleinen Puppenmüttern, aber auch bei technisch interessierten Knaben den Wunsch, so etwas zu besitzen. Warum hat die Spielzeugindustrie, die ja schließlich auch Raketengeschütze und Panzer für Kinder herstellt, diesen Wunsch noch nicht erfüllt?

Ich wanderte an den vielen zwanglos, aber würdevoll herumstehenden Königen, Staatsmännern und Geistesgrößen entlang. Churchill sah mich unsagbar traurig aus täuschend ähnlichen Glasaugen an und war ganz hervorragend gelungen, während Konrad Adenauer nur anhand der Katalognummer 130 zu erkennen war. (Später erfuhr ich, woran es lag: Das in der Welt herumreisende Modellier-Kommando des Hauses Tussaud hatte in Bonn vergeblich versucht, zu Adenauer vorzudringen und ihm die Maske abzunehmen. Nun steht er unerkennbar zwischen den Wachsfiguren de Gaulles und König Husseins von Jordanien.)

Adolf Hitler stand ganz allein mit Josef Stalin draußen im Treppenhaus. In die Schreckenskammer wollte man ihn wohl nicht stellen, um deutsche Besucher nicht zu kränken, und zwischen den demokratischen Diktatoren hätte es sicher einige Beschwerden gegeben.

Im zweiten Stock befinden sich die sogenannten „Tableaux", schaufensterartig angeordnete, bis auf die kleinste Einzelheit nachgebildete historische Szenen.

Da sitzt Madame Tussaud, die vor über hundert Jahren verstorbene Stamm-Mutter des Unternehmens, wachsbleich am Küchentisch, auf dem ein bluttriefender, soeben abgeschlagener Männerkopf liegt. Die häusliche Szene spielt im Jahre 1793 in Paris. An der Küchentür steht ein Revolutionssoldat, der den Kopf frisch von der Guillotine bringt, damit die Künstlerin ihn, wie man wohl mit Recht sagen darf, nach dem Leben in Gips forme.

Gegenüber findet in einem mittelalterlichen Schlossgemach vor flackerndem Kamin die Hinrichtung Maria Stuarts statt. Zwei schwarzgekleidete Herren mit weißen Schürzen, die wie Kellner aus dem „Maxim" aussehen, stehen mit dem Beil neben dem Zimmer-Richtblock, auf den die Schiller-Titelheldin gerade ihren Kopf legt. Die Szene atmet Wohnraumbehaglichkeit: Angenehmer Strafvollzug bei unwirtlichem Wetter.

Etwas weiter werden die beiden kleinen Prinzen, von denen ich schon im Tower gehört hatte, in dämmriger Beleuchtung in ihren Betten ermordet. Hier sieht man überdeutlich, was im Tower nur zu ahnen war. Bei Madame Tussaud weht der Hauch der Geschichte in natürlicher Größe, echtem Kostüm und zeitgerechter Dekoration.

Die wenigen Beispiele mögen genügen, dem Leser einen kleinen Eindruck vom Gebotenen zu geben. Man muss da gewesen sein, um die Lebensechtheit und den Charme der Wachsfiguren richtig würdigen zu können.

Alles, was in den oberen Stockwerken gezeigt wird, gilt noch nicht als grausig. Die von der Geschäftsleitung des Hauses Tussaud als grausig anerkannten Sachen sind im Keller ausgestellt, in der sogenannten „Schreckenskammer".

Den ersten Schreck bekommt der Besucher, wenn er die Treppe zu den finsteren Gewölben hinuntersteigt. Da hängt ein großes Schild

„No way out!"

Kein Weg hinaus? Ich stutzte. Die Warnung ist aber nur so zu verstehen, dass eine andere Treppe als Ausgang dient.

Es herrschte starkes Gedränge, und ich brauchte einige Zeit, um mich an das Dämmerlicht zu gewöhnen. Einigermaßen hell waren nur die Nischen, in denen adrett gekleidet die berühmten und (bis auf die Schluss-Panne) erfolgreichen Mörder stehen oder sitzen. Die letzten wächsernen Neuzugänge, der Frauenmörder Christie und der Liebespaarmörder Hanratty, trugen die Originalanzüge ihrer Vorbilder. Es gilt neuerdings in Schwerverbrecherkreisen als „chic" seinen Anzug kurz vor der Hinrichtung dem Tussaud-Museum zu vermachen.

Den unbefangenen Betrachter überrascht, dass Massenmörder in Wachs vertrauenerweckend und gutbürgerlich aussehen, ja oft sogar honetter als mancher der oben gezeigten Politiker. Trotzdem berührte es mich peinlich, wenn immer wieder entsetzt aufkreischende Besucherinnen Ähnlichkeiten mit Familienmitgliedern und sogar dem eigenen Gatten festzustellen glaubten.

In einem aquarienhaft illuminierten Schaukasten werden die schlimmsten Foltermethoden des Mittelalters an niedlichen Puppen demonstriert. Wenn ich sage, niedliche Puppen, meine ich das auch so: Den liebevoll geformten, etwa zehn Zentimeter großen Modellen nach zu urteilen, wurden ausschließlich hübsche und möglichst nackte Mädchen der Tortur unterworfen.

In der Mitte des Gewölbes steht eine echte Guillotine mit darauf befestigtem Opfer. Am wörtlich zu verstehenden Kopfende verharrte ein amerikanisches Ehepaar mit einem verzweifelt kreischenden Kleinkind in einer Tragetasche. Das Baby sollte hier wohl rechtzeitig auf den harten Lebenskampf des „american way of life" vorbereitet werden.

Neben der Guillotine stand eine leere, verrostete Badewanne. Laut anhängender Beschreibung hatte ein gewisser Herr Smith darin ein gewisses Fräulein Lofty ertränkt. Weil ich beide nicht kannte, sagte mir die Wanne nicht besonders viel. Da war der dem königlichen

Henker J. Calcraft gehörende Aquarell-Malkasten mit vier verschiedenen Rot-Näpfchen schon interessanter. Die Malutensilien und ein Büchlein selbstverfasster Gedichte dieses offensichtlich hochsensiblen Herrn lagen in einem Glaskasten.

Ich sah den Frauenmörder Christie in Lebensgröße und in seiner Wohnküche vor dem knochengefüllten Ofen, Caryl Chessman in der Gaskammer und die Nachbildung einer von Amts wegen verhängten Erhängung. Lauter bewährte Nervenkitzler.

Hat man die Schreckenskammer hinter sich gebracht, erwartet den erlebnishungrigen Gast im Parterre die „Amusement Hall".

Dort gibt es neben den gängigen und in allen zivilisierten Ländern gebräuchlichen Spielautomaten, mit denen man kleine Flugzeuge, Bären und Menschen unter großem Geschepper abschießen kann, eine auf die Bedürfnisse des Hauses Tussaud zugeschnittene Spezies von Münzschluckern: Durch Einwurf eines Pennys (das sind etwa fünf Bundespfennige) kann man zierliche Puppenspiele in Bewegung setzen. Da sieht man einen hübschen kleinen Friedhof, der zunächst wie tot daliegt. Wenn der Penny fällt, hebt sich eine Grabplatte, und heraus springt ein Skelett, das ein Schild mit der Aufschrift „We are" schwenkt. Aus dem nächsten Grab saust ein weiteres Knochengerüst mit dem Schild „waiting" und noch eines mit „for you"! Schließlich hebt sich noch ein vierter Grabstein, und ein Totenschädel verkündet schwarz auf weiß: „Time is up!" Die Bezeichnung „Amusement Hall" erweist sich mit dem Slogan „Wir – warten – auf – dich! – Die Zeit ist um!" als voll gerechtfertigt.

Der schönste Automat dieses Genres ist aber der Kasten, in dem die zweitorige Fassade eines mittelalterlichen Schlosses zu sehen ist.

Der Automat verspricht die Hinrichtung Maria Stuarts. Da habe ich natürlich sofort einen Penny riskiert.

Als das Kupferstück fiel, knarrte es, und das erste Tor öffnete sich. Von Höflingen umgeben stand da die zeigefingergroße Königin von Schottland und drehte hecktisch den Kopf nach links und rechts. Niemand kam, das Schicksal musste seinen Lauf nehmen. Das Tor schloss sich, das nächste klappte auf. Maria liegt bereits auf dem Block, der Henker hebt, von unsichtbarer Maschinerie bewegt, das Beilchen und nimmt zur Erhöhung der Spannung durch zweimaliges vorsichtiges Senken der Schneide Maß. Dann schlägt er zu und – klack – fällt das Köpfchen, an einem Zwirnsfaden hängend, zu Boden.

Als das Tor sich wieder schloss, konnte ich gerade noch sehen, wie durch eine sinnreiche Vorrichtung der Faden den Kopf wieder an seine Stelle zog, um für den nächsten Penny-Einwurf bereit zu sein. Drei Kupfermünzen habe ich an diesem Automaten verjubelt. Dann musste ich meinen Platz räumen für eine Kinderschar, die praktischen Geschichtsunterricht nehmen wollte.

Hinten in der Halle hing ein Wegweiser „Zu den Büros und Ateliers". Ich ging hin und fragte, ob ich vielleicht die Werkstätten sehen könnte, in denen so viel Schönes hergestellt wurde.

Ein freundlicher Herr namens Catney führte mich zunächst in die Wachsformerei. Auf einer Herdplatte kochten friedlich nebeneinander Wachs und Tee, während ein weißbekitteltes Männchen an einem verstellbaren Unterleib herumbastelte. Mittels eines Gewindes brachte er die Hüftweite auf das Maß der Persönlichkeit, die demnächst in die Prominentengalerie einziehen dürfte. Danach sollte dann die endgültige Form gegossen werden.

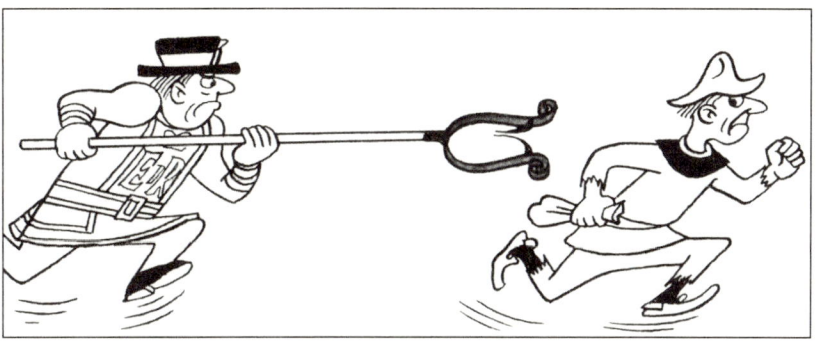

Eins der interessantesten Stücke der berühmten Tower-Waffensammlung ist der „Catchpole", die Fangestange der Londoner Stadtpolizei des Mittelalters. Die Anwendung ist denkbar einfach: Der Polizist schiebt dem Flüchtenden eine Art Lyra mit zwei darin befestigten federnden Stahlbügeln in den Nacken. Der Hals rutscht in die Lyra, die Bügel schnellen wieder zusammen und bilden eine auf den Adamsapfel gerichtete Spitze, die das Abführen enorm erleichtert. Das humane und trotzdem wirksame Gerät könnte auch unserer Polizei gute Dienste leisten.

In der Schneiderei waren zwei vergnügte Damen dabei, einem Herrn (aus Wachs natürlich) die Wäsche zu wechseln. Das findet, wie ich zu meinem Erstaunen erfuhr, in regelmäßigem Turnus statt, damit die ausgestellten Figuren stets saubere Kragen und Manschetten haben.

In der Frisierabteilung standen überall abgeschnittene Köpfe herum, aber dieser Anblick hatte nach den Erlebnissen des Tages für mich nichts Überraschendes mehr. Eine Friseuse saß mit einer Lupe über das vergilbte Porträtfoto eines Herrn gebeugt, dessen Kopf sie auf dem Schoß hatte. Sozusagen nach der Natur setzte sie Haar für Haar einzeln ein.

Herr Catney erzählte mir noch viele interessante Einzelheiten aus der Prominenten-Herstellung, die hier aber zu weit führen würden.

Als ich das Büro verließ, drängte sich gerade eine Reisegesellschaft in die Schreckenskammer. Sie war mit einem vor der Tür stehenden Omnibus gekommen. Er trug in großen Lettern den Namen des Reisebüros: „Happy-Days-Travels", also „Glückliche-Tage-Reisen". Die waren hier richtig.

Ich bummelte durch die Regent Street und kam an mehreren Geschäften für Damenkonfektion vorbei. Alle Schaufensterpuppen waren von höchstem Realismus. Aber keine einzige hatte einen Kopf.

Im Schaufenster eines Schallplattengeschäftes kamen zwei Hände aus der Wand und hielten einen silbernen Teller. Darauf lag ein bärtiger, blutender, abgehackter Männerkopf. Es handelte sich um eine Reklame für die neueste Musikaufnahme der Straußschen „Salome".

Nach den so vielfältigen Eindrücken des Tages brauchte ich eine Stärkung. In einem stark besetzten Restaurant in Soho fragte ich einen Kellner nach einem freien Tisch. Er antwortete: „Ask the head-waiter!"

Ich sollte den Kopf-Kellner fragen? Es hieß in diesem Falle aber „Ober-Kellner".

Am Nebentisch saß ein weißhaariger Herr mit großartigem Kopf. Den scheuen und bewundernden Blicken der Umsitzenden sah ich an, dass es sich um einen berühmten Mann handeln musste. Ich fragte den Kellner. Er verriet mir flüsternd, dass der Herr Mitglied der Royal Academy und der „hanging commission" sei. Mir lief es kalt über den Rücken. Hänge-Kommission? Aber dann stellte sich zu meiner Beruhigung heraus, dass der Herr zu entscheiden hatte, welche Gemälde in der großen Kunstausstellung aufgehängt werden.

In der folgenden Nacht habe ich ziemlich schwer geträumt, aber das hat wohl an dem vom head-waiter servierten, pfundschweren und blutigen Steak gelegen, das zu London gehört wie Tower, Themse und Tussaud.

ENGLAND

Für 55 Mark in hundert Klubs

Dass die nebelumwallte Britische Insel ein einziger großer Klub ist, merkt der vom Festland kommende Besucher bereits beim Verlassen des Fährschiffes in Dover. Inhaber eines britischen Passes, also Klubmitglieder, betreten die Zollhalle durch einen besonders gekennzeichneten Eingang. Die Nicht-Briten, offiziell *aliens* genannt, werden wenige Meter weiter streng separat eingeschleust.

Das englische *aliens* bedeutet „Ausländer". Französische Kanalüberquerer sind immer wieder schockiert, wenn sie beim Empfang in Dover dieses Wort lesen, denn *aliénés* sind im Französischen schlicht und einfach „Irre".

Einen leicht irren Blick bekommt der Fremde in der Tat, wenn ihm beim Zoll von einem Beamten Ihrer Britischen Majestät eine weiße Papptafel mit vielen kleingedruckten Fragen vor die Nase gehalten wird. Ihre Majestät wollen unter anderem genau wissen, ob man Folgendes bei sich hat: Horror-Bildergeschichten, Prospekte von Lotterien, nichteuropäische Kaninchen oder obszöne Artikel. So was will die zweite Elizabeth keinesfalls im Lande haben.

Was soll man dazu sagen? Ich reise prinzipiell ohne Kaninchen und kenne auch unter meinen Freunden niemand, der auf Reisen solche Tiere mit sich führt. Und was ein obszöner Artikel ist, darüber könnte sich ein geschulter Psychoanalytiker wahrscheinlich stundenlang mit den Zollbeamten unterhalten.

Beim Lesen der Einfuhrvorschriften wird dem Gast sehr schnell klar, dass er den Boden eines mit skurrilen Gesetzen gepflasterten Landes betritt.

Am empfindlichsten trifft den Fremden die staatliche Reglementierung eines der natürlichsten Triebe der Welt, nämlich des Durstes. Und zwar jenes speziellen Durstes, der auf Kakao, Tee oder Kaffee nicht anspricht. Alkoholische Getränke dürfen nur um die Mittagsstunden herum und abends bis 23 Uhr ausgeschenkt werden.

Trinken ist in England also ein Gebot der Stunde. Das diesbezügliche Gesetz hat aber allein in London dreieinhalbtausend Hintertüren, und zwar die Vordertüren der Klubs. Dort gibt es immer was, allerdings nur für Mitglieder.

Was tut nun der durstige Fremde, den ein hartes Schicksal oder der Tourismus an die unwirtliche Küste Albions warf? Der Portier meines Londoner Hotels verriet es mir: Auch der Tourist kann für ein Pfund, also rund neun Mark, sofort Mitglied eines (natürlich bescheidenen) Klubs werden und sich so eine nach 23 Uhr weitersprudelnde Quelle erschließen. Als ich am späten Abend nach dem Genuss einer scharfgewürzten Reistafel das indische Restaurant in der Old Compton Street verließ, spürte ich deutlich, dass ich heute noch unbedingt Klubmitglied werden musste.

Wenige Häuser weiter leuchtete ein Schild:

Venus Room
Social Club

Da der exklusivste Londoner Klub, dem viele Minister angehören, den Namen der Göttin Pallas Athene im Schilde führt, konnte es sich bei dem „Venus Room" eigentlich nur um etwas sehr Vornehmes handeln. Die im Eingang hängenden Schaukästen überraschten mich allerdings etwas, denn sie zeigten Fotos von fast gar nicht oder nur sehr notdürftig bekleideten Damen. Sollte „Social Club" etwa bedeuten, dass es sich hier um einen karitativen Verein handelte, der die Nackten zu kleiden beabsichtigt? Dies nachzuprüfen, ging ich die Treppe hinauf.

Hinter einer Tür mit der den Laien abschreckenden Aufschrift *Members only!* saß ein schwarzgelockter, dicker Mann an einem mit Formularen bedeckten Tisch. Ich äußerte den Wunsch, Mitglied zu werden. Wortlos wurde mir ein Antragsformular hingeschoben. Der Text begann:

Herr Klubsekretär!

Ich bitte Sie darum, meinen Namen dem Wahlkomitee des Klubs vorzuschlagen.

Da stockte ich, denn ich hatte es ja eilig, weil mir die Zunge brannte. Auf die Frage, wie viel Zeit wohl bis zur Aufnahme verstreichen würde, sagte der Klubsekretär: „Eine Minute." Beruhigt las ich weiter:

Werde ich als Mitglied gewählt, erkenne ich die augenblicklich gültigen oder später geänderten Klubregeln an.

Einen solchen Blankoscheck auf die Zukunft zu unterschreiben, erfordert natürlich Mut. Auch zwei Bürgen konnte ich nicht benennen, wie das Formular es verlangte.

„Das mache ich schon", sagte der Sekretär, „Hauptsache, Sie leisten die Unterschrift und zahlen eine Guinee Jahresbeitrag."

Der Durst trieb mich zur Tat.

Eine Guinee ist etwas mehr als ein Pfund, umgerechnet etwa zehn Mark. Ich gab dem Mann zwei Pfundnoten und hielt die Hand zur Entgegennahme des Wechselgeldes auf. Er gab mir aber nicht alles heraus, sondern behielt ein großes Geldstück zurück, legte es auf seinen linken Handrücken, deckte schnell die rechte Hand darüber und fragte: „*Head or tail?*" Das entspricht unserem „Kopf oder Zahl".

„*Tail!*" sagte ich aufs Geratewohl.

„*Verloren!*", grinste mein nunmehriger Klubkamerad und ließ seinen Gewinn in die Tasche gleiten, ohne mir vorher zu zeigen, was nun wirklich oben lag. Ein so feiner Klub war das.

Ich bekam eine rote Mitgliedskarte und betrat den nur spärlich erleuchteten, verqualmten Klubraum. Gleich neben dem Eingang befand sich eine Bar, hinter der eine üppige Dame einen Plattenspieler und einige wenige männliche Gäste bediente. Kaum hatte ich auf einem Barhocker Platz genommen, rasselte vor meiner Nase ein Gitter herunter und trennte mich von Bardame und Getränken. „Elf Uhr!" sagte die vergatterte Hebe. „Jetzt wird nur noch am Tisch serviert."

Ich setzte mich also an einen Tisch und bestellte ein Glas Bier. Daraufhin brachte die Kellnerin Messer und Gabel, in eine Papierserviette eingewickelt. War mein Englisch so schlecht? Ich wiederholte ganz deutlich den Wunsch nach einem Bier, gab das Besteck zurück und sagte: „Ich möchte nichts essen."

Die Servierkraft flüsterte belehrend: „Sie *müssen* aber etwas essen, sonst bekommen Sie nichts zu trinken. Das ist Gesetz."

Sie brachte ein Bier und ein Sandwich, kassierte dafür sofort ein halbes Pfund und sagte: „Sie brauchen es nicht aufzuessen. Sie können es liegen lassen." Das tat ich auch, denn das Sandwich sah so aus, als wäre es schon sehr oft liegen gelassen worden.

Die ebenfalls nicht sehr appetitliche Strip-Tänzerin, die sich nun auf der kleinen Bühne an ihrer Garderobe zu schaffen machte, hatte mit dem Sandwich das Wesentliche gemeinsam. Beide mussten eine vom Gesetz vorgeschriebene Aufgabe erfüllen. Das erfuhr ich von meinem Tischnachbarn, einem leicht angetrunkenen und deshalb gesprächigen Engländer. Er klärte mich über die formaljuristischen Details des britischen Nachtlebens auf.

Demnach bekommt ein Klubgastronom nur dann eine Lizenz für Alkoholausschank nach 23 Uhr, wenn er zum Getränk etwas Essbares und ein „Programm" bietet. Die Strip-Nummer ist also eine echte Zwangsvorstellung, der ein hochmoralischer und tiefsozialer Gedanke zugrunde liegt, wie mir der Nachbar einleuchtend bewies: Die seit 1921 im Gesetz verankerte Kombination von Klub-, Ess- und Show-Zwang hat den Zweck, die in England (dem klassischen Lande der Selbstbeherrschung) so verbreitete Trunksucht einzudämmen. Die Befriedigung eines nach der Sperrstunde auftretenden Durstes soll so stark verteuert werden, dass die wirtschaftlich Schwachen die Lust am Trinken verlieren, früh schlafen gehen und morgens frisch zur Arbeit erscheinen. Wer glaubt, das sei die Theorie eines leicht angetrunkenen Witzboldes, täuscht sich. Es ist die offizielle, von seriösen Politikern vor dem Unterhaus in die Waagschale geworfene Begründung für die grotesken englischen Schankvorschriften.

Um einen tiefen Einblick in das britische Sozialgewissen bereichert, verließ ich „meinen" Klub. Das bescheidene Bierchen hatte mich inklusive Beitrag rund 20 Mark gekostet.

Das trieb mich aber, trotz nachweislich wirtschaftlicher Schwäche, noch nicht ins Bett. Mit vom Curry erhitzter Kehle wanderte ich weiter durch Soho, das Zentrum des Londoner Nachtlebens zwischen Piccadilly und Oxford Street. Es war eine halbe Stunde vor Mitternacht, die Menschen strömten in Massen aus Kinos und Theatern. Etwaigen Durst konnten sie theoretisch nur alkoholfrei löschen. Praktisch gingen aber fast alle was Hochprozentiges trinken, sei es zu Hause, sei es in irgendeinem Klub.

Während eines halbstündigen Soho-Bummels zählte ich zwischen Leicester Square und Frith Street einhundertundzweiunddreißig „Klubs". An fast jedem Kellerloch, an den meisten Hauseingängen prangte irgendein Klubname mit dem deutlichen Hinweis „*Members only!*". Wer hier als *alien* herumstreicht, kommt sich vor wie ein ausgestoßener räudiger Hund.

Viele Klubs hatten uniformierte Portiers, manche Häuser aber auch weibliche, nicht uniformierte Türsteherinnen, die sich anscheinend mit der Anwerbung neuer Mitglieder befassten.

Zwischen den verschiedenen Etablissements eilten stark geschminkte Mädchen geschäftig hin und her. Die meisten trugen als Berufskennzeichen eine Schallplatte unter dem Arm. Das waren die fleißigen Stripperinnen, die in mehreren Klubs nacheinander zur mitgebrachten Musik ein „Programm" liefern, wie es das so hochmoralische Gesetz gegen den Alkoholmissbrauch befiehlt. Die Mädchen verdanken dem Schankgesetz ihr Brot (und noch einiges obendrauf).

In der Gerrard Street stand unter einem vornehmen Baldachin ein fürstlich gekleideter Türhüter. Der Eingang sah nach was Besserem aus. Ich fragte den Uniformierten, wie hoch der Mitgliedsbeitrag sei. „Ein Pfund", sagte er.

Der Reistafel-Nachdurst trieb mich hinein. Die Formalitäten waren die gleichen wie im „Venus Room". Nach Unterschreiben der Bitte, dem Wahlkomitee vorgeschlagen zu werden, opfere ich ein Pfund, bekam eine Mitgliedskarte und durfte zu den Klubräumen hinuntersteigen.

Mein ambulantes Gewerbe hat mich schon in viele finstere Spelunken geführt. Aber diese hier war wohl das Trostloseste, was ich je sah. In einer Art Heizungskeller, dessen einziger Wandschmuck aus einem Plakat mit dem Kölner Dom und der Aufschrift „Deutschland – Kirchen und Kathedralen" bestand, saßen auf abgewetzten Stühlen ein paar missmutige Männer. Sie betrachteten auf einer kleinen, in der Ecke hängenden Leinwand einen verregneten Film, der das nackte Leben zeigte. Schnell trank ich mein Bier (Gesamtkosten 15 Mark), ließ das Zwangssandwich liegen und ging. Der Klubsekretär konnte mir gerade noch einen Zettel in die Hand drücken, auf dem zu lesen war, dass der eben gezeigte Film verkäuflich sei.

Eine halbe Stunde nach Mitternacht kam ich ins Hotel und erzählte dem Portier meine Kluberlebnisse in Soho. Er war peinlich berührt und sagte: „Das waren doch keine Klubs, sondern …!" (Hier muss ich leider ein Wort weglassen, traue aber meinen Lesern so viel geistige Regsamkeit zu, dass sie es richtig einsetzen können.)

Dann zeigte mir der Schlüsselbewahrer in der Wochenschrift „Was ist los in London?" ein ganzseitiges Inserat mit der Schlagzeile „100 Klubs für 5 Pfund!".

Darunter stand, dass man beim „Clubman" in der Finchley Road 170a Mitglied von einhundert ausgesuchten Klubs werden

Mancher ausgesprochen vornehm aussehende Klubeingang in Soho lässt dem vor-
beiwandernden Fremden Schauer der Ehrfurcht über den Rücken rieseln. Die äußere
Aufmachung lässt auf vornehme Exklusivität und Tradition schließen.
Was aber häufig dahinter liegt, zeigt das Bild auf der Seite 130-131.

kann. Und das für ganze 55 Mark Jahresbeitrag, also 55 Pfennige pro Klub. Besser konnte der Unsinn des Klubzwanges wohl kaum ad absurdum geführt werden.

Ich steckte das Inserat ein und ging schlafen. Nach dem Frühstück fuhr ich zur Finchley Road.

Um in das Büro des „Clubman" zu gelangen, muss man einen düsteren, mit Mülleimern bestückten Hinterhof überqueren.

Eine hübsche junge Dame führte mich in das hochmodern eingerichtete Arbeitszimmer des Chefs. Er war höchstens dreißig Jahre alt, elegant gekleidet und erläuterte mir bereitwillig die Vorteile und Bedingungen einer hundertfachen Klubmitgliedschaft. Sehr bald dämmerte mir, dass dieses „Clubman"-Unternehmen nichts weiter war als eine Schlepper-Organisation, die mehr oder weniger teuren Nachtlokalen ausländische Gäste zuführt. Ich verzichtete auf den Beitritt, bekam dann aber eine Ehrenmitgliedskarte und ein kleines Büchlein mit den hundert Klubadressen geschenkt.

Welch ein gastfreundliches Land!

Als ich auf dem Heimweg in dem Büchlein blätterte, fiel ein rosa Zettel heraus. Er forderte zum Kauf einer Schallplatte auf, die vom „Clubman" vertrieben wird (natürlich nur an Mitglieder). Sie heißt „Lektionen der Liebe" und behandelt, so stand es jedenfalls auf dem Zettel, erschöpfend die Themen „Wie man ein Mädchen liebt" (Vorderseite) und „Wie man einen Mann liebt" (Rückseite).

Welch ein rätselhaftes Land!

Demjenigen, der mir einen vernünftigen (ich betone ausdrücklich *vernünftigen*) Grund für das englische Schankgesetz angeben kann, schenke ich eine Flasche Whisky.

Die Behauptung, dass die Trunksucht durch dieses Gesetz einge-
dämmt wird, stimmt nicht. Wer einmal gesehen hat, wie die Gäste in
den „Pubs", den lizenzierten Kneipen, gegen die Uhr antrinken und
fünf Minuten vor elf jenen glasig-apathischen Blick haben, der von
Fremden oft für vornehme englische Zurückhaltung gehalten wird,
kann das bestätigen.

Ich habe einige der „Clubman"-Klubs besucht, wo bis zu dreißig
hopsende, alberne Songs kreischende Girls aufgeboten wurden, um
das Gesetz zu erfüllen und das Glas Whisky des Gastes so stark wie
möglich zu verteuern. Dann entschloss ich mich, mir eine Flasche
aufs Zimmer zu stellen und die Klubs zu meiden.

Nun wird mancher Leser mit Recht sagen: „Unter einem englischen Klub habe ich mir etwas ganz anderes vorgestellt. Holzgetäfel-
te Hallen, wo vornehme Herren in tiefen Sesseln die *Times* lesen und
wo kein weibliches Wesen zugelassen ist."

Diese Klubs gibt es natürlich auch, aber es ist für einen nur vorübergehend auf die Insel verschlagenen Fremden praktisch unmöglich, hier Mitglied zu werden. Die Aufnahmeformulare sind zwar
haargenau die gleichen wie im „Venus Room", aber ein Bewerber
muss jahrelang warten und mehrere englische Bürgen beibringen.

Ich hatte das große Glück, bei Freunden ein Mitglied des höchst
exklusiven „Junior Carlton Club" kennenzulernen und bei diesem
wie ein Bilderbuch-Lord aussehenden Herrn so viel Vertrauen zu
erwecken, dass er mich am nächsten Tag als Gast in seinen Klub
mitnahm.

Es war zwölf Uhr mittags, als wir vor dem gewaltigen Klubgebäu-
de in der Pall Mall ankamen. Pausenlos rollten Taxis vor, aber auch

Hinter vielversprechend aussehenden Soho-Klubeingängen findet der Besucher oft nichts weiter als einen schäbigen Keiler. Nebenstehendes Bild wurde in einem Haus der Gerrard Street nach der Natur gezeichnet. Der Schemel im Vordergrund dient den auftretenden Künstlerinnen teils als Garderobenablage, teils als Drehbühne.

viele Rolls-Royce, denen lauter zum Verwechseln ähnliche Herren entstiegen, mit Melone, eingerolltem Schirm, elastischem Gang und kerzengerader Haltung.

In der pompösen, von der Patina eines vollen Jahrhunderts ange-
fressenen Halle schlug mir milder Moderduft und beißender Koh-
lendunst entgegen. Im offenen Kamin glühte ein Anthrazithaufen.

Auf ziemlich abgetretenen Teppichen standen diskret plaudernde Lordgestalten und einige sandgefüllte Marmeladeneimer für
Pfeifenasche.

Mein liebenswürdiger Gastgeber Sir Archibald ... (seinen Fami-
liennamen möchte ich nicht nennen, weil eine Bekanntschaft mit
mir dem Ruf eines Gentleman nur abträglich sein kann) führte mich
zunächst in die prächtige Bibliothek. Sie war sehr gut besucht, weil
dort Sprechverbot herrscht und man in völliger Ruhe ein Nickerchen
machen kann. Einige der in Ohrensesseln sitzenden Herren lasen
die obligatorische *Times*, andere meditierten vor sich hin. Vielleicht
dachten sie auch an gar nichts – eine der gesündesten Beschäftigun-
gen, die es gibt.

Im Billardraum waren zu meinem Erstaunen alle an der Wand
hängenden, mit Namen versehenen Stöcke durch Vorhängeschlös-
ser gesichert. Wer traut hier wem nicht? Wir gingen weiter zur Bar,
die aussah wie der Wartesaal erster Klasse eines Bahnhofs aus der
Gründerzeit.

Bei einem Whisky fragte ich Sir Archibald, wozu der Engländer eigentlich unbedingt einen Klub braucht. Das war natürlich nicht sehr
höflich, aber wie soll man sonst etwas erfahren?

Leicht irritiert zog der lupenreine Gentleman die buschigen Au-
genbrauen hoch und sagte: „Erstens, um keine Frauen zu sehen. Und
zweitens, weil man nur mit Leuten der gleichen Bildungsstufe und
Gesellschaftsschicht zusammen sein möchte."

Beides ist für mich ein furchtbarer Gedanke, aber das will wohl
nichts heißen. Ich bat Sir Archibald um irgendeine typische und lustige Anekdote aus dem Klubleben.

„Da kann ich Ihnen eine köstliche Geschichte erzählen", sagte der Gentleman strahlend, „sie liegt zwar dreißig Jahre zurück, hat aber nichts von ihrer umwerfenden Komik verloren. Damals brachte ein Klubmitglied einen jungen Schweden als Gast mit. Der trug einen dunklen Anzug und dazu – Sie werden es nicht glauben – zweifarbige Schuhe!"

Sir Archibald machte eine kleine Pause, damit ich mir das Ungeheuerliche dieser Kombination richtig vor Augen führen konnte. Dann fuhr er fort: „Er stand also hier an der Bar. Da kam der Klubdiener und sagte zum Klubmitglied, das den Schweden mitgebracht hatte: Seine Lordschaft der Klubvorstand lässt fragen, ob dieser Herr ein Mitglied unseres Klubs sei. Ist das nicht köstlich?"

Ich brauchte ziemlich lange, bis ich begriffen hatte, dass die Geschichte zu Ende war. Aber dann lachte ich höflich über den hintergründigen Humor des Klubvorstandes, der zum Spaß so tat, als ob ein Mensch mit zweifarbigen Schuhen zum dunklen Anzug Mitglied des „Junior Carlton Club" sein könnte. Und Sir Archibald lachte herzlich mit.

Ein Herr, der wie ein britischer General im Ruhestand aussah, gesellte sich zu uns. Da wurde Sir Archibald ans Telefon gerufen. Nach einem etwas gequälten Gespräch (man darf in besseren englischen Kreisen nur über Wetter, Tiere, Blumen, Verdauung oder die königliche Familie sprechen) bat ich den Herrn um eine lustige Anekdote aus dem Klubleben.

Er brauchte nicht lange zu überlegen: „Da gibt es eine köstliche Geschichte: Vor etwa zwanzig Jahren brachte ein Klubmitglied einen jungen Schweden als Gast mit. Der Schwede trug einen

So stellt sich der Laie einen typisch englischen Klub vor, und so sieht es in diesen Zu-
fluchtsstätten aller jener Männer, die Ruhe vor ihren Frauen und ein stilles Plätz-
chen für die „Times"-Lektüre suchen, auch tatsächlich aus.

blauen Anzug und dazu – Sie werden es kaum glauben – zweifarbige Schuhe ..."

Wanderer, kommst du nach London, meide die Klubs. Wenn auch im *What's on in London?*, dem amtlichen Vergnügungsanzeiger, der schöne Satz steht: „Besuchen Sie die Klubs, dinieren Sie, tanzen Sie, lassen Sie sich unterhalten... und Sie werden verstehen, weshalb London der fröhlichste Ort der Welt genannt wird!"

Den Mann möchte ich kennenlernen, der diesen Satz schrieb. Er hat die Britische Insel bestimmt noch nie im Leben verlassen.

Auf Geisterjagd an der Themse

Wenn man den Engländern glauben darf (und das muss man doch wohl), wimmelt es auf ihrer nebelumwallten Insel von Geistern. Jeder Untertan Ihrer Majestät Elizabeths II, den ich befragte, wusste auf Anhieb ein Erlebnis mit irgendeiner Spukerscheinung zu berichten. Die Geisterskala reichte vom unsichtbaren, aber viel Lärm machenden Kobold bis zur deutlich erkennbaren Ahnfrau im Kostüm der Zeit, je nach Ablebensart mit oder ohne Kopf unter dem Arm. Alle Erzählungen klangen durchaus glaubwürdig. Wollte ich aber eine präzise Auskunft, wann und wo man so einen Geist sehen könne, kam stets eine ausweichende Antwort. Die bekanntlich etwas prüden Briten wollten mich anscheinend nicht an ihre Ahnfrauen ranlassen.

Um endlich ein klares Bild vom britischen Geisterleben zu bekommen, begab ich mich zum Büro der für den Tourismus zuständigen „British Travel Association" in der St. James Street und fragte eine zwischen vielen Prospekten amtierende junge Dame, wo man echte Geister sehen könne. Ohne eine Miene zu verziehen, verwies sie mich in den ersten Stock, Zimmer 15. Dort saß aber nicht etwa ein Geist, sondern ein adretter junger Mann namens Whitstead. Er gab mir eine zehnseitige Schrift mit dem Titel „A Ghosthunters Guide to Britain", also einen amtlichen Führer für Geisterjäger.

Nun lag es mir völlig fern, einen britischen Geist weidmännisch zu erlegen. Ich wollte nur mal einem Gespenst von bleichem Angesicht zu bleichem Angesicht gegenüberstehen.

Mr. Whitstead hatte Verständnis für diesen Wunsch und riet mir, in den Tower zu gehen. Dort gebe es pro Quadratfuß mehr Geister als irgendwo sonst auf der Insel. Die graue Burg hatte ich aber schon mehrfach besucht, ohne einen Geist optisch wahrzunehmen. Ich hatte nur jene plötzlichen, eiskalten Luftströme verspürt, von denen die Tower-Wächter steif und fest behaupteten, es seien die Geister der mit dem Beil geschiedenen Gattinnen König Heinrichs VIII.

In rührender Hilfsbereitschaft gab mir Mr. Whitstead dann die Telefonnummer des „Geister-Klubs".

Der Leser wird verstehen, dass mich beim Wählen der Nummer ängstliche Gefühle beschlichen. Vielleicht hob am anderen Ende ein Geist den Hörer ab. Auf diesem Gebiet soll in England ja nichts unmöglich sein. Es meldete sich aber eine durchaus irdisch klingende Männerstimme, die Mr. Peter Underwood gehörte, dem Vorsitzenden des „Ghost Club". Er lauschte geduldig meinen Wüschen und lud mich zu einem an diesem Abend stattfindenden Klub-Treffen ein. Geheimnisvoll fügte er hinzu: „Der berühmte Rosalie-Geist wird in allen Einzelheiten behandelt."

Nach einigem Suchen fand ich in der Nähe des Marble Arch die enge Bryston Street und das alte, mit einem vornehmen Eingangsbaldachin geschmückte Backsteingebäude, in dem der Ghost Club seine Treffen abzuhalten pflegt. Ich wartete noch ein paar Minuten vor der Tür, in der Hoffnung, ein paar Geister ankommen zu sehen. Doch die Schatten, die im Nebel herumschwebten, entpuppten sich beim

Näherkommen als durchaus erdgebundene Wesen. Zum Eingang der Mayfairia Rooms strebten vorwiegend ältere Damen, die alles andere als einen übersinnlichen Eindruck machten. Einem lautlos heranrollenden Auto entstieg eine Geisterfreundin mit eingegipstem Fuß, gefolgt von einem gepflegten Herrn mit dick verbundenem Zeigefinger. Der Umgang mit Geistern scheint also nicht ungefährlich zu sein.

Über eine mit dickem rotem Velours belegte Treppe ging es hinunter in den Keller. An der Tür des fensterlosen, mit Wandteppichen geschmückten Versammlungsraumes begrüßte mich Mr. Underwood, ein kleiner, gepflegter Herr um die vierzig mit elegantem Bärtchen und pfiffigen Augen. Er wies darauf hin, dass im Ghost Club jeder Mitglied werden kann, der sich für Geister interessiert, sei er ungläubiger Skeptiker oder überzeugter Spukseher. Zweck des Klubs sei es, „psychische Phänomene auf Herz und Nieren zu prüfen" und die falschen Geister von den echten zu trennen. Ich wagte nicht zu fragen, ob die echten einen Ausweis bekommen.

Mr. Underwood stellte mich der ehrenamtlichen Klubsekretärin Miss Muriel Hilliary vor, einer fülligen Dame mit Hornbrille und einem leuchtend roten Wickelturban. Sie strahlte mich an und rief überrascht: „Sie rauchen die gleiche Pfeife wie mein vor zehn Jahren verstorbener Onkel! Er kam mir vor vier Wochen in der Abenddämmerung entgegen und sagte: ‚Du hast zu meinen Lebzeiten immer behauptet, meine Pfeife stänke! Sie schmeckt mir immer noch!'"

Ich lächelte etwas dümmlich. Damen, die sich mit ihrem toten Onkel weit über das Grab hinaus unterhalten, trifft man selten.

Nachdem Miss Hilliary noch erzählt hatte, dass sie den Tabakqualm der Geistererscheinung ganz deutlich gerochen habe, führte sie mich zu einem Tisch, an dem kleine, unscharfe Amateurfotos ausgebreitet waren, Aufnahmen, die ein danebenstehender blasser Herr namens Cone bei sogenannten „Séancen" gemacht hatte. Auf einem der Fotos konnte man mit einigem guten Willen ein gestreiftes Herrenhosenbein erkennen. Auf dem Knie lag etwas, das wie ein dicker Wattebausch aussah. Mr. Cone erklärte: „Das ist Ektoplasma, es entsteht aus dem Nichts, wenn ein Geist sich materialisiert."

Es musste sich wohl um den Geist einer Sekretärin handeln, der da auf dem Knie saß. Diese Vermutung äußerte ich aber nicht, sondern nahm als höflicher Gast die Erläuterungen mit einem Gesicht hin, als hätte ich alle Taschen voll Ektoplasma.

Ein Klubmitglied vom Format eines Möbelpackers trat hinzu, zeigte auf das Foto und sagte ganz ruhig: „Ich glaube, das Bild ist gefälscht."

Der blasse Mr. Cone bekam für einen Moment eine gesunde Gesichtsfarbe und erwiderte: „Das können Sie gern glauben. Ich habe aber noch etwas anderes Unwiderlegbares ..."

Er führte uns zu einem Tonbandgerät, drückte auf die Taste und kündigte an: „Was Sie nun hören, ist ein Poltergeist bei der Arbeit!" (Er sagte wörtlich: „*What you now will hear is a poltergeist at work.*") Die Tonaufnahme wurde angeblich in einem Spukhaus des Londoner Stadtteils Whitechapel gemacht. Was wir vom Band zu hören bekamen, klang wie ein hüpfender Ball, der von einem Kind immer wieder hinuntergeschlagen wird. Alle umstehenden Geisterklubmitglieder lauschten wie gebannt. Aber die wirkliche Sensation sollte erst kommen: Aus dem Lautsprecher des Bandgerätes drang die Stimme Mr. Cones, der dem Poltergeist befahl: „Klopfen Sie jetzt bitte nur zweimal!"

Einige Sekunden Stille und atemlose Spannung. Und dann bumste es tatsächlich nur noch zweimal. Ende der Dokumentar-Aufnahme. Stolzes Lächeln Mr. Cones.

Für die meisten Anwesenden bewies dieses Tonband einwandfrei, dass Klopfgeister gegebenen Befehlen gehorchen. Deshalb müssten diese Kobolde eigentlich als vollwertige Staatsbürger anerkannt werden.

Die für jeden Skeptiker etwas dünne Beweisführung mittels eines leicht manipulierbaren Bandgerätes machte mich mit einem Phänomen bekannt, das typisch für das britische Gespensterleben ist: Die Echtheit einer Geistererscheinung hängt davon ab, wie glaubwürdig derjenige ist, der sie gesehen zu haben glaubt.

Das wurde besonders deutlich in dem Vortrag, den Mr. Cone nun vor den etwa hundert am Geisterleben interessierten Gästen über den „Rosalie Case" hielt.

Mr. Cone schilderte zunächst den nackten Fall: Das inzwischen leider verstorbene Ghost-Club-Mitglied Harry Price, ein wohlhabender Papierhändler, widmete seine gesamte Freizeit der Überführung falscher und der Auffindung echter Geister. In einem Bericht, der 1938 in einer Fachzeitschrift erschien und offensichtlich noch heute die englischen Gemüter erregt, berichtet er von der ersten und bisher einzigen totalen Materialisation eines „Spirits". Sie fand (laut Harry Price) am 17. Dezember 1937 in einem Raum statt, dessen Türen, Fenster und Schränke er vor der Séance, die natürlich in völliger Dunkelheit stattfand, eigenhändig versiegelt hatte. Nachdem das anwesende Medium, im Bericht schlicht als „Mademoiselle" bezeichnet, mehrmals den Namen „Rosalie" gerufen hatte, erschien aus dem Nichts ein etwa fünfjähriges Kind, ließ sich von Price befragen, streicheln und den Puls fühlen. Dann löste Rosalie sich wieder in Nichts auf.

Ein noch nie da gewesener Fall, denn bis zu diesem Zeitpunkt waren Geister nur sichtbar, aber nie greifbar gewesen. Einen Geist, der sich anfassen ließ, hatte es bis dato nicht gegeben. Eine haarsträubende Geschichte, die mich zu der festen Überzeugung kommen ließ, dass der verblichene Harry Price ein rechter Witzbold war, der irgendwo im stockdunklen Raum ein Kind versteckt hatte.

Ich sah mich unter den Zuhörern um. Ihrem Gesichtsausdruck nach zu urteilen, waren sie anderer Meinung. Aller Augen hingen wie gebannt an den schmalen Lippen Mr. Cones, der nun die Beweisführung antrat.

Und wie machte er das? Eine volle Stunde lang berichtete er von seinen mühsamen Reisen zu Hinterbliebenen und Freunden des Harry Price. Jeden fragte er nur, ob Price glaubwürdig gewesen sei. Alle sagten „ja". Seine Witwe verweigerte allerdings als einzige die Auskunft, aber das wollte nach Meinung des Mr. Cone nicht viel heißen.

Kräftiger Beifall belohnte ihn für seine lichtvollen Ausführungen. Er hatte nachgewiesen: Price war glaubwürdig.

Während Mr. Cone die Akten mit dem erdrückenden Beweismaterial zusammenräumte, erhoben sich die Zuhörer und standen noch eine Zeitlang in eifrig diskutierenden Gruppen herum.

Ich ging von Gruppe zu Gruppe und hörte die unglaublichsten Geschichten, alle von glaubwürdigen Leuten erzählt.

Miss Hilliary (die mit dem Pfeife rauchenden toten Onkel) lud mich ein, am nächsten Klubtreffen teilzunehmen, zu dem der Air Field Marshal Lord Dowling als Ehrengast kommen werde. Der Lord unterhalte sich regelmäßig mit den Geistern seiner im Weltkrieg abgeschossenen Piloten, die ihm genau erklärten, durch welche eigenen Fehler sie vom Heldentod ereilt wurden. Diese Anweisungen aus dem Jenseits sollen allen Ernstes in Zukunft bei der Ausbildung der Royal Air Force berücksichtigt werden.

Trotz allem, was ich an diesem Abend bereits hatte schlucken müssen, war das ein harter Brocken. Aber nach einigem Nachdenken erschien es mir durchaus möglich, dass Luftmarschälle aus dem Jenseits gut beraten werden. Schließlich waren sie ja Großlieferanten.

Hier sieht man fünf Mitglieder des Londoner „Ghost Club" auf dem Wege in ihr Klublokal. Die Geister, mit denen diese Leute Kontakt haben, begleiten sie und wurden nach den genauen Beschreibungen der durch und durch glaubwürdigen englischen Herrschaften naturgetreu eingezeichnet.

So interessant der Abend im Ghost Club auch gewesen sein mochte, es wurmte mich doch, dass ich zwar sehr viel von Geistern gehört, aber keinen einzigen gesehen hatte. Und deshalb fragte ich Mr. Underwood, wann und wo eine reelle Chance bestehe, in einem der angeblich zwölftausend Londoner Spukhäuser eine Geistererscheinung zu erleben.

Er lächelte etwas gequält und sagte: „Seit zehn Jahren bin ich Vorsitzender des Ghost Club und habe viele Nächte wartend in Spukhäusern verbracht, viele seltsame Geräusche gehört, aber nie einen Geist gesehen. Ich kenne Geister nur aus den Erzählungen von Klubmitgliedern, die irgendwann einen sahen."

Mr. Underwood gab mir drei Adressen von Spukhäusern („haunted houses"), in denen ich mein Glück versuchen sollte: eine Fischbratküche in der Wandsworth Street, die schon dreimal vom Geist eines riesigen schwarzen Hundes heimgesucht wurde, die Garderobe des Adelphi-Theaters mit einem spukenden, längst toten Schauspieler und die Kneipe „Zum Grenadier" in der Wilton Row, die spätabends von einem dort um die Jahrhundertwende ermordeten Grenadiers frequentiert wird. Herzlich dankend verabschiedete ich mich von dem so hilfsbereiten Ghost-Club-Vorstand und fuhr hinüber in den Stadtteil Lambeth.

Es war kurz vor neun, als ich die bescheidene Fischbraterei betrat, in der nur noch zwei Gäste saßen. Hinter der dampfenden Ölwanne mit den brutzelnden Kabeljauscheiben stand ein südländisch aussehender Mann mit kohlschwarzen Augen. Ich fragte ihn, ob der große schwarze Geisterhund heute schon da gewesen sei. Der Fischbrater sah sich ängstlich um, zog mich hinter die Theke und flüsterte: „Vor einem Jahr war der Hund zum letzten Mal hier. Er kam durch die festverschlossene Tür, ging durchs Lokal und auf der anderen Seite durch die ebenfalls abgeschlossene Hintertür hinaus – mein Bruder hat ihn auch gesehen."

Der ebenfalls schwarzgelockte Bruder tauchte aus dem Ölqualm auf und sagte: „Wir haben inzwischen herausbekommen, dass der Vorbesitzer des Lokals einen großen schwarzen Hund hatte, den er vor zehn Jahren umbringen ließ. Nun rächt sich der Hund an uns."

Ich hätte gern noch ein Stündchen auf den Hundegeist gewartet, der Bratküchenbesitzer wollte aber Feierabend machen und geleitete mich zur Tür. Um eine Geisterhoffnung ärmer machte ich mich auf den Weg zum Adelphi-Theater.

Der Bühnenportier wollte mich nicht hineinlassen, verriet aber, dass der Geist des ermordeten Schauspielers William Terris in den letzten fünf Jahren nur ein einziges Mal in dessen früherer Garderobe erschienen ist, und zwar zu einem Zeitpunkt, als sie von einer gewissen Miss June benutzt wurde. Der Manager dieser Darstellerin kleiner Rollen alarmierte daraufhin die Presse. Das Foto Miss Junes (leider ohne Geist) erschien mit der aufregenden Geschichte in allen Zeitungen.

Der Verdacht liegt nahe, dass die strebsame Künstlerin den toten Terris nur zu diesem Zweck sah. Der Schauspieler-Geist schien mir etwas unseriös zu sein. Deshalb verzichtete ich auf weitere Nachforschungen und nahm mir ein Taxi zur Grenadier-Kneipe in der Wilton Row.

Der Nebel hatte sich inzwischen zu einer dicken Suppe verdichtet, in der einige wenige Lichtpunkte herumschwammen. Der Taxifahrer schien das Zweite Gesicht zu haben. Anders war das Tempo, mit dem er durch das nächtliche London kurvte, nicht zu erklären.

Plötzlich stoppte er vor einer Schranke, stieg aus, öffnete sie und fuhr in einen Hinterhof. Nach etwa fünfzig Metern hielt er an und sagte: „Hier ist der Grenadier Pub."

Mit Mühe waren die Umrisse eines Schilderhauses und einer scheinbar ins Nichts führenden Treppe zu erkennen. Das Taxi verschwand im Nebel, ich ging auf die Treppe zu.

Da gerann mir das Blut in den Adern: Aus dem Boden wuchs eine weiße Gestalt und ging vor mir die Treppe hinauf. Die Erscheinung trug eine schneeweiße Uniformjacke mit breiten roten Schulterstücken und Dienstgradabzeichen auf dem Ärmel. Mit belegter Stimme fragte ich: „Sind Sie der Grenadier?" Eine kräftige Männerstimme antwortete: „Jawohl, kommen Sie herein."

Die Tür am oberen Ende der Treppe öffnete sich, mildes Licht, dicker Qualm und lautes Stimmengewirr drangen heraus. Mein Grenadier war nichts weiter als der stilecht kostümierte Barkeeper des sehr vornehmen Etablissements. Er hatte draußen etwas frische Luft bzw. Nebel geschöpft.

Ich trank einen doppelten Whisky auf den Schreck und fragte den Barkeeper, ob der tote Grenadier heute Abend schon da gewesen sei. „Nein", sagte der Mixkünstler, „aber er kann noch kommen. Er spukt nur einmal im Jahr, irgendwann zwischen September und November." Ich wartete eifrig trinkend, bis das Lokal geschlossen wurde. Der Geist ließ mich sitzen.

Wie sollte ich meinen Lesern mit einer Geisterreportage unter die Augen treten, ohne einen einzigen gesehen zu haben? Von Geistern gehört hatte ich mehr als genug, aber das gilt nur in England als Beweis. Enttäuscht ging ich ins Hotel, um nach diesem erfolglosen Tag gründlich auszuschlafen.

Kaum hatte ich das Licht ausgeknipst, ging im Zimmer über mir ein wildes Getrappel los. Irgendein Gast wanderte da nervös auf und ab, mal langsamer, mal schneller und zwischendurch kurz stehen bleibend. Ich dachte: Nun gut, der packt seine Koffer aus, das kann nicht lange dauern.

Eine halbe Stunde lang ertrug ich das Getrapse, dann wurde es mir zu viel. Immerhin war es schon lange nach Mitternacht. Ich griff zum Telefon und bat den Portier, den Gast im Zimmer über mir zur Ordnung zu rufen. Und was bekam ich zur Antwort?

„Tut mir leid, Herr Schmidt, aber das Stockwerk über Ihnen ist unbewohnt."

Ich sah mein Gesicht im Spiegel: Es war käseweiß. Und die Schritte waren ganz deutlich weiter zu hören. Gott sei Dank hatte ich eine Taschenflasche mit Whisky in greifbarer Nähe.

Nach einem sehr kräftigen Schluck stieg ich auf die neben dem Fenster stehende Kommode, um ruheheischend gegen die Zimmerdecke zu klopfen. Oben stehend merkte ich dann, dass die Geräusche aus der Gegend kamen, wo das Schiebefenster mit der Decke abschloss. Oder vielmehr nicht abschloss, denn es hing lose in der Aufhängung und wurde von der Zugluft hin und her geschlagen. Das waren die Schritte.

Damit glaube ich einem Großteil der englischen Poltergeister auf die Spur gekommen zu sein, denn die nach dem Prinzip der Guillotine gebauten Schiebefenster sind in England allgemein üblich.

Auch für die sichtbaren Geister gibt es eine ziemlich plausible Erklärung. Meiner Meinung nach sehen die Engländer Trugbilder, weil es hier üblich ist, alle Gefühle zu unterdrücken. Doch irgendwo wollen die Gefühle hin, und deshalb drücken sie von hinten auf die Netzhaut und lassen Geister entstehen, auch jene, von denen gleich die Rede sein wird.

Als ich nämlich meinem Hotelportier klagte, ich hätte mit der Geisterjagd ein schlimmes Fiasko erlebt, gab er mir den Tipp: „Gehen sie zur Spiritistischen Gesellschaft am Belgrave Square 33, dort werden von früh bis spät Botschaften aus dem Jenseits empfangen."

Bevor ich nun aber meine Erlebnisse mit britischen Spiritisten schildere, erhebe ich die Schwurfinger von den Tasten meiner Schreibmaschine und versichere: Jedes Wort ist wahr, nichts wurde erfunden. (Das ist zwar bei allen meinen Reportagen so, aber *diesen* unglaublichen Bericht kann ich ohne ausdrücklichen Hinweis auf meine Wahrheitsliebe nicht aus der Hand geben.)

Der Belgrave Square ist einer der vornehmsten Plätze Londons. Um eine gepflegte Parkanlage herum liegen dicht beieinander die Spanische, die Portugiesische, die Japanische, die Norwegische, die Türkische, die Mexikanische, die Argentinische, die Österreichische, die Ghanaische und, um das Maß voll zu machen, die Deutsche Botschaft. Was lag näher, als in dieser Umgebung auch noch eine Botschaft des Jenseits einzurichten? Wahrscheinlich empfangen die Diplomaten an dieser Kontaktstelle spiritistische Anweisungen, nach denen sie sich richten. Das würde vieles in der Weltpolitik erklären.

Die Residenz der „Spiritual Association of Great Britain" steht den anderen Prachtgebäuden an äußerer Vornehmheit nicht nach. Auf den jenseitigen Charakter weist nur ein kleines, viereckiges Schild am säulengeschmückten Vorbau des vierstöckigen Hauses hin.

Durch eine Drehtür gelangte ich in die elegant ausgestattete Halle, wo mich eine freundliche, sehr diesseitig aussehende Dame hinter einem mit spiritistischen Schriften beladenen Tisch empfing. Sie schlug mir vor, Mitglied der Gesellschaft zu werden, dann stünden mir alle Einrichtungen des Hauses kostenlos und die Medien, durch deren Mund die Geister ihre Botschaften übermitteln, zu ermäßigten Preisen zur Verfügung. Da konnte ich nicht nein sagen.

Ich bekam meine Karte, bezahlte den bescheidenen Jahresbeitrag von einer halben Guinee (etwa sechs Mark) und hatte nun Anspruch auf ermäßigte Medien. Die freundliche Spiritisten-Dame riet mir aber, zunächst einmal das Haus zu besichtigen.

Es war kurz nach elf Uhr morgens, also eine Zeit, zu der man als Laie keineswegs mit Geistererscheinungen rechnet. In dieser Hochburg des Geisterlebens schien es aber anders zu sein, denn pausenlos strömten Leute durch die Drehtür, bekamen am Empfang eine Zimmernummer mit Medium zugewiesen und begaben sich in die oberen Stockwerke.

Im Parterre tat sich hinter dem Bücherstand ein großer Salon auf. Zwischen gemütlichen Polstersesseln stand ein alter, sehr unbequemer Stuhl. Auf seiner Sitzfläche lag der sauber gedruckte Hinweis: „Auf diesem Stuhl schrieb Sir Arthur Conan-Doyle einige seiner Geistergeschichten." Ehrfürchtig staunend stand ich vor dem literarisch wertvollen Sitzmöbel. Daneben befand sich in einer prunkvollen Vitrine ein Dokumentarfoto von einzigartigem Reiz. Es war stark verblichen, etwa fünf mal fünf Zentimeter groß und zeigte einen unscharfen, stark überbelichteten Gartenzwerg. Die Bildunterschrift lautete wörtlich: „Deutscher Gnom, fotografiert in Ostpreußen vor dem Ersten Weltkrieg."

Und in so einem Klub war ich nun Mitglied!

Neben dem Salon befand sich die reichbestückte Bibliothek. Ich zog wahllos ein Buch heraus und hatte, wahrscheinlich von Geisterhand geführt, das Richtige gefunden: eine Klassifizierung der Geister. Ich setzte mich in eine Ecke und las, dass es nicht nur Astralleiber von toten und lebenden Menschen gebe, sondern auch von Tieren und Gemüse. Jawohl, genauso stand es da: „Spirits of animals and vegetables." Demnach kann auch ein Kohlkopf spuken.

Der Geisterkohl weckte in mir den dringenden Wunsch nach einem geistigen Getränk. Ein Pfeil mit der Aufschrift „Cafeteria" wies in den Keller. Aber dort gab es nur Alkoholfreies. Bei einer Tasse Tee kam ich mit einem Herrn ins Gespräch, der sich bitter über das Benehmen des Astralleibes seiner vor acht Jahren verstorbenen Gattin beklagte. Der Mann hatte inzwischen wieder geheiratet, aber die eifersüchtige Verblichene trieb in ihrem astralen Zustand allerlei Unfug, um die Ehe auseinanderzubringen. Ihr Geist zerbrach immer wieder Geschirr der Nachfolgerin, ließ Essen anbrennen, Geld verschwinden und dicke Staubschichten erscheinen, wo eben erst gewischt worden war. Nun wollte der Mann über ein Medium Kontakt mit der Verblichenen aufnehmen und ihr ins Gewissen reden.

Die Ausrede, alles Missgeschick im Haushalt werde von einem Geist verursacht, können sich wohl nur englische Hausfrauen erlauben.

Die Dame am Empfangstisch empfahl mir, um drei Uhr an einer auf fünf Personen beschränkten Sitzung des erfolgreichen Mediums

Ursula Roberts teilzunehmen. Dann setzte sie mit flinken Fingern die hochmoderne Registrierkasse in Betrieb, die einen Bon über sechseinhalb Shilling (etwas über drei Mark) ausspuckte, den Mediums-Konsultationspreis für Mitglieder.

Um fünf Minuten vor drei betrat ich den auf meinem Bon angegebenen Raum Nummer 24 im dritten Stock. Die Vorhänge des kleinen Zimmers waren zugezogen, nur ein von der Decke hängendes rotes Lämpchen verbreitete schwaches Licht. Um einen leeren Polstersessel saßen drei ältere Damen und ein verhuschtes Männchen auf unbequemen Stahlrohrmöbeln im Halbkreis herum.

Kaum hatte ich mich auf dem letzten freien Stuhl niedergelassen, stampfte schon das Medium Ursula Roberts herein, eine resolute, etwa vierzigjährige Dame. Sie ließ sich erst in den Sessel fallen und dann in Trance. Mit dröhnender Feldwebelstimme rief sie die Geister herbei.

Und sie kamen. Miss Roberts erhob sich mit geschlossenen Augen, legte die rechte Hand auf meinen Scheitel und verkündete, sie sehe hinter mir deutlich den Geist meines schnauzbärtigen Großvaters stehen. Er trage ein Gewehr und habe fünf Jagdhunde um sich. Das wunderte mich, denn mein schnauzbärtiger Großvater war Postbeamter, oder, um ganz ehrlich zu sein, schlichter Briefträger. Die Jagd lag ihm fern. Ich wollte Miss Roberts aber nicht widersprechen und akzeptierte den seltsamen Opa. Er ließ durch den Mund des Mediums mitteilen, dass er meinen Weg ständig beobachte und mir rate, nicht alles im Leben so ernst zu nehmen. Das konnte ich mit gutem Gewissen versprechen.

Miss Roberts übermittelte mir dann noch einige ähnlich lautende Ratschläge und herzliche Grüße von zwei Großtanten, einem Onkel, einer Jugendgespielin und meinem vor zwei Jahren verstorbenen Hund, der zu meinem Erstaunen perfekt englisch sprach.

Es hätte mich nicht gewundert, wenn auch noch der *spirit* eines im Vorjahr in meinem Garten abgeernteten Kohlkopfes erschienen wäre. Theoretisch war das ja, wie ich vorher gelesen hatte, durchaus möglich.

Jeder bekam aus dem Jenseits Ratschläge, die samt und sonders in der immer zutreffenden Formulierung von Horoskopen abgefasst waren. Zwischendurch stellten die Geister Fragen, und aus den Antworten der Gäste konnte das Medium wertvolle Hinweise für weitere Voraussagen ziehen. Nachdem innerhalb von fünfundzwanzig Minuten etwa zwei Dutzend *spirits* zu Wort gekommen waren, darunter auf Wunsch einer alten Dame der Geist ihres entflogenen Wellensittichs, stürzte Miss Roberts ein Glas Wasser hinunter und fiel aus der Trance. Wieder im Diesseits, sammelte sie die Bons ein und entschwand.

Aus allen Räumen quollen die Freunde des Jenseitsverkehrs, darunter auch der Mann mit der spukenden ersten Frau. Er verriet mir, er habe soeben Kontakt mit ihrem Geist bekommen und das Versprechen, nicht mehr in die zweite Ehe hineinzuspuken.

Trotz reichlich erschienener *spirits* war ich nicht so recht befriedigt und fragte die Dame an der Registrierkasse nach einer besonders lohnenden Sitzung. Sie empfahl mir den „Einführungsvortrag in die Selbstprojektion", der um sieben Uhr abends stattfand.

Der große Vortragssaal im ersten Stock der Spiritisten-Hochburg war bis auf den letzten Platz gefüllt. Etwa vierhundert Leute wollten hier erfahren, wie man das „Zweite Ich" woandershin wandern lassen kann. Das Publikum bestand zum überwiegenden Teil aus Damen aller Altersklassen. Beim weiblichen Geschlecht scheint der Wunsch, den Astralleib auf Abenteuer auszuschicken, besonders stark verbreitet zu sein.

Diese lebensechte Wiedergabe einer Geistersitzung im Hause Belgrave Square 33 zeigt den Verfasser, umgeben von den Astralköpfen einiger verblichener Vorfahren und dem Astralleib seines vor Kurzem verstorbenen Hundes. Die jenseitigen Erscheinungen waren allerdings nur für das Medium Ursula Roberts (stehend) sichtbar. Die Glaubwürdigkeit dieser Dame ist nicht anzuzweifeln, denn Engländerinnen sind viel zu arm an Fantasie, um etwas zu sehen, was es gar nicht gibt.

Der Selbstprojektionslehrer Mr. Gordon Turner war ein stämmiger, kerngesund aussehender Mann von etwa dreißig Jahren und behauptete, neunzig Prozent der Menschen seien bei gutem Willen und entsprechendem Training in der Lage, den Astralleib vom Fleischeskörper zu trennen. Um diese Behauptung zu untermauern, forderte er uns zu einem kleinen Experiment auf und rief: „Drücken Sie mit beiden Händen seitlich gegen Ihre Rippen ... schließen Sie die Augen ... atmen Sie ganz tief ein!" Wir atmeten tief und drückten.

Ich ließ die Augen noch etwas offen, um das gespenstische Bild aufzunehmen. Aber da traf mich ein vorwurfsvoller Blick Mr. Turners. Ich schloss die Augen und hörte seine Stimme kommandieren: „Bilden Sie sich jetzt ganz fest ein, Sie lägen in Ihrem Bett!" Das war gar nicht so einfach, denn ich saß zwischen zwei Damen eingekeilt. Mit einiger Mühe gelang es mir, sie wegzudenken. Aber schon kam der nächste Befehl des Astralleibtrainers: „Lassen Sie Ihren Astralleib langsam aufstehen ... sie sehen ihn deutlich ... er geht zur Tür ... die Treppe hinunter ... auf die Straße ... und nun sehen sie etwas Überraschendes ..."

Ich sah nichts Überraschendes, denn ich war vollauf damit beschäftigt, gleichzeitig im Bett, auf der Straße und im Vortragssaal der „Spiritual Association of Great Britain" anwesend zu sein.

Nach einer kleinen Spannungspause durften wir die Augen wieder öffnen und die Hände von den Rippen nehmen. Siegesgewiss rief Mr. Turner: „Wer mit seinem Astralleib bis auf die Straße gekommen ist, soll den Arm heben!" Vierhundert Arme gingen hoch.

Mr. Turner konnte mit dem Erfolg des Experiments zufrieden sein und erzählte nun, er habe es durch langjähriges Training so weit

gebracht, dass er mit seinem Astralleib Reisen in ferne Länder machen könne, ohne das Haus zu verlassen. Wenn das um sich greift,
sehe ich schwarz für den Fremdenverkehr. Mr. Turner riet uns, das
„zweite Ich" durch konzentrierte Meditation nach dem eben gezeigten Muster täglich ein paar Meter weiter zu schicken. Nach etwa vier

*Jeder normal entwickelte Mensch besitzt ein zweites „Ich", das nicht unbedingt ein
besseres zu sein braucht. Durch geistige Konzentration und anhaltende Meditation
kann man dieses zweite „Ich" aus sich herausgehen lassen. So lehrt es jedenfalls
Mr. Gordon Turner von der „Spiritistischen Gesellschaft Großbritanniens".*

Monaten könne man jede Entfernung überbrücken. Ein bestechender Gedanke.

Abschließend forderte Mr. Turner uns auf, Fragen zu stellen.

Eine vor mir sitzende Dame meldete sich. Und nun muss ich noch einmal ausdrücklich auf den vorhin niedergeschriebenen Satz hinweisen: Jedes Wort ist wahr.

Die Dame sagte: „Ich bin Hausfrau, habe Zwillinge und übe mich seit Jahren in Selbstprojektion. Wenn mein Astralleib abends von seinen Ausflügen durchs Fenster zurückkommt, ruft er albern: Hoppla, hier bin ich!" (Wörtlich sagte sie „Youpee, here I am!")

Und nun wollte die Dame wissen, wieso ihr Astralleib einen *sense of humour* habe, der ihr selber völlig abgehe. Niemals würde sie sich so aufführen, wie es ihr Astralleib allabendlich bei der Heimkehr tut.

Mr. Turner wies darauf hin, dass die weibliche Brust für zwei scharf getrennte Seelen eingerichtet sei. Die Dame solle sich ruhig weiter projizieren und damit abfinden, einen lustigen Astralleib neben einem ernst veranlagten irdischen Leib zu haben.

Mehrere Zuhörer berichteten von ihren Astralleib-Eskapaden. Ich kam zu der Überzeugung, dass diese Leute die Welt aus den Angeln heben könnten, wenn sie ihre Fähigkeiten praktisch anwenden würden. Etwa im Dienste der Spionage oder der Steuerfahndung. Wie aber bei einer Durchforschung des Geisterlebens in England immer wieder deutlich wird, können *ghosts*, *spirits* und *astral bodies* nur Unfug treiben. Sie schweben in fremde Schlafzimmer, erschrecken brave Bürger, reden dummes Zeug und schmeißen Geschirr kaputt.

Ich fragte Mr. Turner, ob die herumwandernden Astralleiber lebender Zeitgenossen auch für Nicht-Spiritisten sichtbar seien. Er sagte: „Nur im Dunkeln. Dann ist ein leichter, silbriger Schimmer zu erkennen."

Sollten meine Leserinnen nachts so etwas auf ihrem Bettrand sitzen sehen, kann es nur ein aus sich herausgegangener Engländer sein, der *self-projection* übt. Doch zur Beunruhigung ist kein Anlass, denn die Astralleiber können nicht aktiv werden. Das schwört Mr. Turner. Falls Sie trotzdem Schwierigkeiten haben, wenden Sie sich vertrauensvoll an die „Spiritual Association of Great Britain", Anschrift siehe oben. In dringenden Fällen die Telefonnummer Belgravia 3351 wählen.

Falls Sie dort einen Besuch machen, werden Sie sagen: „Der Schmidt hat untertrieben. Es ist ja noch viel, viel schlimmer."

Highlife für 80 Pfennige

.

Das Palace-Hotel in St. Moritz sieht aus wie eine Kreuzung aus Londoner Tower und bayerischem Neuschwanstein mit einem kräftigen Schuss Warenhaus der Jahrhundertwende. Es gibt kaum einen Stil, der bei der Erzeugung dieses Prachtbaues nicht geschändet worden wäre. Eine gigantische Stilbruchbude.

Zur Winterszeit verkehren hier die Titelhelden und Heldinnen der bundesdeutschen Wochenendpostillen mit- und untereinander, die Crème de la Crème, der oberste Abschaum der großen Welt. Was für eine Gesellschaft!

Ich habe dort nur wenige Stunden verbracht, aber in dieser kurzen Zeitspanne erlebte ich Großes: Der Autokönig Henry Ford II bat mich um einen kleinen Gefallen. Der Reeder-Milliardär Stavros Niarchos lachte herzlich über mich. Mein Arm berührte, wenn auch nur für Sekunden, die leidgeprüfte Tina Onassis, jetzige Lady Blandford. Bardot-Gatte Gunter Sachs drückte meine Hand und der Herzog von Marlborough seine Zigarette in meinem Aschenbecher aus. Kurz, ich wandelte auf dem, was man so die Höhen des Lebens nennt, will mich aber damit nicht brüsten. Denn jeder St.-Moritz-Besucher, der 80 Pfennige für einen Hauch Highlife zu investieren bereit ist, kann mit etwas Glück genau dasselbe erleben. Wie man das anstellt, kann ich Ihnen genau verraten: Sie gehen nachmittags gegen fünf Uhr sicheren Schrittes auf das Portal des Millionärssilos zu. Nicht erschrecken, wenn sich zwei besenbewehrte Pagen auf Sie stürzen! Die wollen Ihnen nur den Schnee von den Schuhen fegen. Trinkgeld wird nicht erwartet, gegebenenfalls aber genommen.

Die Portiersloge ist nicht größer, als Sie es von einem Kleinstadthotel gewohnt sind. Gehen Sie, falls Sie bescheiden gekleidet sind, mit einem freundlichen „Good evening!" als spleeniger Millionär durch und gleich links um die Ecke. Hinter einem Vorraum mit antiken Kunstwerken und einer modernen Personenwaage liegt die Garderobe, wo ein distinguierter fünfsprachiger Schwyzer gegen eine Gebühr von umgerechnet 80 Pfennigen Ihren Mantel in seine Obhut nimmt.

Und damit stehen Ihnen nun alle Räum- und Annehmlichkeiten des Luxus-Etablissements offen. (Von den Zimmern natürlich abgesehen, aber auch da soll es Grenzfälle geben.)

Als ich durch den schummrigen, mit dicken Teppichen ausgelegten Korridor von der Garderobe zur Halle wandelte, weiteten sich meine Augen. Vor mir schritt eine wohlproportionierte junge Dame (man könnte sogar „wohlpopotionierte" sagen), die nichts weiter anhatte als einen schmalen, mit Diamanten besetzten Gürtel und ein Paar Pelzstiefelchen. Selbst in einem Hotel, das der Blüte internationaler Playboys als winterliches Schmalwild-Jagdrevier dient, erschien mir das etwas eigenartig. Als ich dann aber meine Pupillen auf äußerste Schärfe einstellte, entpuppte sich der Rückenakt als eine Skihäsin in hautengem, rosafarbenem Spieldress.

Der Eindruck, den die bahnhofsgroße, von vielen Säulen getragene Hotelhalle auf den Neuling macht, ist überwältigend, ja, für sensible Menschen sogar umwerfend. An den Wänden hängen kostbare Gobelins, ölgemalte Alpenpanoramen, diverse „Heilige Familien", mit Herzen geschmückte Hirschgeweihe und viele mit feinster Komposterde gefüllte Sakralgefäße, aus denen Zierefeu in grünen Kaskaden herauswuchert. In Nischen über alten Truhen und Chorgestühl stehen barocke Heilige, bärtige Apostel und die Büste eines Papstes.

Inmitten dieser kultivierten Pracht saßen, standen oder flanierten die Großen dieser Erde, auf deren Unternehmen so sichtlicher Segen ruht.

Gebannt vom sinnverwirrenden Dekor blieb ich in einem engen Durchgang zwischen brokatbezogenen Sesseln und cocktailbestandenen Chippendaletischchen stehen. Da bat mich von hinten ein athletischer Herr, ihn vorbeizulassen. Ich tat ihm den Gefallen. Es war Henry Ford II. Damit wäre meine eingangs aufgestellte, märchenhaft klingende Behauptung bereits bewiesen.

Zu Füßen einer Säule ließ ich mich auf dem gelben Damast eines Kolonialstilsitzmöbels nieder, spitzte die Ohren und hörte mir an, was an den Nebentischen gesprochen wurde.

Es wurden vor allem Weltanschauungen diskutiert: Anhänger des Kunststoff-Skis bewiesen den Metall-Ski-Gläubigen wortreich die Überlegenheit ihres Materials, und umgekehrt. Auch die Abgründe, die zwischen Spikefahrern und Stollenreifen- oder gar Schneekettenbenutzern klaffen, wurden leidenschaftlich abgehandelt. Außerdem noch die Problemkreise „Nerz innen oder außen?" sowie „Acapulco oder Sardinien?". Gesprächsthemen, die schier unausschöpflich sind, zumal, wenn jeder seine eigenen Erfahrungen detailliert zum Besten gibt.

Wo auch immer in St. Moritz Menschen feinster Lebensart zusammenkommen, bilden deren Sorgen das Rückgrat jeder Unterhaltung.

Erst an zweiter Stelle kommt der Klatsch. Da wurde genüsslich besprochen, dass beim Reeder Stavros Niarchos, der vor wenigen Wochen eine um zweiunddreißig Lenze jüngere Ford-Tochter in den Hafen seiner vierten Ehe einschleppte, der Haussegen bereits schief hing. Der Herr über Millionen Bruttoregistertonnen musste mit der ehelichen Neuerwerbung ins „Palace" ziehen, weil seine vorige Gattin das St.-Moritzsche Niarchos-Chalet besetzt hielt. (Inzwischen hat er sich von der Automobilprinzessin wieder scheiden lassen und Nummer drei noch mal geehelicht.)

Eine junge Dame jener hier stark vertretenen Gattung, die in Fachkreisen als „Hermelinfloh" bezeichnet wird, bemerkte dazu: „Jedes Mal, wenn Niarchos wieder heiraten will, muss er einen Abszess vom Papst haben!"

Den soll er gern kriegen, auch wenn ein Dispens genügen würde.

Ein näselnder Beau warf ein: „Mit der Brieftasche kann er jedes Mädchen haben." Ich wollte mich nicht einmischen, hätte aber gern gesagt: „Ich kenne mindestens eine Dame, wenn nicht gar zwei, die Herr Niarchos nicht kriegen kann, aber ich!"

Das Hermelintierchen verkündete, es flöge am Wochenende zu einer Party nach New York und wäre am Montag wieder da. Dann erzählten die Leute von ihren Privatjets, ihren Hochseejachten und anderem Highlife-Zubehör. Angegeben wurde hier überhaupt nicht, die hatten das wirklich alles. Und noch einiges mehr.

Die musikalische Garnierung der Gespräche besorgte der in Schweizer Hotelhallen obligate Pianist durch dezente Wiedergabe von Charakterstücken wie „Petersburger Schlittenfahrt" und „Heinzelmännchens Wachtparade".

Die pompöse, im reinsten Stil der Jahrhundertwende gestaltete Halle des Palace-
Hotels von St. Moritz könnte man den „Saal der tausend Seitenblicke" nennen.
Herren und Damen von Welt drehen den Kopf keinesfalls zur Seite, wenn sie sehen

wollen, wer alles da ist, wer was wo trägt und wer wen seit wann mit sich führt. *In grundloser Vornehmheit wird das aus dem Augenwinkel erledigt.*

Nachdem ich mich bis zum Halse sattgehört hatte, machte ich einen Bummel durch die Nebenräume. In einer Seitengalerie hatte der New Yorker Juwelier Harry Wilson blitzende Kleinigkeiten in den Preislagen zwischen 50 000 und 250 000 Mark ausgestellt, mit denen die hier Erholung suchenden Meister des Geldmachens ihren Damen eventuell ein Lächeln auf die Züge zaubern konnten.

In der mit rustikalen Antiquitäten als Tessiner Bauernstube aufgemachten Kegelbahn verbreiteten knisternde Holzscheite eine warme Atmosphäre. Vor einem an der Wand hängenden eidgenössischen Hinterlader stand bewundernd ein sehr aparter Herr in betont formenden, lindgrünen Hosen, mit kurzem rosa Jäckchen und viel Schmuck an Handgelenk und Fingern.

Abends besuchte ich den hauseigenen Nachtklub, Treffpunkt der Jeunesse dorée, und stieß, wie kaum anders zu erwarten, auf Gunter Sachs. Er drückte mir die Hand und lud mich zu einem Whisky ein. Ich habe ihm nämlich mal eine Zeichnung gemacht, die er auf den Deckel eines massiv silbernen Zigarrenbehälters gravieren ließ und dem Baron Edmond de Rothschild schenkte. Wenn der Großbankier nach einer Zigarre greift, und das tut er oft, fällt sein Blick jedes Mal auf einen echten Schmidt, und damit auch ein bisschen Glanz auf mich.

Es war sehr voll im „Night-Club", und alle Einsitzenden hatten engste Tuchfühlung. Neben mir saß Tina Onassis, und für Sekunden lag mein Arm fest an dem ihren. Dann zog sie ihn aus unerklärlichen Gründen zurück. Als ich sie zum Tanz auffordern wollte, um später vor meinem Kollegen Loriot damit protzen zu können, brach die Gesellschaft auf. Im Weggehen drückte der Herzog von Marlborough noch schnell seine Zigarette in meinem Aschenbecher aus. Und Gunter Sachs lud mich ein, am nächsten Morgen um neun zum hochfeudalen Skeleton-Club von St. Moritz zu kommen.

Etwas benommen von meinen gesellschaftlichen Erfolgen saß ich vor dem Gratis-Whisky.

Auf den frei gewordenen Plätzen ließen sich einige reifere Italiener nieder, begleitet von todschicken Bedarfsweckerinnen. Die Südländer sahen aus wie die Nachtklubbesitzer in amerikanischen Gangsterfilmen und gehörten dem Mailänder Geldadel an, der in seinen farbigsten Exemplaren auf dem Parkett des Palace-Hotels zu Hause ist. Die mitgeführten Damen schienen mir dagegen zu jener Kategorie von Luxusbienen zu gehören, die allein (und zunächst auf eigene Rechnung) nach St. Moritz fahren, um dort auf die Piste zu gehen. Manchen Hoteliers gehen die bunten Zugvögel etwas gegen den Strich, aber der Ort lebt nun mal vom Fremdenverkehr.

Auf der Tanzfläche gab sich der Jetset und was so dran herumhängt einem neuen Tanz hin: Er besteht aus kurz abgehackten, kellnerhaften Verbeugungen, grotesken Sprüngen, hektischen Zuckungen und einer Art Schattenboxen. Das Ganze ist sozusagen eine choreografische Übersetzung des Highlife. Meine italienischen Tischgenossen hopsten herum wie die Wilden, bis ihre Köpfe immer mehr den Tomaten der Handelsklasse drei ähnelten.

Die meisten Damen trugen kostbare und glanzvolle Abendhosen, oft edelsteinbesetzt und stets ganz stramm anliegend. Als der nächste Tanz begann, machte ich eine seltsame Beobachtung: Während alle anderen Damen beim Aufstehen an ihre Kehrseite griffen und mit geschickten Fingern ganz schnell die bekannte nach *unten* ziehende

Bewegung machten, fasste eine juwelenbehängte Amerikanerin an ihre hauteng verpackten hinteren Rundungen und zog sie nach *oben*. Das hatte ich noch nie gesehen. Mein ortskundiger Nachbar klärte mich auf, dass die Abendhosenmode der Plastikindustrie ein ganz neues, weites Feld eröffnete: Sie stellt für hinten minderbemittelte Damen wohlgeformte Schaumgummipopos her, die nur den einen Nachteil haben, dass man sie beim Aufstehen etwas zurechtrücken muss. Ich mochte es kaum glauben, traute mich andererseits aber nicht, die Auskunft durch Hineinkneifen in eine der rückwärtigen Haftschalen zu überprüfen. Der Schmuck, den die Dame am Halse trug, war jedenfalls echt.

In St. Moritz wurden bereits viele Tausende solcher körperbildenden Accessoires verkauft. Wie oft mag es da schon vor dem Einschlafen ein böses Erwachen gegeben haben!

Die Lust am Betrachten des Nachtlebens war mir vergangen, ich verzichtete auf den Besuch des im Keller liegenden King's Club und holte meinen Mantel aus der Garderobe. Für die achtzig Pfennige hatte man mir wirklich genug geboten. Mit einem leutseligen „Good night!" segelte ich am Portier vorbei, trat sicheren Schritts in die klirrende Winternacht hinaus und fiel der Länge nach über die straff gespannte Leine eines von Pagenhand geleiteten Luxusköters in den Schnee. In diesem Augenblick legte der gewaltige Cadillac des Herrn der Meere, Stavros Spyros Niarchos, lautlos am „Palace" an. Der Milliardär stieg aus und lachte herzlich über die urkomische Szene. Seine momentane Gattin, geborene Ford, tat dasselbe. Zwei unvorstellbar große Vermögen lachten mich an. Welch ein gelungener Abend!

Um die tiefen Eindrücke der unvergesslichen Stunden zu verkraften, machte ich noch einen kleinen Bummel durch das mondänste Dorf der Welt. In den verschneiten Gassen wanderten Mäntel aus Breitschwanz, Nerz und allen anderen Edelfellen, die der liebe Herrgott für die von ihm Bevorzugten wachsen lässt, von Nachtklub zu Nachtklub.

Ich blieb draußen und verharrte andächtig vor der Statue des laut Inschrift gegen Hochwasser besonders wirksamen Ortsheiligen Sankt Mauritius, zu Deutsch Moritz. Die Skulptur wurde gestiftet von Madame Rothschild.

St. Moritz stinkt vor Geld.

Nachts hatte ich einen aufregenden Traum: Stavros Niarchos schenkte mir zum Dank dafür, dass ich ihn zum Lachen gebracht hatte, die Dreitausend-Tonnen-Luxusjacht „Tina Onassis" nebst sechsstelligem Scheck und sagte: „Nun müssen Sie unseren Lebensstil bis zum Schluss mitmachen!"

Schreiend und mit Angstschweiß auf der Stirn erwachte ich.

Am frühen Morgen machte ich mich auf den Weg zum exklusiven „Sankt-Moritz-Skeleton-Club", dessen hochmodernes Domizil am Hang der klubeigenen „Cresta"-Rodelbahn steht.

Im Vollgefühl meiner guten Beziehungen zu Gunter Sachs öffnete ich die Tür mit der Aufschrift: „Nur für Mitglieder!" Dahinter saßen an einer Bar drei Jünglinge, fast noch Jüngelchen, in ausgeweiteten Pullovern und abgewetzten Hosen. Ich hielt sie für niedere Klubbedienstete, die sich hier vor dem Eintreffen der Prominenz stärkten. Einer der Knaben musterte mich misstrauisch und zeigte dann wortlos auf ein Schild, das hinter mir an der Wand hing: „Gäste dürfen sich nur in Begleitung der sie einführenden lebenslänglichen Mitglieder hier aufhalten."

Aber da kam der Bardot-Eroberer schon herein und machte mich mit den Jünglingen bekannt. Der erste war Herr von Opel, der zweite Herr Onassis junior, und der dritte trug den weltweit bekannten Namen meines Kühlschranks.

Wäre auch nur ein Prozent der an diesen Händen klebenden Vermögen beim Händedruck an mir hängengeblieben, hätte ich es nicht mehr nötig, über jeden Unfug einen Bericht zu schreiben. Nachdem die Herren sich gegenseitig mitgeteilt hatten, wann sie heute früh ins Bett gekommen waren, gingen sie in den Umkleideraum und kamen wenig später als Marsmenschen wieder heraus: Sturzhelme, Kinnschützer, Lederbandagen, mit Eisenplatten abgedeckte Handschuhe und metallbeschlagene Fußspitzen.

Dann sausten die Erben großer Namen und noch größerer Vermögen mit hundertzwanzig Sachen zu Tal, auf dem Bauche liegend, den Kopf voran und unter den Klängen eines Klavierkonzerts von Tschaikowsky, das aus den Pistenlautsprechern dröhnte.

Als Gunter „Sexy" Sachs seinen Schlitten mit Anlauf besprang, schlug vielen Damen das Herz höher. Rund fünfzig Sekunden dauert die rasende Fahrt, dann nimmt ein Klub-Auto den Schlitten nebst Rennsportler an der Talstation auf und transportiert ihn in viertelstündiger Fahrt wieder nach oben. Jeder Fahrer donnert im Laufe eines Vormittags dreimal die Bahn hinunter, treibt also insgesamt 150 Sekunden bzw. zweieinhalb Minuten lang Sport. In der übrigen Zeit wird die Sache gründlich durchgesprochen.

Als man mir anbot, selber mal einen Skeleton zu bespringen, fühlte ich mich sehr geehrt, habe mich aber still verdrückt. Mit mir ist man schon genug Schlitten gefahren.

Mein Bedarf an Highlife war gedeckt. Am frühen Nachmittag ließ ich den Treffpunkt der Welt, in der man sich langweilt, hinter mir.

Der Gerechtigkeit halber muss ich wohl noch erwähnen, dass St. Moritz eines der schönsten Skigelände Europas hat. Aber das weiß ja jeder.

Im nahen Örtchen Tarasp kehrte ich in einem Gasthof ein, weil draußen ein großes Schild hing: „Täglich frische Berliner!" Ich hoffte auf echte Fröhlichkeit, es handelte sich aber nur um die bekannten Pfannkuchen.

Demjenigen Leser, deren Brust trotz dieses Berichts noch von Sehnsucht nach „Highlife" bewegt wird, drücke ich mein tiefempfundenes Beileid aus.

Wo die Mozartkugel rollt

In Salzburgs berühmtem Café Tomaselli traf ich ein Aufnahmeteam des französischen Fernsehens. Es hatte den Auftrag, einen Film über das neue Festspielhaus zu drehen. Weil aber Herr von Karajan künstlerische Bedenken hatte, durften die Franzosen nicht hinein. (Sie hätten drinnen auch sehr gestört, denn dort drehte bereits eine amerikanische Filmgesellschaft, die mit vielen harten Dollars die künstlerischen Bedenken beseitigt hatte.)

Trotz dieser widrigen Umstände waren die französischen Fernsehleute bester Laune. Sie hatten soeben ein Telegramm von ihren Auftraggebern aus Paris bekommen:

keine aufnahmen von festspielen stop dreht film
über salzburg denn mozart kann nichts dafür

Salzburg ist nicht nur der Geburtsort Mozarts, des bescheidensten, liebenswertesten und geschäftsuntüchtigsten Musikers der Welt, Salzburg ist auch der Geburtsort Karajans. Dazwischen liegen mit Recht zwei Jahrhunderte.

Mozarts Geburtshaus steht in der Getreidegasse, der Hauptfremdenverkehrsader Salzburgs. Als ich die Treppe zum Mozartmuseum hinaufging, fiel mir als Erstes ein großes Schild ins Auge. Es könnte als Leitmotiv über den ganzen Festspielen stehen: ZUR KASSE!

Im ersten Raum lag ein dickes Buch mit angekettetem Bleistift. Hier konnte man seinen Namen mit einer Spende eintragen. Das Geld

soll dazu dienen, in aller Welt verstreute Mozart-Handschriften zu-
rückzukaufen. Die Preise dieser Handschriften steigen ständig, weil
Sammler sie wie Aktien kaufen. Kenner behaupten, Mozart sei noch
besser als Daimler-Benz, wenn er auch an den Börsen vorläufig noch
nicht notiert wird.

In einem kleinen, fensterlosen Raum hing ein viersprachiges, ba-
rockverziertes Schild an der Wand:

Hier stand Mozarts Wiege

Mozarts cradle stood here

C'est ici q'était le berceau de Mozart

Qui stava la culla di Mozart

Davor stand ein Amerikaner mit einem einheimischen Fremdenführer und ließ sich erzählen, dass Mozart von seiner Musik kaum
leben konnte und in einem Armengrab, dessen Lage unbekannt ist,
begraben wurde. Der Amerikaner war ehrlich erschüttert und sagte:
„That's what we call bad management – his music was very good - he
didn't know how to sell it!"

Er sagte also, dass Mozart nichts weiter fehlte als ein guter Manager. Dieser Mangel ist inzwischen gründlich behoben, denn heute
kümmern sich die besten Manager der Welt um Mozart. Von Her-
bert von Karajan, dem mehrfachen europäischen Meister im Stab-
hochschwung (er erzielte höchste Preise in Wien, Berlin, Mailand,
Salzburg usw.), bis zu den Andenkenindustriellen ist man fleißig be-
müht, Mozarts klingendes Erbe in noch schöner klingende Münze
umzusetzen.

Wie geschickt die Salzburger Geschäftsleute die barocken Schätze der Stadt für Werbezwecke zu nutzen wissen, beweist das Wäschegeschäft im alten Rathaus. Die goldenen Waagschalen der Justitia weisen deutlich auf die Artikel des Geschäftes hin.

Als ich das Mozarthaus verließ, zog in festem Schritt und Tritt eine rheinische Touristengesellschaft vorbei. In Dreiergruppen untergehakt, sangen sie slibowitzbeflügelt das schöne Lied: „Und dann kam die böse Schwiegermamama, Schwiegermamama", das nachweislich nicht von Mozart ist, aber sehr stimmungsfördernd.

In ganz Salzburg floriert der Handel mit Mozartkugeln, einem bodenständigen Spezialkonfekt, das in vielerlei Verpackung angeboten wird. Sogar in Form eines Buches, das eine Mozartbiographie vorspiegelt. Außerdem gibt es: Mozartköpfe aus Eisendraht, Mozartköpfe auf Zigarren- oder Nähkästen (mit Musik), Mozartköpfe auf Tellern, Mozartköpfe in Wachs und als tönende Ansichtskarte. Mozart ist also unvergessen. Der einzige, der ihn völlig vergaß, ist der Architekt des neuen 45-Millionen-Mark-Festspielhauses. Er baute eine Breitwandbühne, ideal für Broadway-Revuen, die aber hier meines Wissens vorläufig nicht aufgeführt werden sollen. Die technischen Möglichkeiten sind unbegrenzt. Die Apparate und Maschinen kosteten viele Millionen, sind aber so kompliziert, dass man von ihrer Benutzung vorläufig absehen will.

Die aus aller Welt herbeigeeilten Mozartfreunde können in Salzburg einen luxuriösen 160-seitigen Bildband erwerben, dem der künstlerisch interessierte Mensch Einzelheiten über das neue, in einen Felsen hineingesprengte Festspielhaus entnehmen kann. Wem verschlägt es nicht den Atem, wenn er auf Seite 180 liest:

Bei verhältnismäßig großen Ladungen von bis zu 100 kg brisantem Sprengstoff konnte ein Tagesdurchschnitt von 200 Kubikmetern festem Gestein erreicht werden, ohne nennenswerten Schaden anzurichten. Zu den Sprengzeiten wurde in den anliegenden Straßen ein Halteverbot für Kraftfahrzeuge erlassen.

Wo fangen nennenswerte Schäden an, wenn es sich um den Bau eines Opernhauses handelt, wo es auf der Bühne bekanntlich immer einige Tote gibt? Die Salzburger Bühne ist eine der perfektesten der Welt. Das wird auch dem Laien klar, wenn er in dem Festspielhaus-Prachtband liest:

Insgesamt stehen im Mittelbereich 77 Prospektzüge mit je 18 Metern langen Laststangen und einer Tragkraft von je 350 kg zur Verfügung. Beiderseits ans Mittelfeld anschließend sind je weitere 10 Dekorationszüge mit verkürzten Laststangen zu je 150 bzw. 200 kg Tragkraft angeordnet, außerdem je 3 Panorama- und 4 Punktzüge zum Heben von Einzellasten.

Der diskrete Abtransport etwaiger launenhafter Koloratursopranistinnen ist also gewährleistet. Notfalls steht noch eine ganze Reihe von Versenkungen zur Verfügung.

Die Bühnenmaschinerie besteht aus 87 Motoren mit einer Gesamtleistung von 430 kW, 43 Hilfsmotoren, 270 Endschaltern, 450 Relais, 72 000 Metern Leitungen, 17 000 Metern Schutzrohren und 14 000 Metern Kabel.

Wenn ich als Sänger auf dieser Bühne stünde, bliebe mir angesichts einer solchen Festspielmaschine jeder Ton im Halse stecken. Aber dafür gibt es spezielle Tonapparaturen, deren Funktionieren auf Seite 139 allgemein verständlich erklärt wird:

Um das akustische Bühnengeschehen oder einzelne bestimmte Modulationsquellen mit einem Nachhalleffekt zu versehen, ist eine Laufzeitanlage eingebaut. Der Halleffekt wird so erzeugt, dass die auf dem Band über einen Sprechkopf aufgezeichnete Information nacheinander von acht Köpfen auf vier Wiedergabekanäle geleitet wird.

Und das Ganze fing mit Mozarts kleinem Tafelklavier an!

Alle diese komplizierten Apparate und Maschinen unterstehen dem künstlerischen Leiter Karajan. (Sein Name wird übrigens von Laien immer wieder mit Kalanag verwechselt, dessen Show-Business aber auf einem anderen Sektor liegt, wenn sich auch manche Tricks ähneln.)

Karajans Starfoto wird von vielen Salzburger Geschäftsinhabern als eine Art Fetisch für gute Einnahmen ins Schaufenster gestellt. Ich sah sein Bild in einem Antiquitätenladen neben Armleuchtern und in einem Sportgeschäft neben aufgeblasenen Luftmatratzen. Diese kostenlose Nutznießung seines Kopfes und die Tatsache, dass viele naive Passanten, auf das Bild zeigend, ausriefen: „Sieh mal, der Paul Henckels!", sind wahrscheinlich schuld an Karajans Abneigung gegen Bildreporter.

Im Gegensatz zu Karajan ist die Presseabteilung der Salzburger Festspiele die pressefreundlichste und liebenswürdigste, die ich je erlebte. Einige hübsche und charmante Damen versuchen dort, an den Journalisten gutzumachen, was höheren Ortes gesündigt wurde. (Nicht etwa umgekehrt!) Ich bekam eine auf Büttenpapier gedruckte, mit einem alten Stich gezierte Einladung zum Gala-Empfang auf dem Barockschloss Klessheim. Neben dem Vermerk „Frack, Orden" (ich besitze nur einen Faschingsorden, und den hatte ich nicht bei mir) stand folgende Bitte: „Die Gäste werden gebeten, sich tunlichst auf alle Empfangsräume des Schlosses, vor allem zu ebener Erde, verteilen zu wollen."

Dieser Satz machte mich stutzig. Sollte Karajan auf ebenerdiger Begrüßung durch die Gäste bestanden haben? Gewundert hätte es mich nicht, es traf aber nicht zu.

Vor der Auffahrtsrampe des im Lichterglanz liegenden Schlosses spielte eine Militärkapelle mit Pauken und Trompeten liebevoll Mozart. Dazu gab die Polizei über Lautsprecher Anweisungen an die vorfahrenden Wagen.

In den Empfangsräumen des Schlosses waren die Österreicher in der Überzahl. Man merkte es daran, dass an dem kalten Büfett nicht gedrängelt wurde, obgleich es von einmaligem Luxus war. Jeder wollte jedem den Vortritt lassen. Des „Bitt schön, nach Ihnen!" war kein Ende.

Der Typ des berühmten Grafen Bobby war in vielfacher und charmanter Ausfertigung vertreten. Dazu viele österreichische Minister mit rot-weiß-roten Ordensschärpen. Die meisten von ihnen sahen aus wie gemütliche Heurigenwirte, und alle trugen den Bauch da, wo er hingehört: ziemlich weit unten.

Die vielen anwesenden Hofräte schienen einem Sissi-Film entstiegen zu sein. Auch schöne Sissis waren reichlich vorhanden. Und dazwischen wanderte ohne viel Aufhebens der österreichische Bundespräsident herum mit einem Glas Gumpoldskirchner in der Hand. Es war ein zauberhafter Abend, der schlagend die Behauptung widerlegte, die Österreicher seien Deutsche.

Am Abend darauf fuhren die überschweren Wagen mit bundesdeutschen Nummern am Festspielhaus vor. Da kam der Straßenkreuzer eines Schlagerkomponisten, der mit drei bei Mozart geklauten Takten ein Vermögen gemacht hatte. Und ein Münchener Textilhändler mit einem gewaltigen, diamantenblitzenden Orden am Halse und einer ebensolchen Dame am Arm. Die Auffahrt zog sich endlos lange hin, weil nur vor einer der vier Eingangstüren eine Fernsehkamera stand und sich viele Festspielgäste weigerten, vor den anderen Türen auszusteigen, obgleich ihnen dort schon der Wagenschlag geöffnet wurde.

Ein harter Schlag für die Garderobenfrauen war das schöne Wetter: Nur ganz wenige hatten was abzugeben. Ein harter Schlag für viele Gäste war das Innere des Festspielhauses. Doch darüber lässt sich streiten, und das will ich nicht, weil ich von der Presseabteilung die letzte verfügbare Premierenkarte als Geschenk überreicht bekam. Diese Karte kostete normal den gesalzenen Preis von 167 DM. Hoffentlich macht Karajan der Presseabteilung wegen dieses Geschenks keine Vorwürfe. In Salzburg kümmert sich nämlich, soweit ich das übersehen konnte, der künstlerische Leiter vor allem um Kasse und Technik, während sich der technische Leiter wahrscheinlich um die Kunst kümmert.

Als ich meinen Platz aufsuchte, konnte ich hocherfreut feststellen, dass man gründliche Beleuchtungsproben veranstaltet hatte: Die oberen Hälften der Rückenlehnenbezüge, die von den hochgeklappten Sitzen nicht bedeckt wurden, waren bereits am Premierentag verschossen. Erst vor wenigen Stunden war das Haus vom Bundespräsidenten seiner Bestimmung übergeben worden. Ein Minister hatte sich in seiner Ansprache bedankt beim „Steuerzahler, der draußen blieb, aber die Mittel für den Prachtbau erstellte". Das ist der Steuerzahler ja gewohnt.

Dann hob Karajan den Taktstock. Über die Aufführung will ich nicht weiter reden, denn in Salzburg waren über achthundert internationale Musik- und Theaterkritiker akkreditiert, deren nur ganz leicht voneinander abweichende Meinung bis ins letzte Provinzblatt drang.

Für die meisten Besucher war die Pause das Wichtigste. Für die Pausen hatten die Damen sich hergerichtet, Friseusen und Schneider an den Rand des Nervenzusammenbruchs gebracht und sich den Totalinhalt ihrer Schmuckkassetten umgehängt.

Ein riesiges Fenster geht vom ebenerdigen Foyer direkt auf die Straße. Nur durch eine Scheibe getrennt, kann das einfache Volk Anteil nehmen. An der Wand hängt ein Metallrelief mit dem Titel: „Huldigung an Anton von Webern." Von der Decke strahlt ein Beleuchtungskörper, den man in anderer Umgebung für einen Satz elektrischer Kaffeemühlen halten würde.

Viele Wirtschaftswunderkinder hatten die hohen und nicht absetzbaren Reisespesen nicht gescheut. Ihr Idol stand leibhaftig neben mir an der Bar: Ludwig Erhard. Er lächelte mich freundlich an, denn er kannte mich nicht. Der Ruhm dieses Mannes ist so gewaltig, dass selbst Curd Jürgens, der einige Meter weiter stand, weniger Beachtung fand. Nur der bis zum Äußersten dekolletierte Rücken von Curds schöner Gattin erregte noch größeres Interesse als Erhard. Die Pause war den meisten Gästen viel zu kurz, aber die Pflicht rief sie wieder in den Zuschauerraum.

Nach der Vorstellung besuchte ich noch eine Bar, die speziell für die Snobs eingerichtet wurde, denn als Lampen dienten Kuhglocken, und die Wände waren mit allem Zubehör der Rindviehhaltung dekoriert. Jeder Snob hatte sich irgendeinen schönen Satz mitgebracht, um ihn kennerhaft ins Gespräch zu werfen. Ich hörte: „Die Partitur verlangt eine Es-Klarinette!" – „Im fünften Takt fehlte die Zäsur!" und „Wie herrlich stand das dreigestrichene C im Raum!"

Nach fünf Minuten hatte ich die Nase gestrichen voll und das Gefühl, im falschen Raum zu stehen.

In einer kleinen Weinstube habe ich den Abend beschlossen, im Kreise von Dienstmännern, Bühnenarbeitern, Komparsen und biederen Salzburgern, für die eine Eintrittskarte zu ihren ureigenen Festspielen unerschwinglich war. Auch hier wurde die Aufführung besprochen, aber mit bedeutend mehr Liebe und Sachverstand als in der feinen Bar.

Am nächsten Morgen fuhr ich hinauf zur „Hohensalzburg". Die trutzige Festung wurde erbaut vom streitbaren Erzbischof Leonhard, dessen Wappen eine Rübe im schwarzen Felde war. Die heraldische Bedeutung der Rübe ist mir nicht ganz klar, aber Seine Eminenz werden schon ihre Gründe gehabt haben.

Ich schloss mich einer Gruppenführung an und erfuhr in der Folterkammer zwischen Daumenschrauben, Halseisen, Streckvorrichtungen und anderen Marterwerkzeugen, was Salzburgs Fürsterzbischöfe hier mit ihren politischen Gegnern trieben. Als der Kastellan das Funktionieren der bis auf siebzig Grad heizbaren „Geständniskammer" liebevoll erklärte, war ich nahe daran, unsere heutigen Politiker liebzugewinnen. Aber wer weiß, was die noch vorhaben.

In der Folterkammer hing auch die berühmte „Schandgeige", ein geigenförmiges Brett, in das Kopf, Hände und Füße des Delinquenten hineingesteckt und auf engstem Raume zusammengeschlossen wurden. Der Name dieses Instrumentes ist ein Beweis mehr dafür, dass ganz Salzburg voll Musik ist. Nach Besichtigung der Festung wurde die Touristengruppe vom Kastellan entlassen, musste aber noch an einer Tür vorbei, vor der ein alter Mann im weißen Kittel stand und mit markiger Stimme rief: „Kommen Sie näher! Treten Sie herein! Sie werden hochbefriedigt sein!"

Das wollte ich schon immer mal. Ich zahlte den Gegenwert von zwanzig Pfennigen und befand mich im Museum des Leibregimentes Erzherzog sowieso.

Die Pausen sind für viele Festspielbesucher das Wichtigste. Da kann man zeigen, was man hat und was man darstellt. Ein riesiges Fenster geht vom ebenerdigen Foyer direkt auf die Straße. Nur durch eine Scheibe getrennt, kann das einfache Volk am festlichen Geschehen teilnehmen. (Unter der Decke hängt nicht etwa ein Kranz elektrischer Kaffeemühlen, sondern ein moderner Beleuchtungskörper.)

Wer sich nicht fürchtet, Schaden an seiner Wehrfreude zu nehmen, sollte dieses Museum unbedingt besuchen. Im ersten Raum
hing ein Ding, das sah aus wie ein riesiger Fahrplan der Bundesbahn.

ÖSTERREICH

Es war ein „Verzeichnis der Kampfhandlungen, Treffen, Gefechte, Schlachten, Stürme und Belagerungen unseres Regiments seit 1862". Die Schlachtenbuchführung überlebte alle Zusammenbrüche. Gegenüber stand eine Kommode, die wahrscheinlich von unteren Dienstgraden in mühevoller Kleinarbeit für einen hohen Vorgesetzten gebastelt wurde: Sie bestand ausschließlich aus zusammengeleimten Gewehrteilen. Es gehörte sicher einiger Mut dazu, ein Schubfach dieses waffenstarrenden Möbels aufzuziehen. Etwas weiter stand ein großer, verglaster Schrank mit der Aufschrift „Feindliche Kopfbedeckungen". Klarer ist wohl noch nie gesagt worden, dass erst die Kopfbedeckung den Feind ausmacht, ja, praktisch überhaupt der Feind ist. Vor diesem Schrank voller Tschakos, Käppis, Mützen und Helmen konnte den unbefangenen Beschauer das Gefühl überkommen, dass die Soldaten des Ersten Weltkriegs nur darauf aus waren, sich gegenseitig die Mütze oder den Helm vom Kopf zu stibitzen.

Sauber gerahmt hingen die Heldentaten des Regiments an den Wänden. Da mir von Pathos immer schlecht wird, musste ich bald gehen.

In den barocke Fröhlichkeit ausstrahlenden Gassen Salzburgs erholte ich mich wieder. An einem sogenannten „Durchhaus", also einem Haus, durch dessen Toreinfahrt man über malerische Höfe und Hinterhöfe in die Parallelstraße gelangen kann, fand ich dieses besonders hübsche Schild:

Durchgang verboten! – Bis auf Widerruf freiwillig gestattet!

Ich glaube kaum, dass außerhalb Österreichs ein so geschickter Kompromiss aus Verbot und Erlaubnis möglich ist.

Am Abend sah ich mir auf dem Domplatz den „Jedermann" an, das „Spiel vom Sterben des reichen Mannes". Auf den schlichten Holzbänken unter freiem Himmel saßen viele reiche Männer mit ihren Gattinnen, manche aber auch mit Dienstreisegefährtinnen, die schamhaft die Augen niederschlugen, wenn auf der Bühne von der „Buhlschaft" die Rede war. Als der klassische Satz über den Domplatz tönte: „Ja, das weiß Gott, viel Geld macht klug!", strahlten viele Zuschauer, und man sah ihnen an, dass es ihnen in den Händen juckte. Nur mühsam verkniffen sie sich ostentatives Beifallklatschen. Und als der „Jedermann" verkündete: „Da ist kein Ding zu hoch noch fest, das sich um Geld nicht kaufen lässt!", spielte ein wissendes Lächeln um so manchen Mundwinkel.

Bevor der reiche Mann auf dem Schaugerüst ins Grab sank, fielen allerdings noch einige harte Worte über die charakterverderbenden Eigenschaften des Geldes. Aber im Publikum fühlte sich niemand betroffen.

Die barock-heitere Atmosphäre Salzburgs erstickt alle traurigen Gedanken bereits im Keim. Die Mozartstadt ist einer der schönsten Orte der Welt, in der Hochsaison allerdings nur bis zehn Uhr morgens. Dann donnern von allen Seiten die Touristen-Omnibusse heran und entleeren sich auf den Residenzplatz, wo die Fremden zunächst die Postkartenläden und dann das fahrbare Postamt stürmen, um sich den Sonderstempel aufdrücken zu lassen. Und dann drängt eine mozartkugelkauende Menge, wild um sich herum fotografierend, durch die Sehenswürdigkeiten, bis die Omnibusse die Abschiedsstunde hupen und, am Glockenspiel vorbeidonnernd, ihre fröhliche Fracht in den grauen Alltag zurücktransportieren.

Bleibt Wien Wien?

Der für eine gute Pointe zu allem bereite Alfred Polgar hat den hinterlistig vergifteten Satz geprägt: „Wien bleibt Wien – und das ist wohl das Schlimmste, was man über diese Stadt sagen kann." Als Wiener konnte er sich das erlauben.

Nun hat der Fortschritt (oder das, was man dafür hält) natürlich auch vor Wien nicht haltgemacht. Der kontaktfreudige Taxichauffeur, der mich an einem schönen Frühsommerabend nach Grinzing hinauffuhr, klagte: „Wien ist nicht mehr Wien! Die schönen alten Kaffeehäuser werden eines nach dem anderen zu Bankfilialen oder Waschsalons umgebaut. Und beim Heurigen singen die deutschen Touristen mit rheinischen Karnevalsliedern unsere Schrammeln an die Wand! Es ist zum Weinen ..."

Er sagte das natürlich auf Wienerisch, also in einer Sprache, deren weiche, ziehende, buchstabenverschluckende Schönheit nur schwer in Druckschrift wiederzugeben ist.

Vor einem alten Mietshaus verlangsamte der motorisierte Fiaker die Fahrt und zeigte auf die Fenster des ersten Stocks: „Dort oben wohnte der Föder, der das Lied „Im Erdberg steht a Häuserl" geschrieben hat. Nun ist auch er tot ..."

Lied und Autor waren mir völlig unbekannt. Trotzdem legte ich eine andächtige Schweigeminute ein, um die verblichene Lokalberühmtheit zu ehren.

Als ich unter dem Schild „19. Himmelsstraße" im Zentrum des malerischen Weindorfes Grinzing ausstieg, quoll urwienerische Schrammelmusik aus den rebenumrankten Höfen, in denen die Winzer ihren Eigenbau ausschenken. Gaslaternen und Windlichter tauchten die gelbgetönten Häuser in ein warmes, romantisches Licht. Mitten in das anheimelnde Bild knallten unter blühenden Kastanienbäumen zwei grellweiß leuchtende Reklamen. Ihr alles überstrahlendes „Herren und Damen" warb für eine unterirdisch angelegte kommunale Einrichtung.

Am tiefblauen Nachthimmel hing ein ebenso weiß strahlender Mond und trug ein Zifferblatt. Es war die von innen kräftig erleuchtete Kirchturmuhr.

Aufs Geratewohl ging ich in den nächstbesten Weinbauernhof. Da saßen die Leute dicht an dicht auf rohgezimmerten Bänken in Grinzing beim Wein und sangen aus voller Kehle, dass sie wiederamal in Grinzing beim Wein, beim Wein, beim Wein sein möchten.

Die ihr Trachtenmieder fast sprengende Kellnerin trug auf dem linken Busen das Namensschildchen „Hedi". Wie der rechte hieß, wagte ich nicht zu fragen. Sie brachte ein Viertel Heurigen und legte dazu ein Stückchen Papier mit dem Aufdruck „Musikschutz" auf den Tisch. Sollte man sich daraus etwa zwei Kügelchen drehen und in die Ohren stopfen? Nein. Kleingedruckt stand auf dem Zettel zu lesen: „Lustbarkeits- und Kriegsopferabgabe 2 Schilling." Eine für das österreichische Gemüt typische Mischung aus Heiterem und Makaberem.

Ein Schild an der Hauswand ließ auf bacchantische Lustbarkeit hoffen: „Für abhandengekommene Kleidungsstücke wird keine

Haftung übernommen." Vorläufig ging es jedoch noch sehr gesittet zu.

Die mit Gitarre, Geige und Harmonika von Tisch zu Tisch wandernden Schrammeln zupften, strichen und quetschten die so zu Herzen gehenden Wiener Lieder, in denen immer wieder vom Himmel, vom Herrgott und vom Sterben die Rede ist. Daneben wurden aber auch die Wiener Madeln, Fiaker, Rebläuse und Dienstmänner eifrig besungen.

Ich ging ins Haus, um mir am Büfett etwas Essbares zu holen. Das ist hier so üblich, die Kellnerinnen bringen nur den Wein und sind damit voll ausgelastet. Vor der mit Wurst, Käse, Braten und Salaten beladenen Theke stand ein Japaner, blätterte in seinem Taschenlexikon und sagte zur etwas verdutzten Wirtin: „Schwein!" Er wollte ein Kotelett.

Neben der Preistafel hing schön gerahmt das Bild eines Mannes im Zylinder, darunter der Text: „Dem Gedenken einer unvergänglichen Wiener Spezialität: Jos. Bratfisch." Ich verlangte eine Portion, musste aber erfahren, dass Josef Bratfisch der kaiserliche Leibfiaker war.

Eine deutsche Reisegesellschaft intonierte das schöne Heimatlied „Wer soll das bezahlen, wer hat das bestellt." Die Schrammeln versuchten, sich mit „Drunt in der Lobau" dagegen durchzusetzen, mussten aber aufgeben. Als dann nach den Volksweisen „Warum ist es am Rhein so schön?" und „Humba, Humba, Täterä" auch noch der Marschgesang „O du schöner Westerwald" die ostmärkischen Rebstöcke erzittern ließ, räumte ich das Feld.

Der Weinbauer nebenan hatte offensichtlich ein Abkommen mit einem italienischen Reiseunternehmen. Vor dem Hoftor standen drei

Omnibusse aus Mailand, und aus dem Garten drangen geschrammelte Canzones: „O mia bella Napoli", „Santa Lucia" und „Arrivederci Roma". Auch das schlug mich in die Flucht.

Am Hause Beethovens, in dem sich heute ein besonders beliebtes Heurigenlokal befindet, hängt eine marmorne Gedenktafel:

In diesem Hause wohnte Ludwig van Beethoven
im Jahre 1817
Gewidmet von Betty Gruber geb. Konradt

Frau Gruber stiftete die Tafel erst vor Kurzem, um sich in den Nachruhm des Meisters hineinzumogeln und mit ihm unvergessen zu bleiben.

Bei den Klängen der Mondscheinsonate „Wenn ich mit meinem Dackel von Grinzing heimwärts wackel" (nicht von Beethoven) leerte ich ein Glas auf den tauben Tonsetzer aus Bonn.

Leider regte auch hier der reichlich genossene Wein einige Landsleute zu lautstarkem Rundgesang an, in dem sie immer wieder versicherten: „Nach Hause, nach Hause, nach Hause gehn wir nicht!" Deshalb ging ich ein paar Häuser weiter.

Aber dort legte der Geiger gerade seine Fiedel beiseite, holte eine Trompete hervor und blies auf speziellen Wunsch einiger als Zivilisten verkleideter NATO-Kämpfer gefühlvoll den großen Zapfenstreich.

In der Weinschenke „Zum dritten Mann" kam ich gerade noch rechtzeitig herein, um Anton Karas vor vollem Haus und in abgedunkeltem Raum sein berühmtes Filmlied zupfen zu hören. Er machte das grandios – nach fünfzehnjährigem Üben kein Wunder.

Andächtig und mit leichtem Rückenrieseln lauschten die Gäste. Vergrößerungen der unheimlichen Filmszenen schmückten die Wände und erinnerten daran, wie erfolgreich Karas den Streifen bezithert hatte.

Als die letzten Töne verklungen waren, rauschte der Beifall auf, das Licht ging wieder an, die an langen Tischen sitzenden Teilnehmer der Rundfahrt „Wien bei Nacht" brachen schlagartig auf. Die Ober räumten ab und stellten sofort vor jeden leeren Stuhl ein frischgefülltes Weinglas. Wenige Minuten später strömte die nächste Omnibusgesellschaft herein, setzte sich, und schon ging das Licht wieder aus.

Diskret bestrahlt, zitherte der Meister aufs Neue seinen alten Weltschlager.

Licht an, Aufbruch, neue Gläser, neuer Omnibus. Diesmal Amerikaner, denen der fingerfertige Saitenzupfer Melodien aus amerikanischen Musicals servierte, um dann in eine gewaltige Dritte-Mann-Sinfonie überzugehen. Schlussakkord, Licht an, Fortsetzung siehe oben.

Die Omnibusse rollten nach einem geradezu generalstabsmäßig organisierten Aufmarschplan an. Kommerziell ausgedrückt: Der Gästebestand wurde zwischen 22 und 24 Uhr sechsmal umgeschlagen.

Beim sechsten „Dritten Mann" bin ich gegangen und bat vor der Tür einen Taxifahrer, mich zu einem Heurigenlokal zu bringen, das noch nicht an das Touristenverteilungsnetz angeschlossen war. Er fuhr mich zu einer verträumten, abseits liegenden Gartenwirtschaft, in der wirklich nur Österreicher saßen, denn es ging leise und gemütlich zu. Man schien allerdings auch hier mit fremdländischer Invasion zu rechnen, wie aus dem Plakat hervorging:

Soldatenlieder sind für den Kasernenhof recht,
Aber beim Heurigen passen sie schlecht.
Drum, liebe Gäste, erhört unsere Bitt,
Und bringt dafür Verständnis mit!

Ich brachte es in überreichem Maße mit und ließ mir einen Stechheber voll Rebensaft bringen. An diesem Gerät, das dem Spieltrieb des Menschen so schön entgegenkommt, kann man sein Glas selber nachfüllen und kommt mühelos auf das Doppelte der normalen Trinkgeschwindigkeit.

Der süffige Wein und die mit der obligaten, weinerlich-brüchigen Stimme vorgetragenen Heurigenlieder versetzen den Trinker schnell in eine wehmütige, aber glückselige Stimmung. Die Weisen von Liebe und Tod lassen heitere Resignation ins Gemüt einziehen, und alle irdischen Wichtigkeiten schrumpfen auf das ihnen zukommende Maß, also fast nichts, zusammen.

Es gibt keine bessere Kur für zerrüttete Nerven als einen Heurigenabend in Grinzing, wenn man sich an die abseits liegenden Lokale hält. Die Kur ist weit wirksamer als die in Wien erfundene Psychoanalyse.

Mit der letzten, vollbesetzten Straßenbahn der Linie 38 fuhr ich wieder hinunter nach Wien. Das rot-weiße Gefährt zierten Reklametafeln mit dem Text: „Versicherter Schmerz ist halber Schmerz." Ein schwankender Fahrgast trug eine Tasche mit der Aufschrift AUA, dem einen Hauch von Pessimismus verbreitenden Namen der

„Es wird ein Wein sein, und wir wern nimmer sein ...'s wird schöne Madln geben, und wir wern nimmer leben ..." Die bundesrepublikanische Reisegesellschaft auf dem Balkon singt das rührselige, zu Wein- und Madlkonsum anregende Heurigenlied überlaut

mit, fröhlich dem Unvermeidlichen ins Auge blickend. Die im Hof sitzenden Österreicher dagegen scheinen dem Ableben mit wehmütigem Ausdruck des Bedauerns entgegenzusehen. Aber vielleicht stört sie auch nur der Lärm der fremdländischen Gäste.

österreichischen Luftlinien. Neben mir stand ein kleiner, dicker Mann, der mit seinen kurzen Armen vergeblich die hoch oben hängende Lederschlaufe zu packen versuchte. Er resignierte und summte das alte Wienerlied: „Wenn der Herrgott net wui, dann hilft's gornix…"

Wien ist als Kurort wirklich sehr zu empfehlen. Trotz aller gegenteiligen Behauptungen gibt es immer noch einige Kaffeehäuser, in denen die Zeit seit Kaiser Franz-Josef stehen geblieben ist. Man hat die Auswahl zwischen zwölf Arten der Kaffeezubereitung, der Ober legt dem Gast sofort einen Packen Zeitungen hin, und man hat Zeit zu haben. Nach der Lektüre von drei bis vier Gazetten verschiedener Ausprägung kommt angesichts der widerspruchsvollen Verlautbarungen ganz von selber eine gewisse Wurschtigkeit über den Leser, und das ist bekanntlich die Grundlage jeder seelischen Gesundung.

Das Lesen österreichischer Zeitungen bietet dem deutschen Gast durch die landeseigenen Wortschöpfungen viele überraschende Reize. Ich entdeckte in einer Boulevardzeitung die fette Überschrift „Lieber im Gewerbebett!" Gespannt las ich weiter und erfuhr die

Bild rechts:
Nirgends lernt man das Gesicht des Wieners so gut kennen wie in den wenigen noch guterhaltenen Cafés alten Stils. Das bei älteren Wienern so oft zu beobachtende Granteln, Mosern und Raunzen hat wahrscheinlich seine Ursache darin, dass sie allzu gründlich allzu viele Zeitungen lesen und sogar über das Gelesene nachdenken, was unweigerlich zu abgrundtiefem Pessimismus führt.

hochinteressante Tatsache, dass laut Umfrage die deutschen Touristen das Hotelzimmer dem Privatquartier vorziehen.

Doch zurück zur Kur: Eine heilsame Beruhigungstherapie vermitteln die Ampeln am verkehrsreichen „Ring". Sie schalten sehr, sehr langsam. Ich habe an der Kreuzung vor dem Schwarzenberg-Palais erlebt, dass ein Wiener zu einem anderen sagte: „S'ist rot … gemma noch an Kaffeeee trinken!" Die Behauptung, dass mit dem eigenen Wagen nach Wien kommende Fremde vor jeder Ampel einen Kartengruß an Daheimgebliebene zu erledigen pflegen, halte ich allerdings für übertrieben.

Auch ein Besuch im Schloss Schönbrunn ist jedem, der sich vom Fortschritt erholen will, dringend zu empfehlen. Im Schlafzimmer Kaiser Franz-Josefs, wo neben dem bescheidenen Bett ein Waschtisch mit Karaffe, Schüssel und Eimer steht, wird den Fremden in vier Kultursprachen erklärt: „Es gab im Schloss kein fließendes Wasser und kein Badezimmer. Und der Kaiser ist doch sechsundachtzig Jahre alt geworden."

Merken Sie die feine Spitze?

Wer die verloren gegangene Romantik des Reisens sucht, findet sie in der „Wagenburg" im Seitentrakt des Schlosses. Hier steht neben Originalkarossen, Kutschen und Equipagen aus vier Jahrhunderten eine kaiserliche Sänfte, deren Sitzkissen der führende Kastellan mit einem Augenzwinkern hochzuheben pflegt. Dabei wird ein kreisrundes Loch sichtbar, das von vielen Touristen fälschlich für einen Kofferraum gehalten wird.

Im Prater blühen immer noch die Bäume, das Riesenrad dreht sich nach wie vor mit der am Eingang plakatierten Geschwindigkeit von

0,75 Metern pro Sekunde, und auf dem Rummelplatz zu seinen Füßen werden „hundertprozentig echte Menschenköpfe von der Größe eines Apfels" gezeigt, wobei es sich aber keineswegs um Wiener handelt, sondern um Importware.

An den Wurstbuden hängen Tafeln, die Cevapcici, Klobasse und „Extrawurst" anpreisen, die man sich hier braten lassen kann. Was die Wiener bekanntlich gerne tun.

Am Praterausgang stand ein Bettler, der einen Hut auf dem Kopf hatte und einen zweiten in der Hand, für die Spenden.

Womit wohl hinreichend bewiesen wäre: Wien bleibt Wien.

Venedig fest in deutscher Hand

In München steht ein Hofbräuhaus, und dicht dahinter liegt Venedig. So scheint jedenfalls die Geographie in den Köpfen der nördlich des Mains wohnenden Bundesbürger auszusehen. Der als besonders schaffensdurstig bekannte Deutsche schafft die Strecke München – Venedig und zurück, inklusive Besichtigungen, Postkartenschreiben und Andenkenkauf, spielend (mit dem Leben) in zwei Tagen. Völlig geschafft sitzt er dann am Montagmorgen mit verglasten Augen im Büro, im Geiste immer noch durch die Alpen kurvend.

Freunden aus dem Norden zuliebe habe ich an so einem „Wochenend-Kreuzfahrer-Gedächtnisrennen Venedig und zurück" teilgenommen. Diesen Namen müsste man dem für alle Führerscheine und Hubräume offenen Straßenrennen geben, das an jedem Wochenende im süddeutschen Raum startet. Die Rennstrecke folgt nämlich genau den Spuren jener Kreuzfahrer, die vor mehreren Hundert Jahren auszogen und von den Venezianern finanziell bis aufs Hemd ausgezogen wurden, bevor sie zu Schiff die Weiterfahrt ins Heilige Land antreten konnten.

Eine alte Chronik berichtet, dass sich im Jahre 1096 im Gebiet der heutigen Bundesrepublik siebentausend Menschen zu einer Kreuzfahrt zusammenschlossen, von der nur etwa zweitausend

Überlebende den Weg in die Heimat zurückfanden. Dieser ziemlich starke Transportschwund von 65 Prozent hat sich inzwischen bedeutend verringert, ein Beweis für die trotz Vollmotorisierung zunehmende Verkehrssicherheit. Hundertprozentig konstant geblieben ist nur das Ausnehmen der Fremden durch die Venezianer.

Wenn man am Samstag früh vor Tau und Tag aufbricht, ist nur wenig Verkehr, und man kommt schnell vorwärts. Diese Ansicht scheint weitverbreitet zu sein, denn als ich um 6 Uhr auf die Strecke ging, waren bereits lange Kolonnen unausgeschlafener und schlecht gefrühstückt habender Italienfahrer unterwegs. (Die am Steuer sitzenden Familienvorstände pflegen den Mitfahrern den Morgenkaffee zu verbieten, da jedes Anhalten drei bis vier Stundenkilometer kostet.) Außerdem hat sich in jedem Fahrergehirn der beunruhigende Gedanke festgesetzt, dass der vor ihm „liegende" Wagen den letzten freien Parkplatz und das letzte freie Hotelzimmer in Venedig wegschnappen könnte. Deshalb wurde überholt, koste es, wen es wolle. Auch in den unübersichtlichsten Bergkurven, denn keiner konnte sich vorstellen, dass irgendjemand an einem solchen Wochenende in entgegengesetzter Richtung und nicht nach Venedig fuhr. (Auf der Rückfahrt war es genau umgekehrt: Da konnte man sich nicht vorstellen, dass noch irgendjemand *nach* Venedig fuhr.)

Die Grenzkontrolle in Mittenwald sorgte mit unheimlicher Präzision dafür, dass alle fünf Sekunden ein Wagen auf die Strecke ging. Einen anderen Sinn konnte die Kontrolle nicht haben.

In Innsbruck hatte ich das große Glück, für einen Moment im Rückspiegel das berühmte „Goldene Dachl" zu sehen. Das Halteverbot enthebt den Autoreisenden vieler zeitraubender Sehenswürdigkeiten.

Das Schild „Brenner 24 km" fuhr allen Fahrern ins gasgebende Bein. Das Tempo wurde immer schärfer. Schuld daran war wohl das viel verbreitete Gerücht, dass die Tage Venedigs wegen der ständig an den Fundamenten nagenden Wellen gezählt seien.

Vielleicht ist es etwas übertrieben, wenn ich behaupte, dass die Geschwindigkeit der Autokolonne auf den letzten fünfzig Kilometern vor Venedig von dem Tempo bestimmt wird, mit dem die bereits auf der Lagune angekommenen Wagen Parkplätze finden.

Venedig hat den großen Nachteil, dass man mit seinem Wagen nicht an Hotels und Restaurants vorfahren kann. Auch als Deutscher muss man das Liebste, was man hat, vor der Stadt lassen. Geltungstriebhafte Bundesbürger wahren aber ihr Gesicht, indem sie in der Hotelhalle und überall, wo genügend Publikum vorhanden ist, mit raumfüllender Stimme ihrer Begleitung zurufen: „Tapfer marschiert, unser neuer 280 SE!" Dann weiß jeder im Umkreis von zwanzig Metern: Dieser Mann stellt etwas vor.

Wenn man für das Auto einen Parkplatz gefunden hat und, dicht gedrängt auf einem Motorschiff stehend, in den Canal Grande einbiegt, wird man von den vielen Fotomotiven überwältigt. Wem es da nicht den Sucher vors Auge reißt, der ist für die Foto-Industrie verloren. Von den Touristen-Sturmbooten werden pausenlos ganze Breitseiten von Schnappschüssen abgegeben. An einem schönen Wochenende wird nach vorsichtigen Schätzungen allein die Rialto-Brücke täglich circa dreißigtausendmal durch die Linsen gejagt. Der in unserer Zeit so besonders hochentwickelte Sinn für Eigentum und Besitz verlangt, dass jeder dasselbe Bild, das überall als Postkarte zu haben ist, auf dem eigenen Film hat.

In Venedig reiht sich ein schönes Fotomotiv ans andere. Die hier zum ersten Mal gezeigte „Bereitschaftsmütze" ermöglicht pausenloses Fotografieren während jeder Art von Tätigkeit. Der Auslöser wird durch Zusammendrücken eines im Mund befindlichen Gummiballons betätigt. Die Hände bleiben für andere Verrichtungen frei.

Über die Hotelsuche will ich kein Wort verlieren. Jeder wird untergebracht. Wenn die Hotels ausverkauft sind, vermitteln die Portiers sogenannte „Privatbetten". Diese Wortschöpfung widerlegt die gängige Auffassung, dass ein Bett immer etwas Privates sein sollte.

Nach Abstellen der Koffer gibt es nur noch ein Ziel: Den Markusplatz. Vor Einbruch der Dämmerung will noch jeder verantwortungsbewusste Fotoamateur das berühmte Taubenfüttern auf den Film bannen. Allen Schlitzverschlussbetätigern schwebt dabei das so oft gesehene Bild vor: Die Tauben umflattern in Scharen den Gast aus dem Norden, setzen sich auf Hände, Kopf und Schultern und picken gierig die angebotenen Maiskörner.

Nicht immer!

Nachmittags sind die Tauben nämlich durch die morgendliche Überfütterung bummvoll und schleifen apathisch knickebeinig ihre Hängebäuche über das Pflaster, keinesfalls gewillt, wegen eines Maiskorns auch nur den Kopf zu drehen. Sie sehen gar nicht mehr wie Tauben aus, sondern ähneln kahlköpfigen Legehennen. Dabei tragen sie den Gesichtsausdruck erfolgreicher Wirtschaftskapitäne zur Schau.

Erst am nächsten Vormittag werden die lieben Tierchen wieder munter. Der Mais des Vortages liegt dann, zu grauweißer Paste

Die braven Tauben auf dem Markusplatz überfressen sich täglich im Dienste des Fremdenverkehrs und der Fotoindustrie. Am späten Nachmittag sind sie nicht mehr zu bewegen, weitere Körner zu sich zu nehmen.

verarbeitet, auf den Simsen der Paläste und auf den Schultern oder Hüten der Fremden. Nur Mais liegt in großen Mengen und in kleinen Tüten verpackt an den Ständen der konzessionierten Taubenfutterhändler bereit, um den Frühstückshunger der Tauben und das Fütterungsbedürfnis der fotografierwütigen Fremden zu stillen. Für 100 Lire bekommt man 25 Gramm Maiskörner. Nach meinen vorsichtigen Schätzungen wird täglich mindestens ein Doppelzentner Mais in solchen Kleinstportionen auf dem Markusplatz verfüttert. Der auf diese Art an den Mann bzw. an die Taube gebrachte Doppelzentner bringt demnach 400.000 Lire ein, also etwa 2 600 Deutsche Mark. Der Doppelzentner Mais kostet den Händler 30 DM. Bei solcher Gewinnspanne muss jedem deutschen Einzelhändler das Herz höher schlagen.

Wenn mich mein Auge nicht täuschte, sah ich abends einen Taubenfutterkaufmann im schnittigen Motorboot zu seinem Palazzo fahren.

Nach der Taubenfütterung kann man etwaigen Kulturhunger durch Schnellbesichtigung des Dogenpalastes stillen. Diese Besichtigung erzeugt durch die vielen Deckengemälde ein schmerzhaftes Gefühl im Nacken, das durch einen anschließenden Besuch der niedrigen Gefängnisgewölbe wieder behoben wird.

Den Rest des Nachmittags verbringen die Venedig-Kurzbesucher in den Eisdielen und Cafés, um endlich einmal in Ruhe über die Zustände im heimischen Geschäft sprechen zu können. Diese Gespräche werden allerdings sehr häufig unterbrochen von dem Aufschrei: „Seht mal, ist das nicht …?" Und dann folgt der Name irgendeines Bekannten.

Meistens ist er es. Dann ist des Lachens und Staunens kein Ende. An allen Ecken Venedigs hört man immer wieder die rhetorischste aller Fragen: „Sind Sie auch hier!?" Teils freut man sich darüber, dass andere sehen, dass man in Venedig ist, teils ist es aber auch eine Wertminderung des eigenen kostspieligen Aufenthaltes, wenn Bekannte ebenfalls da sind.

Am späten Nachmittag ist der Markusplatz fest in deutscher Hand. Einzelne alliierte Stoßtrupps versuchen hin und wieder, sich in einer Ecke des Platzes festzusetzen, ergreifen aber sehr bald die Flucht. Die Amerikaner ziehen sich in „Harry's Bar" zurück, wo sie bei Whisky und Gin garantiert unter sich sind. Die Franzosen kämmen systematisch alle Gassen durch, um die ausgehängten Speisekarten zu studieren. Und die Engländer gehen zum Teetrinken in die Grandhotels. Nur deutschsprechende Italiener halten die Stellung und bieten an: Postkarten, Uhren, Schmuck, Spitzendeckchen und Dienstleistungen aller Art.

Ich hatte das große Glück, eine echte Schweizer Uhr angeboten zu bekommen. Obgleich ich den Trick kannte, habe ich den Händler nicht abgewiesen, sondern mir die ganze „Nummer" vorspielen lassen. Der Trick ist uralt und fordert jedes Jahr neue Opfer. Deshalb will ich ihn für diejenigen Leser, die ihn noch nicht kennen und trotz dieses Berichts an einem Wochenende nach Venedig fahren wollen, noch einmal beschreiben:

Der Händler bietet dem Fremden diskret flüsternd den Gelegenheitskauf an: Eine Schweizer Qualitätsuhr für ganze 90 Mark! Der kann sich nicht entschließen. Da tritt ein durch umgehängte Kameras, Buschhemd und kurze Hosen deutlich als harmloser Tourist gekennzeichneter Herr hinzu, schiebt den Händler beiseite und warnt das Opfer: „Kaufen Sie die Uhr nicht! Das ist der reine Schund! Alles Betrüger! Sehnsiemal ..."

Er nimmt dem böse blickenden Händler die Uhr aus der Hand.

„... ich bin nämlich Fachmann ..."

Er öffnet die Uhr mit geschicktem Griff, seine Augen weiten sich –

„... Moment mal ... das ist ja kaum zu glauben ... *diese* Uhr ist echt, mindestens 600 DM wert! Was will der Strolch dafür haben?"

Der „Strolch" säuselt verlegen: „Hundert Mark!"

Der „Tourist", sich an den Kopf fassend: „Das ist ja geschenkt! Hätte ich doch nur das Geld bei mir! Kaufen Sie! Die Uhr werden Sie jederzeit für vierhundert D-Mark wieder los!"

Wer nicht weiß, dass der Uhrenhändler und der angebliche Tourist und Uhrenfachmann vorbildliche Teamarbeit leisten, fällt darauf rein. Die Uhr ist höchstens 30 DM wert, die Idee des Tricks aber bedeutend mehr.

Der Leser wird fragen, warum ich nicht die Polizei gerufen habe, wenn ich den Trick kannte. Das wäre sinnlos gewesen, denn für diese Fälle hat der Händler stets eine echte Schweizer Uhr im Werte von 600 DM bei sich.

Wer die Uhr nichtsahnend kauft, ist den ganzen Abend fröhlich über das gute Geschäft. Und damit wären wir bei der auffälligsten Erscheinung der hereinbrechenden venezianischen Nacht:

Der lautstarken, ungehemmten, karnevalsmäßigen Fröhlichkeit der Gäste aus dem Norden, diesen aufs Höchste zivilisierten Nachkommen der vor fast tausend Jahren in Italien eingedrungenen Barbaren.

In Venedig gibt es keinen Autolärm und kein Moped-
knattern. Die ganze Stadt ist voll Musik.

Karneval in Venedig!

Er findet den ganzen Sommer statt. Alle Fremden kaufen sich Hüte, die sie sonst nur im Fasching tragen würden. Eine Nacht in Venedig – Albtraum gewordene Wirklichkeit!

In den Kanälen drängen sich die dichtbesetzten Gondeln. Venedig hat den Canal Grande noch lange nicht voll. Auch wenn große Reisegesellschaften ein Dutzend Gondeln mieten, eine fünf Mann starke Kapelle auf die Boote verteilen und als geschlossene Armada alles niederwalzen, was sich ihnen entgegenstellt.

Vom Chiantiwein beflügelt, hält sich jede Germanin für eine Callas, und jeder Teutone eifert Mario Lanza nach. Großflächenlautsprecher jagen die neuesten Schlager mit einem akustischen Druck von 95 Phon in die venezianische Nacht. Alle fröhlichen Trinker in den Lokalen, alle Straßenpassanten und alle Gondolieri mit ihren Fahrgästen fallen ein, und es ist ein Wunder, dass nicht auch die Brücken und Paläste dasselbe tun. Ich glaube, die Gefahr einer Zerstörung Venedigs durch Schallwellen ist weitaus größer als die sooft zitierte Gefahr einer Unterspülung durch Motorbootwellen. Doch es gibt noch eine dritte Gefahr: Die Erschütterung der Fundamente durch deutsche Skatspieler, die mit geradezu südländischer Leidenschaft ihre Karten auf den Tisch knallen. Viele Besucher Venedigs huldigen abends, wenn das Licht zum Fotografieren nicht mehr ausreicht, diesem schönen Spiel.

Unter den ständigen Hinweisen der fürsorglichen Gattinnen: „Trink nicht so viel, morgen musst du über fünfhundert Kilometer fahren!" wird eine enorme Bettschwere erreicht. Bevor die festlich illuminierten Gäste von jenseits der Alpen unter Absingen des

Liedes „In der Heimat, in der Heimat, da gibt's ein Wiedersehn" in die Quartiere marschieren, versichern die Kellner beim Überreichen der Rechnung immer wieder, dass die Deutschen „*molto simpatico*", also sehr sympathisch seien. Diese Feststellung erübrigt erfahrungsgemäß das Herausgeben von Kleingeld.

Am Sonntagmorgen werden noch die allernötigsten Andenkenkäufe getätigt. Viele entschließen sich sogar zum Ankauf eines Venedig-Buches, in dem man später zu Hause in aller Ruhe nachsehen kann, was man nicht gesehen hat.

Gegen Mittag geht dann das große Kreuzfahrer-Gedächtnis-Rennen in umgekehrter Richtung ab.

Abschließend möchte ich sagen: Ein Wochenende in Venedig ist nur mit dem Münchner Oktoberfest zu vergleichen. Ein größeres Lob kann es wohl kaum geben.

Antike nur für Herren

Unter sengender Sonne und auf siedenden Sohlen traben täglich Tausende von Touristen durch die geschichtsträchtigen Trümmer von Pompeji. Wenn sie dann in die Heimat zurückkehren, berichten die männlichen Reisenden kichernd und hinter vorgehaltener Hand von angeblich ungeheuer pikanten Bildwerken. Die mitgeführten Damen dagegen erzählen entrüstet, dass ihnen von sittenstrengen Wächtern der Zugang zu gewissen Sehenswürdigkeiten verwehrt wurde. Warum? Um das zu klären, machte ich mich auf zu den Hängen des Vesuvs.

Das Unheil, das im Jahre des Heils 79 n. Chr. über Pompeji hereinbrach, ist allgemein bekannt: Angesichts der dort herrschenden losen Sitten kam dem benachbarten Vesuv die Lava hoch. So behaupten es jedenfalls fromme Historienschreiber. Ein zweitägiger Aschenregen bedeckte die lebenslustige Stadt mit einer acht Meter dicken Staubschicht, sodass auch die fleißigsten Hausfrauen mit dem Wischtuch nicht mehr nachkommen konnten. Wer nicht rechtzeitig entwischte, regnete ein und wurde unter Lapillis (so nennt man die sandkorngroßen Steinteilchen) begraben und tadellos konserviert. Was nach der Katastrophe noch aus der Staub- und Lapillischicht herausragte, transportierten antike Bauunternehmer in den folgenden Jahrzehnten ab, um es anderswo zu verwenden. Dann wuchs im wahrsten Sinne des Wortes Gras über die Geschichte, von dem streunende Ziegen sich recht und schlecht ernährten. Pompeji wurde total vergessen. Erst eintausendachthundert Jahre später fiel es einigen Archäologen bei scharfem Nachdenken wieder ein. Sie buddelten die einst so blühende Stadt aus und brachten damit das Wissen um die Antike, aber auch den Fremdenverkehr zum Blühen. Täglich werden im nahen Neapel viele vollbesetzte Touristenbusse in genau kalkulierten Abständen abgelassen, um eine rationelle Nutzung der Reste zu gewährleisten. Hinzu kommen die vielen Autoreisenden, die den kleinen, aber lohnenden Umweg nicht scheuen. Als ich am frühen Vormittag am Ausgrabungsgelände anrollte, wies mich ein dienstbemützter Pompejaner in eine Parklücke ein. Er verlangte eine stark überhöhte Gebühr, die mir aber zurückerstattet werden sollte, falls ich mein Mittagessen im danebenliegenden Ristorante einnähme. Ein kompliziertes Verfahren, das sich aber anscheinend bewährt hat.

Als ich den Parkverrechnungsscheck einsteckte, trat ein schwarzgelockter, glutäugiger Nachkomme Cäsars dicht an mich heran und flüsterte: „Wollen Sie Schweinbilder?" Geniert lehnte ich ab, denn unmittelbar neben mir stieg eine deutsche Vollfamilie mit zwei halbwüchsigen Kindern aus ihrem Wagen. Unsere Nummernschilder begannen mit dem gleichen Ortsbuchstaben, was in der Fremde bekanntlich zu rührenden Szenen hart an der Grenze des gegenseitigen Umarmens führt.

Gemeinsam schritten wir zum Eingang des von einem pompösen, kilometerlangen Eisengitter eingezäunten Pompeji und kauften Eintrittskarten, von deren Erlös wohl die Unkosten für das Gitter gedeckt werden.

Ein konzessionierter Fremdenführer vom Aussehen des listen-
reichen Odysseus nahm uns in seine Obhut und erkundigte sich
zunächst nach dem Alter der Kinder. Gerührt von so viel mensch-
lichem Interesse gab die Mutter es mit vierzehn für die Tochter und

Die Ruinen von Pompeji bieten für Erinnerungsfotos viele Hintergrundmotive von klassischer Schönheit. Kein Tourist lässt sich die Gelegenheit entgehen, auf einem der zahlreichen leer stehenden Postamente als Statue zu posieren und in würdiger Haltung seine Verbundenheit mit der Antike zu beweisen. Weniger würdig ist die Körperhaltung der durchs Schussfeld schleichenden Besucher.

fünfzehn für den Sohn an. Auf der Stirn des Cicerone bildeten sich Sorgenfalten, er sagte „Na ja ...", erzählte die oben bereits angeführte Geschichte Pompejis in etwas gewählteren Worten und führte uns ins „Antiquarium". Dort werden nicht etwa antike Fische gezeigt, sondern alle möglichen Funde, die man in den ausgegrabenen Häusern machte.

Ein zweitausend Jahre altes Brot, einige gleichaltrige Rosinen und ein Schüsselchen mit echt antiken Eierschalen ließen das klassische Altertum vor unseren Augen erstehen. Von der Sorgfalt der Archäologen legten drei liebevoll nummerierte Häuser von Weinbergschnecken beredtes Zeugnis ab. In einer Vitrine mit pompejanischen Gebrauchsgegenständen lag etwas, das wir alle sofort als vorchristlichen Büstenhalter identifizierten. Man belehrte uns aber eines Besseren: Es handelte sich um einen Augenschutz für Pferde.

Nach eingehender Besichtigung von zahnärztlichen Geräten, die sich von den heute üblichen kaum unterschieden, gelangten wir in einen von fröhlichem Lachen erfüllten Raum. Da stand eine Reisegesellschaft um eine am Boden liegende, seinerzeit vom Aschenregen überraschte und formtreu erhaltene Pompejanerin herum. Ein Witzbold hatte gerade geäußert, dass die Dame sich wohl etwas mehr angezogen hätte, wenn sie ihre posthume Zukunft als Fremdenverkehrsattraktion geahnt hätte. Aber wer konnte das voraussehen?

Beim nächsten Schaustück erstarb den Leuten das Gelächter allerdings auf den Lippen, und so manches Touristenauge wurde feucht: Da lag an einer Kette der Hund des Vesonius Primus, den sein flüchtender Besitzer an die Villa gefesselt zurückgelassen hatte. Die heftigen Verwünschungen, die hier alltäglich von tierlieben Reisenden gegen jenen herzlosen Hundeherren ausgestoßen werden, dürften ihn inzwischen wohl kalt lassen.

Vor einem großen Glasschrank mit kunstgewerblichen Gegenständen lenkte unser Führer die Blicke der Kinder sehr geschickt zu einem antiken Angelgerät ab und wies uns Erwachsene augenzwinkernd auf die Bronzefigur eines nackten und sehr stilisierten Tänzers hin, der als Lampenständer diente. Der trefflich gebaute Schüler Terpsichores trug die Öllampe nicht mit den Händen, sondern auf wirklich überraschende, ganz andere Art. Nicht etwa der Anstand, sondern die Sorge um den Fremdenverkehr verbietet mir, Details zu verraten. Fahren Sie hin, Sie werden es nicht bereuen.

Nun ging es hinaus zum Forum, zur Basilika, zu den Tempeln des Jupiter und des Apoll. Der redegewandte Betreuer führte uns unter sparsamer Verwendung von wissenschaftlichen Ausdrücken wie „phallische Symbole" und „dorische Stilelemente" in die Kunstgeschichte der Antike ein, aber keiner hatte ein Lexikon bei sich. Der Führer wusste natürlich ganz genau, dass es dem modernen Touristen völlig piepe ist, ob eine Säule korinthisch, dorisch oder ionisch gen Himmel ragt und kam deshalb sehr bald auf das rein Menschliche jener Zeit zu sprechen. Wir wurden belehrt, dass damals nicht so sehr die weibliche als vielmehr die ganz spezielle männliche Schönheit stark herausgestellt wurde, unserem heutigen Busenkult durchaus vergleichbar.

Unsicheren Schrittes eilten wir über das holprige Originalpflaster, auf dem einst togatragende Pompejaner würdevoll dahinschritten, öffentliche Dinge und die damals schon steigenden Preise lateinisch diskutierend.

An einem Pflasterstein, in den eine stark vereinfachte symbolische Darstellung eingemeißelt war, ließ der Cicerone uns anhalten. Er sagte den Kindern, dass es gleich um die Ecke Eis gäbe, worauf sie raketenartig entschwanden. Und dann verriet er uns, dieses Symbol sei auf eine schräg gegenüberliegende, seit zweitausend Jahren vorübergehend geschlossene Taverne gerichtet, die Damenbedienung im weitesten Sinne bot. Der Wegweiser, der sich in der Antike für manchen Fremden als sehr nützlich erwies, traf mit seiner Zweckform genau ins Schwarze. Jeder Pompejibesucher wird es bezeugen.

Eiswaffeln lutschend kamen die Kinder zurück. Wir gingen hinüber zu den Resten der Taverne und lauschten den Erläuterungen unseres lokalen Kenners: „Die in Tontafeln geritzte Speisekarte des Lokals ist heute noch erhalten. Sie führt unter anderem gedämpfte Flamingozungen und gebratene Pfauen auf, aber auch die Namen der Damen, mit denen man sich – hm-hm – im ersten Stock unterhalten konnte. Sie hießen Aglae, Julia und Asellina."

Diese Auskunft schien unserem Fünfzehnjährigen nicht zu genügen. Er fragte im besten Fernseh-Quiz-Deutsch: „Könnte man das Haus im weitesten Sinne mit demselben Wort umschreiben, mit dem man im Deutschen ein orientalisches Sitzkissen bezeichnet?" Es dauerte eine Weile, bis wir den feinen Humor begriffen, aber dann dankte fröhliches Gelächter dem aufgeweckten Knaben.

Der humanistisch gebildete Führer übersetzte uns, die wir mit unserem Latein längst am Ende waren, die gut erhaltenen Inschriften an den Mauerwänden. Da gab es saftige Kritzeleien antiker Witzbolde, aber auch rührende Zeugnisse tiefer Gläubigkeit wie den Schriftzug: „Der Blitz Jupiters möge den treffen, der diese Wand beschmutzt!" Mit dem neuzeitlichen und poesielosen „Vietato urinare" wohl kaum zu vergleichen. Neben der Warnung vor Jupiters Donnerkeil war ein primitiver Wahlslogan auf die Wand gemalt, der einen gewissen Jucundus als unbestechlich pries, was inzwischen tatsächlich zutrifft.

Durch enge Gassen, deren eintöniges Grau belebt wurde von vielen knallbunten, weggeworfenen Rollfilmpackungen, gelangten wir zu den Thermen. Die prächtig ausgeschmückte Badeanstalt erfüllte im Altertum die Aufgabe der politischen Lobby. In mehrsitzigen Wannen wurden lukrative Geschäfte getätigt. Wenn zum Beispiel ein Waffenhändler befürchtete, dass sein Auftrag baden ging, ging er mit dem zuständigen Beamten baden, seifte ihn ein und verkaufte dabei einen Posten spanischer Schwerter, die bei Gebrauch womöglich abknickten. Die feuchte Lobby funktionierte wie geschmiert, denn man hatte schon damals eine Demokratie und sogar ein vereintes Europa.

Andächtig standen wir vor dem Mauerloch, durch das man seine meterlange Toga ins „Pressorium" gab und sie eine Stunde später gewaschen und gebügelt zurückbekam. Das gelingt den Kunden moderner Schnellwaschanstalten nicht einmal mit einem kurzen Hemd.

Und weiter ging's zum Amphitheater, wo die strapazierten Pompeji-Pilger sich endlich mal hinsetzen konnten, um die Füße abdampfen und die Fantasie beflügeln zu lassen. Dazu trugen die vom Fachmann vorgetragenen historischen Tatsachen beträchtlich bei: Wenn damals nämlich in einem Schauspiel ein Mord vorkam, wurde hier an Galaabenden die betreffende Rolle mit einem zum Tode verurteilten Missetäter besetzt, der dann auf offener Bühne lebensecht umgebracht wurde. Das war noch unverfälschtes Theater! Von den Gladiatorenspielen nicht zu reden, bei denen es stets beifallumrauschte Abgänge ins Jenseits gab.

Nach dem so überaus anregenden Theaterbesuch schritten wir dem Höhepunkt eines jeden Pompeji-Rundgangs entgegen: Zur fast unbeschädigt erhaltenen Prunkvilla zweier antiker Playboys. Die Brüder Vetti, schwerreiche Junggesellen, müssen es ziemlich toll getrieben haben. Unser geplagter Cicerone führte einen wahren geistigen Eiertanz auf, um sein delikates Wissen halbwegs jugendfrei vorzutragen. Zu gern hätten sich hier die Eltern ihrer Kinder entledigt.

Durch eine kleine Hintertür betraten wir das pompöse Liebesnest. Der Haupteingang dient heute aus fremdenverkehrstechnischen Gründen als Ausgang, denn er birgt die Krönung aller Sehenswürdigkeiten.

Um einen mit suggestiven Statuen bestückten Säulenhof herum lagen die Mehrzweckgemächer der sinnenfrohen Brüder. Vor den farbenprächtigen Fresken mit Szenen aus der ebenfalls nicht gerade prüden Mythologie bekamen wir die dazugehörigen Legenden erzählt. Unter anderem die Geschichte von einer Kuh, in die eine hochstehende Dame eingenäht wurde, die daraufhin später einem kleinen Stier das Leben schenkte, der dann wiederum ... also es war eine sehr krause Geschichte, die uns in der antiken Götterwelt nicht allzu bewanderten Pompeji-Wanderern viele Rätsel aufgab. Immer wieder sah ich männliche Touristen den zuständigen Betreuer auf die Seite ziehen, um brennenden Wissensdurst heimlich zu stillen.

Die Fresko-Bildgeschichten wie Comic-Strips genießend, zogen wir an den symbolträchtigen Kunstwerken vorbei und landeten im Küchenhof, wo man uns die Vorteile der Sklavenhaltung überzeugend schilderte. Da wurde meine Aufmerksamkeit von einer seltsamen Szene abgelenkt, die sich im Hintergrund an einer kleinen Tür abspielte, vor der ein Wärter Posten stand. Ein älteres US-Ehepaar mit Fremdenführer trat auf den Kustoden zu, der nach kurzer Verhandlung einen Schlüssel aus der Tasche zog, die beiden einließ und das Türchen hinter ihnen schloss. Dann teilte er mit dem Fremdenführer eine Zigarette.

Zwei Minuten später kamen die transatlantischen Gäste wieder heraus, die Dame mit pompejanisch-rotem Kopf und verschämtem Blick, der Herr geniert, aber wissend grinsend. Der Wärter bekam ein dickes Trinkgeld, schloss die Tür wieder ab und stand weiter Posten.

Das ließ mir natürlich keine Ruhe. Als mein Trupp um die nächste Ecke marschierte, splitterte ich ab und ließ mir die geheimnisvolle Pforte nach Hingabe eines größeren Lire-Scheines öffnen.

Die Tür fiel hinter mir zu, ich stand in einem engen, nur schwach erhellten Kämmerchen vor zwei künstlerisch hochstehenden Bildwerken und sah ... nein, ich werde es nicht verraten. Die Rücksicht auf die emsig sprudelnde Trinkgeldquelle des Wärters, von der wahrscheinlich eine vielköpfige Familie leben muss, lässt mich schweigen.

Als ich rauskam, war gerade Schichtwechsel. Ein neuer Sittenwächter übernahm den Schlüssel und den lohnenden Posten. (Kenner italienischer Verhältnisse behaupten, dass die Pompeji-Wärter kein Gehalt, sondern stattdessen in regelmäßigem Turnus den Schlüssel zu einer der pikanten Sehenswürdigkeiten bekommen. Eine Art der Beamtenbesoldung, die sich unsere Staatsführung mal durch den Kopf gehen lassen sollte.)

Im Vestibül der Villa fand ich wieder Anschluss an meine Gruppe und kam gerade zurecht, um die im Fremdenverkehr wohl einmalige zwangsweise Trennung der Touristenhaufen nach Alter und

Frauen und Kinder müssen zurückbleiben, wenn im Vorraum der pompejanischen Yetti-Villa das Schränkchen mit einer ganz speziellen Sehenswürdigkeit „nur für Herren" geöffnet wird. Die Damen dürfen sich aber aus sicherer Entfernung am Mienenspiel ihrer Lebensgefährten erfreuen.

Geschlecht mitzuerleben. Nur volljährige männliche Besucher durften die Schwelle zum Vorraum überschreiten.

Wir nur durch einen Zufall der Natur Bevorrechtigten standen vor einem hoch an der Wand hängenden Schränkchen, zu dem ein Wärter hinaufstieg. (Die Zeichnung oben gibt die Situation äußerst naturgetreu wieder.)

Das Schranktürchen wurde mit einem Schlüssel geöffnet und gab den Blick frei auf eine angeblich zweitausend Jahre alte Malerei, der eine gewisse, in der Übertreibung liegende Komik nicht abzusprechen war. Von einer detaillierten Beschreibung des Gemäldes möchte ich aus den bereits angeführten Gründen absehen. Das Bild war in den Farben so leuchtend frisch, als sei es erst gestern gemalt. Man darf wohl annehmen, dass ein neuzeitlicher Pinsel die so sorgsam gehütete Attraktion aufmöbelte.

Die Betrachtung des Meisterwerkes wurde etwas gestört, weil eine resolute Dame unter dem Vorwand, ihr sei nichts Männliches mehr fremd, den Kordon der abschirmenden Wärter zu durchbrechen suchte. Der Angriff wurde erfolgreich abgewehrt.

Nachdem wir uns alle sattgesehen hatten, klappte der Wärter den Schrank wieder zu. Frauen und Kinder durften in den Vorraum zu ihren Ernährern strömen und mit ihnen gemeinsam die Villa verlassen. Im Abtraben warfen sie durchbohrende Blicke auf das geheimnisvolle Kästchen oben an der Wand.

Draußen verabschiedete sich unser Cicerone, mit seinem Leibe geschickt das Schild verdeckend: „Es ist den Wärtern verboten, Trinkgelder zu nehmen."

Für Gesprächsstoff war bei den Gruppen, die sich jetzt in Richtung auf die Espressobar bewegten, reichlich gesorgt. Die Damen empörten sich über die Bevormundung durch die Museumsverwaltung. Sie sahen darin einen hinterhältigen Angriff auf die Gleichberechtigung der Frau und gelobten, auf irgendeine Art doch noch das Geheimnis aus ihren listig lächelnden Männern herauszuzerren, die sich vorläufig nur in Andeutungen ergingen.

Über der Bar hing ein Schild, das ich hier buchstabengetreu wiedergebe: „Für etwaige Beschwerden bitten wir sich an die Leitung der Ausgrabungen zu wenden!" Einige Damen hatten nicht übel Lust, dort ihre Beschwerden bezüglich der Geschlechtertrennung beim Kunstgenuss vorzubringen. Aber die Omnibusse warteten. Der genau kalkulierte Zeitplan der Gesellschaftsreisen dürfte den zuständigen Stellen sehr viel Ärger ersparen.

Die Zeit reichte knapp, um noch am Andenkenstand schnell ein echt pompejanisches Öllämpchen zu erstehen (von Fachleuten geschätzter Verkauf: drei Millionen Stück in den letzten zehn Jahren), oder einen kleinen Bronze-Faun. Aber auch die zeitgenössischen Kacheln „Gebet eines Hundes" und „Zwölf Stationen der Ehe" fanden zufriedenstellenden Absatz.

Auf dem Parkplatz machten ambulante Händler gute Geschäfte mit diskret unter der Jacke angebotenen Reproduktionen der nichtöffentlichen Kunstwerke. Treusorgende Männer erwarben sie still und heimlich als kleine Abendüberraschung für die so schmählich um den Kunstgenuss betrogene Lebens- oder Reisegefährtin.

Abends in Neapel ließ ich an wohlgedecktem Tisch mit Blick auf Meer und Vesuv, „den Tag in mir nachwirken", wie es so schön heißt. Die Speisekarte des hauptsächlich von Engländern frequentierten Freiluftrestaurants empfahl „Spaghetti à la Christine Keeler". Die habe ich natürlich sofort bestellt. Sie sind extra scharf, mit gefüllten Oliven angerichtet und besonders leicht um die Gabel zu wickeln.

Der Vollmond schien, die Silhouette des einst feuerspeienden Berges hob sich vom sternenklaren Nachthimmel ab, aber das alte Sprichwort „Neapel sehen und dann sterben" drückte etwas auf mein Gemüt. Ich hob mein Glas mit „Lacrimae Christi", dem schweren Wein von den Hängen des Vulkans, um es auf den nächsten Ausbruch zu leeren. Da begann der Boden unter meinen Füßen zu zittern, ein feiner Regen glühender Asche ging auf mein Glas nieder ... was war das?

Es waren ein vorbeidonnernder Lastwagen und ein Engländer, der an der Balkonbrüstung im ersten Stock seine Pfeife ausklopfte. Beruhigt trank ich dem Vesuv zu, dem ich diesen schönen Tag verdankte.

Wanderer, kommst du nach Athen

Auf dem Zettel, der dem Schiffsbillett für die Überfahrt von Brindisi nach Griechenland beigefügt war, stand wörtlich:

„Die Reederei ist nicht haftbar für den Tod eines Passagiers, wenn er die Folge von Schiffsuntergang, Kollision oder Auflaufen ist, auch wenn dies durch Irrtümer der Navigation verursacht wird. Sie ist nicht haftbar für den Tod des Passagiers durch Feuer, Unfälle auf See, durch göttliche Fügung, Kriegshandlungen und Taten öffentlicher Feinde. Und nicht für die Folgen von Verhaftungen durch Herrscher, Regierungen und Völker, für die Folgen von Aufständen, Selbstmord, Trunkenheit oder das Verschwinden von Passagieren während des Transports."

Heiliger Onassis! Wer bei dieser Lektüre in Ferienstimmung kommt, ist dem modernen Reisebetrieb gewachsen. Ich überlegte lange, mit welcher Todesart ich der Reederei ein Schnippchen schlagen könnte, fand aber keine, die in den von mir unterschriebenen Transportbedingungen nicht vorgesehen war.

Trotz der makabren Warnungen fuhr ich in Brindisi furchtlos mit dem Auto in den weitaufgesperrten Schlund des Fährschiffes „Appia", denn mir war jedes Mittel recht, um von Italiens Landstraßen herunterzukommen. Drei Tage lang hatte ich täglich zehn Stunden hinter dem Steuer gesessen und den Giganten der Landstraße auf die Hinterteile geguckt.

Wenn man Pech hat, sind Italiens Hauptverkehrsadern von Bozen bis Brindisi eine knatternde, dieselqualmende Tankwagen- und Fernlasterhölle.

Zwei Worte stehen dem schönheitssuchenden motorisierten Italienfahrer fast pausenlos vor Augen: „Viberti" und „Adige". Das sind die auf dem Heck der Lastzüge eingestanzten Namen der Hersteller dieser Ungetüme.

Neunzig Prozent meines Blickfeldes waren während der Tausend-Kilometer-Fahrt nach Brindisi von solchen Dinosaurier-Hinterteilen verdeckt, während in den seitlich verbleibenden zehn Prozent hin und wieder Wegweiser mit so verlockenden Namen wie Rimini, San Marino, Foggia und Loreto auftauchten.

Es ist kaum abzuschätzen, wie viele der Sehenswürdigkeiten, um derentwillen sie hergekommen sind, die Autoreisenden links und auch rechts liegen lassen, nur weil sie gerade erfolgreich und am Grabesrande entlang einen Lastzug überholt haben und diesen Vorteil um keinen Preis aufgeben wollen. Dabei haben sie meist sofort einen neuen „Viberti" oder „Adige" vor der Nase.

Nun stand mein Auto endlich wohlbehalten im Bauch der „Appia" und ich aufatmend an der Reling. Viel müder können auch die römischen Legionäre nicht an der Säule angekommen sein, die heute noch das Ende der klassischen via Appia von Rom nach Brindisi markiert und von der eine breite Treppe hinunter zum Hafen führt. Hier herrschte schon vor zweitausend Jahren ein fröhliches Gewimmel von Urlaubern, frisch importierten Sklaven und Seeleuten. Die Urlauber kamen allerdings aus den griechischen Garnisonen und nicht, wie heute, aus Gallien, Germanien und Britannien.

Die „Appia" ist ein nagelneues Prachtschiff, das in einem Tage und einer Nacht Touristen, die das Land der Griechen mit der Seele, aber auch mit dem Sucher der Kamera suchen, zum geschichtsträchtigen Peloponnes schafft.

Sie bedeutet eine Revolution in der Passagierschifffahrt, denn die Verpflegung ist nicht im Passagepreis inbegriffen. Wer Appetit hat, geht ins Restaurant oder an die Bar und zahlt nur das, was er wirklich isst. Deshalb gibt es auf der „Appia" viel weniger Seekranke als auf anderen Schiffen, wo die Passagiere vom Hummer bis zum Käse alles hineinwürgen, um nur der Reederei nichts zu schenken.

Die Luxusfähre zum Lande der Hellenen war von vorn bis hinten mit Fernsehapparaten bestückt. Sogar am Swimmingpool auf dem Oberdeck, der von einem Mäandermosaik eingefasst war, befanden sich zwei gegen Wassereinwirkung geschützte Bildröhren und schickten plärrende Flimmerbilder in die Sommernacht. Am scheinwerferbestrahlten Schornstein prangte der venezianische Markuslöwe und verursachte in den Magengruben der Venedig-Kenner das unangenehme Vorgefühl des Ausgenommenwerdens. Das Gefühl trog aber, denn auf dem Schiff ging es superkorrekt zu.

Der Maître d'Hôtel im Restaurant sah aus wie Quizmaster Heinz Maegerlein, was für beide spricht. Das Publikum war international.

Mit mir am Tisch saß ein holländischer Buchhändler mit Ödipuskomplex. Er verriet mir, er führe nach Griechenland, weil er den „Ödipus" für das schönste literarische Werk der Welt hielte. (Ödipus hat bekanntlich seinen Vater umgebracht und dann seine Mutter geheiratet.) Ich wagte nicht, meinen Tischgenossen nach dem Befinden seiner werten Eltern zu fragen.

Am Nebentisch saß eine französische Familie mit vier Kindern im Alter von zwei bis sechs Jahren, von denen jeweils eines mit dem flachen Löffel in die Suppe schlug, der Mutterhand ausweichend vom Stuhl fiel, schrie, vom peinlich berührten Ober wieder hochgereicht und dann vom verzweifelten Vater mit einem tüchtigen Schuss Rotwein gestillt wurde. Ich glaube, eine Bildungsreise ins antike Hellas war für diese Kinder noch etwas verfrüht. Aber das mögen die Eltern mit sich ausmachen.

Etwas weiter speiste ein gequält lächelnder Deutscher mit sauertöpfischer Gattin und halberwachsener Tochter, die verstohlen zu einem Tisch fröhlicher und lautstarker Italiener hinüberlinste. Die Familie fuhr wohl nach Griechenland, weil alle Bekannten nur bis Süditalien reisten. Der Wunsch, weiter zu fahren als die anderen, ist nachweislich ein kräftiger Motor des modernen Fremdenverkehrs.

Auch die obligate Reisegruppe älterer Engländerinnen fehlte nicht und rechnete Pfunde in Lire, Lire in Drachmen und Drachmen wieder in Pfunde und Schillinge um, wobei die Damen jedes Zwischenergebnis mit einem Aufstöhnen zur Kenntnis nahmen.

Amerikaner waren nicht an Bord, die fliegen per Düse und kehren mit der schönen Vorstellung heim, dass die Akropolis neben dem Hofbräuhaus liegt.

Nach dem Abendessen wollte ich die blaue, sternklare Nacht in aller Ruhe genießen. Auf dem Oberdeck heulten aus zwei Lautsprechern die Beatles, und aus dem Salon drangen die Schreckensschreie eines Fernseh-Kriminalthrillers.

Musikdurchflutet rauschte das strahlende Schiff über das klippenreiche Meer des Odysseus, dem Lande Homers und der Callas entgegen.

Ein grausiges Geräusch schreckte mich am frühen Morgen aus dem Schlaf. Es klang, als würde der Schiffsrumpf der Länge nach von einer Klippe aufgerissen. Hatte etwa der von der Reederei auf dem Fahrkartenbeiblatt vorgesehene Navigationsfehler stattgefunden? Nein, es war nur das Herunterlassen der Ankerkette, denn wir legten kurz in Korfu an.

Auf dem grünbewachsenen Hügel, der den Hafen beherrscht, sind an einem gewaltigen Gerüst meterhohe, bunte Buchstaben befestigt: Eine Benzinfirma entbietet den Ankommenden ein herzliches „Welcome to Greece!".

Die Fassade des größten Hafengebäudes ist in ebenso großen Lettern mit dem Willkommensgruß eines anderen Treibstoffherstellers geschmückt.

Der Eindruck, dass sich Griechenland im Besitz einiger Benzinfirmen befindet, verstärkt sich am späten Nachmittag bei der Einfahrt in den Hafen von Patras. Dort leuchten dem Fremden ebenfalls in grellbunten Buchstaben mineralölige Begrüßungen weithin entgegen. Auch der Touristen-Informationsstand auf unserem Schiff wurde von einer Benzinfirma bewirtschaftet.

Ich ließ mir alle Prospekte für Autoreisen in Griechenland geben, nur die Heftchen von Sparta wies ich zurück. Sparta war mir immer etwas unheimlich, weil dort die schwächlichen, zum Wehrdienst ungeeigneten Kinder ausgesetzt wurden. Ich war ein schwächliches Kind.

Der charmanten Auskunftsdame mit dem gestrickten Benzinmarkenzeichen auf dem vollen Herzen verdanke ich wahrscheinlich mein Leben: Sie riet mir, nicht in der Dunkelheit nach dem über zweihundert Kilometer entfernten Athen zu fahren, sondern die Nacht in

Patras zu verbringen. Wie recht sie hatte, sollte ich am nächsten Morgen merken.

Zunächst stellte ich fest, dass die Benzindame nicht nur mir den Rat gegeben hatte, sondern auch allen anderen Autoreisenden. Das führte zu einem Sturm auf die wenigen Hotels. Leute, die auf dem Schiff eine Luxuskabine mit Bad und Fernsehen bewohnt hatten, mussten mit tatortähnlichen Zimmern vorliebnehmen, in denen eine Glühbirne am Draht von der Decke baumelte. Alle Gäste äußerten vergeblich den Wunsch nach einer Garage. Der motorbewusste Tourist ist ja bereit, auf Stroh zu schlafen, wenn nur der Wagen gut untergebracht ist.

Wie soll man Patras beschreiben? Es sieht aus wie eine Garnisonsstadt aus den Balkan-Anekdoten Roda Rodas. Oder wie ein Schauplatz der „Maghrebinischen Geschichten" Gregor von Rezzoris. Mit einem Schuss Odessa, das ich nicht kenne, mir aber so vorstelle.

Die Einwohner zeigten sich überaus freundlich und hilfsbereit. In einer Apotheke wollte ich Fleckenwasser kaufen, denn ein Gepäckträger hatte mir mit seinem Karren eine Portion Wagenschmiere ans Hosenbein gewischt. Der Provisor mixte in Reagenzgläsern ein Fleckenwasser zusammen, das Fräulein von der Kasse kam mit einem Lappen, und dann machten sich beide über meine Hose her, bis der Fleck weg war. Geld wollten sie nicht annehmen. Und das auf einem Breitengrad, der noch unterhalb Neapels liegt.

Alle Neuankömmlinge litten unter Sprachschwierigkeiten. In der Schule gelerntes Altgriechisch nützt einem hier wenig. Ich hatte nur einen einzigen Satz aus der Sprache Homers im Gedächtnis, und der hieß übersetzt: „Ich höre den Lärm vieler Menschen und Pferde." Er steht wahrscheinlich heute noch in den Schulbüchern, aber seine Anwendungsmöglichkeiten bei einer Griechenlandreise sind begrenzt und genügen keinesfalls zum Bestellen eines Abendessens.

Die Speisekarten des allen Fremden empfohlenen Restaurants waren mit der Hand in griechischer Schrift geschrieben, was sehr hübsch aussah, aber rätselhaft blieb. Die Deutschen versuchten, auf Englisch das Ohr des Obers zu gewinnen, die Franzosen radebrechten italienisch, die Italiener kamen dem Kellner französisch, und dann kriegten alle ein Wiener Schnitzel mit Salat, ob sie wollten oder nicht. Aus der Küche wurde immer wieder laut „Sokrates" gerufen. So hieß der Kellner, und deshalb verziehen wir ihm.

Als ich mich am anderen Morgen auf den Weg nach Athen machte, begriff ich sehr bald, weshalb die Informationsdame auf der „Appia" von Nachtfahrten abgeraten hatte, obgleich im Griechenlandprospekt für Kraftfahrer der Hinweis stand: „Die Verkehrszeichen sind die gleichen wie im übrigen Europa."

Das mit den Verkehrszeichen mag zutreffen, wo sie vorhanden sind. Aber in Kurven, die im übrigen Europa mit totenkopfbemalten Plakatwänden angekündigt werden, geht man hier manchmal völlig ungewarnt hinein. Ich sah Dreieckswarnschilder, nicht viel größer als ein Bikini-Unterteil. Und dass eine Fahrbahn als gesperrt gilt, wenn ein kommissbrotgroßer Felsbrocken in der Mitte liegt, ist nicht jedem bekannt.

Ein dünner Strich, der im gleißenden Sonnenlicht quer über die Straße läuft, ist eine Kette, die in Griechenland häufig die Bahnschranken ersetzt und beim Nahen eines Zuges von einer in der Nähe wohnenden Frau hochgezogen wird. Wer das nicht weiß, muss damit rechnen, dass sein Urlaub vorzeitig beendet wird.

Herrliche Autostraßen führen in Griechenland am Meer entlang. Die Markierung ist an einigen Kurven allerdings ungewöhnlich: Unter Zugrundelegung mitteleuropäischer Normen muss der Autofahrer annehmen, dass die hier gezeigte Straße schnurgerade über eine Kuppe hinunter zum Meer führt.

In Wirklichkeit geht sie aber in einer sehr scharfen Kurve um die Ecke. Vielleicht liegt es daran, dass die Griechen ein Seefahrervolk sind und stets das nächste Zeichen ansteuern. Für nichtsahnende Fremde kann eine so markierte Straße zu einer Abschussrampe ins Reich Poseidons werden.

Derselbe Fall kann leicht eintreten, wenn man sich darauf verlässt, dass die Fahrer der wildschaukelnden antiken Lastkraftwagen den Blinker betätigen, bevor sie nach links ausbiegen. Meistens haben sie nämlich keinen. Wenn sie ihn doch haben, betätigen sie ihn selten, denn das rote Aufleuchten ist in dem gleißenden Sonnenlicht sowieso kaum zu sehen.

Es ist ratsam, beim Überholen hochbepackter Transportfahrzeuge das Schiebedach zu schließen. Es fällt leicht etwas herunter, und es soll schon vorgekommen sein, dass ein Tourist plötzlich einen Hammel neben sich im Auto sitzen hatte.

Unbesorgt kann man dagegen an den Gewehrmündungen vorbeifahren, die von den jagdfreudigen Griechen, quer auf dem Gepäckträger des Fahrrades befestigt, mitgeführt werden. Die Gewehrläufe liegen in Kopfhöhe der Fahrer von niedrigen Sportwagen, in Brusthöhe bei Limousinenbenutzern. Sie sind aber angeblich nie geladen.

In allen Dörfern liegen am Straßenrand schattige Literatencafés. Diesen Eindruck muss jedenfalls der Fremde gewinnen, wenn er bärtige Männer bereits am frühen Morgen diskutierend hinter türkischem Mokka und gefüllten Wassergläsern sitzen sieht. Es sind biedere Bauern, die sich über die letzten Dinge unterhalten, nämlich über Oliven- und Zitronenpreise.

Ich studierte alle griechisch gemalten Schilder, um mich mit der Schrift vertraut zu machen. Über einem Obstladen stand in großen Lettern der Name des Besitzers. Er hieß Kastritis, saß traurig hinter seinen Früchten und machte einen unverheirateten Eindruck.

Zwischen den Dörfern durchfuhr ich eine Landschaft, die sich seit Homers Zeiten nicht verändert hat. Gegenüber einer Tankstelle, die einsam an der Hauptstraße lag, entdeckte ich vor einer unscheinbaren Abzweigung ein blaues Schild mit einem Pfeil und der Aufschrift „Antikes Korinth". Doch weit und breit war nichts von der Stadt zu sehen, die als Paris des Altertums galt. Da donnerten mir aus Richtung Athen drei vollbesetzte Reisebusse entgegen und bogen in den Feldweg ein. Sie trugen die Aufschrift: „Klassische Viertagetour." Da habe ich mich angehängt.

Die Fahrt ging über einige Hügel und einen Dorfplatz. Dann hielt die Kolonne vor einem Maschendrahtzaun. Dahinter lag die Antike.

Auf der Windschutzscheibe des ersten Busses klebte ein großes Schild: Deutsch. Das war nicht als Warnung zu verstehen, sondern sollte den Insassen den Weg zurück erleichtern. Die beiden anderen Busse waren mit *English* und *Français* markiert. Die nach Klassik Dürstenden quollen heraus, vermengten sich aber nicht, sondern bildeten drei scharf getrennte Sprachgebiete unter dem Kommando jeweils einer Fremdenführerin.

Ich folgte der deutschen Gruppe. Plötzlich drehte sich die Führerin um, sah mich scharf an und sprach: „You are in the wrong group, we are Germans!" Fast hätte ich ihr recht gegeben, bremste mich aber und sagte: „Auch ich bin Deutscher und würde gerne an Ihrer Führung teilnehmen."

Die Antwort der Dame war verblüffend: „Das ist nicht zulässig, wir sind eine geschlossene Gesellschaft!" Hier spürte ich zum ersten Mal ein Phänomen, das meine ganze Griechenlandreise überschatten sollte: Der Einzelreisende gilt im klassischen Lande der Individualisten als verdächtig, denn er stört den Ablauf der kollektiv-touristischen Maschinerie.

In gebührendem Abstand von den geschlossenen Gesellschaften betrat ich das Museumsgebäude am Eingang des Ruinengeländes und nassauerte ohne böse Absicht einige Erklärungen aus dem Munde der Fremdenführerin. So erfuhr ich, dass es sich bei dem marmornen, aber kopflosen Standbild eines römischen Feldherrn um eine Konfektionsarbeit handelte, denn diese Modelle wurden ohne Kopf in großen Serien angefertigt. Die in Griechenland stationierten römischen Besatzungsoffiziere konnten sich so ein Ding kaufen und dann vom Garnisonsbildhauer mit ihrem eigenen, nach Maß gemeißelten Kopf versehen lassen. Die Römer waren, wenn ich so sagen darf, die Amis des Altertums, wobei die Griechen die Rolle der Europäer spielten. Die Führerin der englischen Gruppe nannte übrigens die Torsos sehr hübsch „prefabricated bodies" und errötete.

Das Museum birgt Schätze, deren Aufzählung der geneigte Leser den Reisehandbüchern entnehmen kann. Ich sah mir viel Schönes an und ging dann mit der Gruppe der Klassischen Tour hinunter in die Ruinen Korinths.

Sie erforderten, wie alle Ruinen, ein enormes Vorstellungsvermögen. Die meisten Touristen benutzten die Eindrücke des Films „Ben Hur" als Gedächtnisstütze, der allerdings in Rom spielte. Aber einen im antiken Griechenland angesiedelten Monumentalfilm hat uns Hollywood bis heute nicht beschert, obgleich die Geschichtsschreiber glaubhaft versichern, dass auf dem engen Raum des alten Korinth über tausend Hetären die Fremden anlockten, festhielten und in ein paar Tagen bis auf die Toga ausplünderten.

Ob das die Führerin wusste? Ich glaube schon. Sie wagte aber wohl nicht, der biederen Reisegesellschaft davon zu erzählen.

Das Vorstellungsvermögen der durch die Ruinen steigenden Damen wurde besonders stark angeregt durch den Hinweis, dass sich unterhalb des Apollo-Tempels einst zweiundsechzig *boutiques* befunden haben, gefüllt mit den Schätzen des Orients. Leider sind nur noch Fußböden, Ecksteine und einige Steinregale vorhanden. Trotzdem eilten, von urweiblichem Instinkt getrieben, viele Besucherinnen dorthin. Hofften sie etwa, noch einige vorchristliche Restbestände zu besonders günstigen Preisen erwerben zu können?

Der Ausgang des maschendrahtumzäunten Korinth liegt fünfhundert Meter vom Eingang entfernt und führt direkt in eine Bar, die mit einem Andenkenladen gekoppelt ist. Hier konnten die Reisenden ihren Bedarf an Salzstreuern mit aufgemaltem Parthenon-Tempel decken, eine Erfrischung zu sich nehmen oder vor einer kleinen Glastür Schlange stehen. Da die Schlange sich durch das ganze Lokal bis zum Andenkentresen hinzog, war vielen der Wartenden die Möglichkeit gegeben, das Angenehme mit dem Nützlichen zu verbinden. Die unmittelbar vor der Glastür Stehenden ließen sich durch Vermittlung der rückwärts Wartenden die Andenken zureichen.

Als das erste Drittel der Schlange sich die kleine Tür gegenseitig in die Hand gegeben hatte, hupten die Omnibusse zur Abfahrt. Der Rest musste, wenn ich so sagen darf, unverrichteter Dinge abziehen. Aber ein Andenken hatte jeder.

Ich trank in Ruhe meinen Kaffee, denn das ist der einzige Vorteil, den der Einzelreisende gegenüber dem Gruppenreisenden genießt.

Über der Theke hingen Reproduktionen antiker Bildwerke, darunter ein herrlicher Apollo. Daneben hing auf einem Ehrenplatz das schwarz gerahmte Foto eines schnauzbärtigen Herrn im

Sonntagsanzug. Das war der verblichene Besitzer des drachmenträchtigen Etablissements. Anhand der Fotos konnte der Beschauer eine zweitausendjährige Entwicklung verfolgen.

Dieses Bild zeigt den komplizierten geistigen Prozess des Hochdenkens nicht vorhandener Säulen. In Griechenland wird unendlich viel gezeigt, was schon lange nicht mehr vorhanden ist.

Kurz darauf fuhr ich über den Isthmus von Korinth, der nicht etwa eine Kunstrichtung, sondern eine schmale, von einem Kanal durchstoßene Landbrücke ist.

Ich war in Attika!

Rechts glitzerte der Saronische Golf in tiefem Blau, und auf dem Asphalt leuchtete ein weißer Streifen, der die Fahrbahnen trennen sollte. Hin und wieder verlief er in seltsamen Zickzack-Linien. Sollte das ein Überholverbot bedeuten?

Aber nein: Der Asphalt war durch die Sonnenhitze stellenweise in Bewegung geraten und hatte den weißen Strich verschoben. Gefährlich wird das allerdings erst, wenn die weißen Linien bei Höchsttemperaturen bis an den Rand des Abgrundes, mit dem fast jede griechische Straße auf einer Seite versehen ist, abgebogen werden.

Kurz vor Athen stand an einer trostlosen Ortseinfahrt ein Schild mit der Aufschrift „Eleusis". Hier war also der Schauplatz der antiken Mysterien.

Neben dem Schild handelte ein Grieche mit alten Autoreifen. Dahinter sonderten sieben gewaltige Schornsteine dicke Wolken graugelber Dämpfe ab. Am Ortsende stand ein großer Wegweiser zur Kaserne eines Fallschirmjägerregiments, Eleusische Elitetruppen. Ohne anzuhalten fuhr ich weiter und träumte von den Champs-Élysées, wo der wache Geist der Antike weitaus spürbarer weht als hier in Eleusis.

Und dann leuchtete mir endlich im Schein der Abendsonne die Akropolis entgegen. Ich hielt an und dachte, ohne mich literarischer Kenntnisse rühmen zu wollen, an den Satz Victor Auburtins (nicht der mit den Olympischen Spielen, der hieß Coubertin): „Das bisschen Licht, das auf unseren kümmerlichen Planeten fiel, kam von dieser Ortschaft!"

Diese Reportage kann und soll keinen Überblick über die Schönheiten Griechenlands geben. Die sind bekannt und in vielen Büchern nachzulesen. Ich will nur diejenigen, die mit dem Auto reisen, über die wichtigsten Nebensächlichkeiten unterrichten.

Also: Das Parkproblem wurde in Athen restlos gelöst, denn das Parken ist generell verboten. Wo ich auch anhielt, überall wurde ich freundlich, aber bestimmt von den Taxifahrern verscheucht, denen anscheinend die Nutzung aller Straßenränder überlassen wurde. Athen hat von allen Hauptstädten Europas die meisten engen Straßen, aber die breitesten und größten Taxen, meistens amerikanischer Herkunft. Der Sinn für vernünftige Proportionen, der einst den Ruhm Athens ausmachte, ist wohl verlorengegangen. Als sich ein solches Taxi-Ungetüm im Verkehrsgewühl an mir vorbeischob, dröhnte es blechern: Der Fahrer schlug wie wild mit der flachen Hand auf das Außenblech seiner Tür, denn in Athen ist das Hupen verboten.

Mehr als eine Stunde kurvte ich verzweifelt suchend umher, bis ein freundlicher Grieche zu mir in den Wagen sprang und mich zu einem Platz führte, auf dem Autos parken dürfen, vorausgesetzt, dass sie ein ausländisches Kennzeichen haben.

„Ist das der einzige Parkplatz von Athen?", erkundigte ich mich bei meinem Begleiter.

„O nein", sagte er, „in den Vororten dürfen Sie überall parken."

Ein schwacher Trost.

Ich sah mir an einer Hauswand das griechisch gemalte Namensschild dieses Platzes genau an, um ihn nicht zu vergessen. Das Schild sah so aus:

ΠΑΠΡΗΓΟΠΟΥΛΟΥ

Ich hoffe, zukünftigen Athenfahrern damit einen wertvollen Tipp gegeben zu haben.

Ich fragte meinen liebenswürdigen Nothelfer, ob er mir eine Garage nennen könne. „Die sind jetzt während der Hochsaison alle besetzt. Es sind aber eine ganze Reihe Großgaragen im Bau, im Winter sind sie fertig!" So lange konnte ich nicht warten.

Der gute Mann setzte mich in eine Taxe, damit ich die Hotels abfahren konnte, denn das sagte er mir gleich: Ein Zimmer wird schwer zu bekommen sein. Zum Abschied gab er mir noch den Hinweis: „Zahlen Sie dem Chauffeur nur, was die Uhr anzeigt, und höchstens zwei Drachmen Trinkgeld!"

Zwei Drachmen sind etwa dreißig Pfennig. Der Fahrer, der offenbar Deutsch verstand, warf seinem Landsmann einen Blick zu, der deutlich ausdrückte: „Du hundsgemeiner Verräter!"

Ich fuhr von Hotel zu Hotel. Alle besseren Herbergen waren von Reise- und Fluggesellschaften etagenweise auf zwei bis drei Monate vorbestellt. Dieser Art Kundschaft geben die Hoteliers den Vorzug, weil die Gäste pünktlich und zu sechzig Stück gebündelt angeliefert werden, alle gleichzeitig aufstehen, frühstücken, zu Stadtbesichtigungen fahren, das vorgeschriebene Menü essen und niemanden mit dummen Fragen belästigen, denn dafür haben sie einen Reiseleiter mit.

Der Einzelreisende ist nicht mehr eingeplant. Er ist Sand im Getriebe des Tourismus, weil er aufsteht, wann es ihm passt, essen will, was ihm schmeckt und damit den ganzen Betrieb aufhält. Wanderer, kommst du nach Athen, komme im Haufen!

In der Nähe des volkreichen Omonia-Platzes fand ich endlich ein Zimmer. Über einer Garküche, aus der brutzelndes Hammelfett in Schwaden zum Himmel zog. Außerdem war die Gegend voller Duftmischungen mit starker Knoblauchkomponente. Man scheint aber etwas dagegen zu unternehmen, denn ich sah einen Wagen mit der Aufschrift „Air-Police" durchs Viertel fahren.

Mit einem Taxi holte ich mein Gepäck, um den Parkplatz nicht zu verlieren. Dann bummelte ich durch südländisch bewegtes Menschengewimmel und wurde für alle Strapazen entschädigt. Erst ohne Auto wird man Mensch.

Kringelhändler balancierten ihre seit zwei Jahrtausenden gleich gebliebene Backwerksform, auf kleinen Brettchen kunstvoll aufgetürmt, durchs Gedränge, Losverkäufer mit Großlautsprechern in der Kehle trugen, wenn man ihren Versprechungen glauben durfte, ausschließlich Haupttreffer an Besenstielen befestigt, am Boden sitzend boten Kammhändler ihre auf dem Pflaster ausgebreitete Ware an, und vor dem Portal einer Bank handelten drei wie Onassis aussehende Gewerbetreibende mit Brieftaschen. Einen besseren Standplatz für diesen Geschäftszweig dürfte es kaum geben.

An dem Prachtgebäude stand in Goldbuchstaben „Trapez", das griechische Wort für „Bank". Bankgeschäfte sind also Trapezakte, und das kann wohl jeder Volksaktienbesitzer aus vollem Herzen bestätigen.

An einem der vielen Kioske, deren Artikelsortiment dem eines mittleren Warenhauses entspricht, sah ich in großen Lettern den Namen einer bekannten deutschen Zigarettenmarke. Ich verlangte ein Päckchen und bekam Zahnpasta. Andre Länder, andre Waren.

In den Läden mit Rundfunkgeräten und Schallplatten gab es auch Gewehre und andere Schusswaffen, mit denen man sich nach dem alten Spruch „Ein scharfer Schuss zur rechten Zeit schafft Ruhe und Gemütlichkeit" gegen aufdringliche Lautsprecher schützen kann. Dass im gleichen Laden zwei so verschiedene Artikel angeboten werden, ist für den Fremden zunächst überraschend, aber nach einigem Überlegen einleuchtend.

Durch die Athinai-Straße, wo die kleinsten Juweliergeschäfte der Welt (vierzig mal vierzig Zentimeter große Vitrinen, mit dem Händler auf einem Schemel) am Straßenrand stehen, wanderte ich zur Altstadt.

Man vermeide, in Alt-Athen dicht an den Hauswänden entlangzugehen. Der nichtsahnende Fremde fällt dabei leicht in Keller, denn die Treppen zum Souterrain gehen ungeschützt ein Stück in den Gehsteig hinein. Diesem architektonischen Kniff verdanken die in den Kellern etablierten Gewerbetreibenden einen Großteil der wirklich zufällig hereinkommenden Kundschaft.

In der Straße der Schmiede, wo seit der Antike ohne Unterbrechung die Eisen glühen und wo die Schwerter für die Schlacht bei Marathon geschmiedet wurden, stellt man heute hauptsächlich Bratspieße und Grills her. Außerdem gibt es hier einen Trödelmarkt, wo man eine reelle Chance hat, für Maschinenmodelle von der Jahrhundertwende bis zurück zum Ausgang des Mittelalters Original-Ersatzteile zu bekommen.

Vor seiner Werkstatt beobachtete ich einen Hephästos-Schüler bei der Herstellung des seltsamsten Gefährtes, das ich je sah: Er hatte an eine alte, verrostete Badewanne Räder genietet und befestigte gerade am Wannenrand die Deichsel für einen Maulesel.

Die Altstadt „Plaka" lehnt sich an den steil abfallenden Nordhang der Akropolis. Die letzten Häuserreihen sind ärmlich und verfallen. Traurig sitzen die Besitzer abends vor ihren Türen. Sie könnten alle Millionäre sein, denn das Viertel schließt sich unmittelbar an das Geschäftszentrum an, und die Grundstücksmakler haben den Leuten bereits Unsummen für ihren Grund und Boden geboten. Aber der Staat verbietet den Verkauf, um dort eventuell eines Tages Ausgrabungen zu veranstalten. Man vermutet unter den Elendshütten noch manches vom alten Athen. Nun darben die Besitzer für die Archäologie, ein seltsamer Fall unfreiwilligen Mäzenatentums.

In diesem Stadtteil liegen auch die berühmten Tavernen. Die am geschicktesten auf die Bedürfnisse des Fremdenverkehrs zugeschnittene Kneipe heißt „Bacchus".

Sie ist von oben bis unten mit Antiquitäten dekoriert: An den Wänden hängen dicht an dicht Dolche, Petroleumlampen, Telefone der Jahrhundertwende, Schleppsäbel, Epauletten, Vorderlader, zwei alte Nähmaschinen und bäuerliche Wäschestücke von bestechender Einfachheit. Alle diese Gegenstände sollen dem Gast einen Hauch des alten Hellas vermitteln. Dort habe ich unterhalb der angestrahlten Akropolis den berühmten Fischspieß, gewürzt mit Koriander und durchsetzt mit Lorbeerblättern, mit großem Appetit verzehrt und dazu geharzten Retsina-Wein getrunken. Der schmeckt wie kleingehackter Weihnachtsbaum und ist mit Recht nicht jedermanns Sache.

Drei Gitarristen spielten dazu alle zwanzig Minuten das Lied aus dem Film „Sonntags – nie", von dem Schiff, das kommen und Kundschaft bringen wird.

An der Lokalmauer zwitscherten Kanarienvögel in Käfigen, die die Namen prominenter Gäste trugen. Die Vögel hießen „Maria Callas", „Rock Hudson", „Liz Taylor" und ähnlich prominent. Nur die ganz Großen dieser Erde können von sich behaupten: „Ich hab noch einen Vogel in Athen!"

Kenner der Fremdenindustrie rechnen damit, dass hier eines Tages ein amerikanischer Hotelkonzern, der gerade einen Wolkenkratzer unter die Akropolis setzt, den geheimen Wünschen seiner Gäste noch weiter entgegenkommt. Dann wird man Tavernen finden, in denen der Gesellschaftsreisende unter Säulen auf klassischen Ruhebetten speist, sich von als Hetären verkleideten Kellnerinnen die Weinamphora reichen und dabei von der Gattin auf den Rollfilm bannen lässt.

Des wirklich süßen Weines voll wanderte ich zum Omonia-Platz zurück, wo sich die Griechen zu versammeln pflegen, wenn sie eine Revolution machen wollen. Das wusste ich aus dem Reiseführer. Ich wusste aber nicht, dass gerade an diesem Abend dort größere Krawalle stattfanden. Leider erlebte ich nur die letzte Phase, nämlich das Abräumen des Platzes durch die Polizei mithilfe von Tränengasbomben. Es waren die ersten meines Lebens. Weinend erreichte ich das Hotel und fragte den ebenfalls weinenden Kellner der Garküche, was denn eigentlich los sei. Er wischte sich mit der Serviette die Tränen ab und sagte nur ein Wort: „Demokratie!"

Als das Kampfgetümmel vorbei war, konnte ich tränenden Auges eine rührende Szene beobachten: An einem der Telefonapparate, die außen an jedem Zeitungskiosk offen angebracht sind, telefonierte ein gerade seinen Holzknüppel einsteckender Polizist. Er teilte der besorgten Familie mit, dass er den Krawall gesund überstanden habe. Hinter ihm wartete ein Demonstrant mit einer gewaltigen, farbig leuchtenden Beule auf der Stirn, um seinen Angehörigen dasselbe zu sagen. Friedlich standen Polizist und Opfer beieinander. Beide weinten, denn das Tränengas wirkte auf Gerechte und Ungerechte. Ein schönes Beispiel von angewandter Demokratie. In Griechenland wurde einst die Demokratie erfunden. Sie brachte einen allerdings damals noch nicht mit Tränengas zum Heulen.

Das Gas biss hundsgemein in den Augen und verzog sich nur sehr langsam. Ich weinte noch etwas mit dem Hotelportier, der mir für den nächsten Tag eine sogenannte „Kondensierte Athen-Tour" empfahl. Akropolis, Stadion, Zeustempel, Museum und Kathedrale – alles in nur vier Stunden.

Das Tränengas war auch in die Zimmer gedrungen. Ich weinte mich in den Schlaf.

Pythia, Parnass und Poseidon

Die alten Athener befragten bekanntlich vor jeder wichtigen politischen Entscheidung das Orakel von Delphi. Wenn etwas „anlag", wurde ein Regierungsläufer mit präzise formulierten Anfragen zur alten Pythia geschickt. Sie gab dann ziemlich zweideutige Ratschläge, die von den vorchristlichen Politikern so ausgelegt wurden, wie es ihnen gerade in den Kram passte.

Dieses Verfahren hatte den Vorteil, dass sich die Staatsmänner, wenn's schiefging, immer auf das Orakel herausreden konnten. Es ersetzte in klassischer Zeit das, was man heute „Befehlsnotstand" nennt.

Wer nun als unbefangener Athen-Besucher glaubt, Delphi läge hinter der Akropolis gleich um die Ecke, der täuscht sich gewaltig. Der amtliche Läufer musste hin und zurück genau dreihundertundsechsunddreißig Kilometer abtraben, wenn er, um nur ein Beispiel zu nennen, mit dem geheimen Staatsakt „alpha 785923/III betr. Vorbereitung des zwoten Perserkrieges" zum Orakel geschickt wurde.

Während dieser Lauferei dürfte sich manches dringende Problem von selber erledigt haben. Die Strecke von Athen nach Delphi war sozusagen der antike Instanzenweg, und die Anfragen hatten im wahrsten Sinne des Wortes eine lange Laufzeit.

Ich bin die Strecke abgefahren, um den Ort zu sehen, an dem die Geschichte gemacht wurde, die einst wegen der schwer zu behaltenden Jahreszahlen mein Abitur gefährdete.

In aller Herrgottsfrühe oder, um Homer zu zitieren, „als die rosenfingrige Eos den Pferden des Sonnenwagens das Himmelstor öffnete", brach ich in Athen auf. Eos, die Göttin der Morgenröte (nicht zu verwechseln mit Eros, dem Gott der Schamröte), trieb mir in der Markthallengegend dicke Staubwolken entgegen, in denen rosafarbene Seidenpapierfetzen herumwirbelten: weggeworfenes Apfelsinenpapier.

Vor mir fuhr ein alter Lastwagen mit einer Athener Nummer. Ich traute meinen Augen nicht, als ich die Aufschrift las: „Michl Spiegel, Fuhrunternehmer, Vilshofen". Sollte er etwa anno 1830 ins Land gekommen sein, als die Bayern den durch Engländer, Franzosen und Russen von den Türken befreiten Griechen den Wittelsbacher Prinzen Otto als König abtraten? (Das ist eine historische Tatsache, die, wie so viele, nach einem dummen Scherz klingt.) Vielleicht war das Fahrzeug aber nur eine Folge des zwischen der Bundesrepublik und Griechenland munter florierenden Altwagenhandels.

Auf einer autobahnartigen Avenue rollte ich aus Athen hinaus. Nach etwa zwanzig Kilometern schickte mich ein Umleitungsschild durch die Staubwolken eines Sandweges um einen Militärflugplatz herum. Ich folgte kleinen, auf Stöckchen befestigten Richtungspfeilen und landete nach mehreren scharfen Kehren auf einer Prachtstraße. Eine halbe Stunde später war ich wieder in Athen, denn ich war dieselbe Straße zurückgefahren.

Die Historie berichtet, in grauer Vorzeit sei die heilige Stätte des delphischen Orakels von dem Drachen Python vor fremden

Eindringlingen geschützt worden. Diese Aufgabe erfüllt heute, soweit ich das übersehen konnte, die Straßenbeschilderung.

Beim zweiten Anlauf glückte mir der Durchbruch durch die Umleitung, und ich gelangte ungehindert bis zu einem Ort namens Levadia. Dort hat man den Wegweiser, der zum Linksabbiegen nach Delphi auffordert, direkt an einer Omnibushaltestelle angebracht. Und weil ein parkender Bus das Schild verdeckte, fuhr ich geradeaus weiter und verfuhr mich um runde achtzig Kilometer. Dabei begegnete mir ein Reisebus mit Augsburger Nummer und der Aufschrift „Montmartre-Reisen". Der hatte sich offensichtlich noch mehr verfahren als ich.

An einer wegweiserlosen Gabelung fragte ich einen Schafe hütenden Griechen „Delphi?" und zeigte dabei auf die linke Abzweigung. Er sagte „Ne!", worauf ich nach rechts abbog, nicht ahnend, dass „Ja" auf Griechisch „Ne" heißt. Diese sprachliche Besonderheit macht Berliner Griechenlandreisenden viel zu schaffen.

Das letzte Stück Weges nach Delphi führt durch eine wildzerklüftete Berglandschaft. Als der Parnass, Wohnsitz der Musen, vor mir auftauchte, hielt ich an. Auf einer kleinen Wiese am Rande der Straße luden buntbemalte, würfelförmige Holzkästen zum Sitzen und zum Betrachten des schönen Panoramas ein. Als ich mich setzte, begann es unter mir wie wild zu summen und zu brummen. Die bunten Kästen sind Bienenhäuser, was jeder Reisende wissen sollte.

Ich legte mich in den Schatten eines Olivenbaumes. Aus einem Felsen sprudelte eine Quelle, deren Wasser nach Lavendel duftete. Das war der ideale Platz, um etwas in meinem „Handbuch für Griechenlandreisende" zu lesen. Da stand: „In dieser Landschaft spielen die Satyrn mit den helläugigen Nymphen, die für die Quellen, das Blühen der Frühlingswiesen und das Steigen der Säfte verantwortlich waren."

Während ich vor mich hin träumte, sprang plötzlich eine wunderhübsche, helläugige Nymphe mit ganz kurzem weißem Gewand und aufgelöstem blondem Haar aus dem Gebüsch, verfolgt von einem bärtigen Satyr in buntem Buschhemd und Bluejeans. Beide hüpften kichernd an mir vorbei und um die Ecke, wo ein Auto mit schwedischer Nummer parkte. Der Satyr gab Gas, die Nymphe schmiegte sich an ihn und winkte mir im Abfahren zu. Ich rieb mir die Augen und freute mich, dass es die alten Feld-, Wald- und Wiesengötter noch gibt, wenn auch vollmotorisiert.

Ich las weiter, hier in der Nähe habe Ödipus seinen Vater erschlagen, wodurch er bekanntlich nicht nur die Literatur, sondern auch viele Psychoanalytiker enorm bereicherte. Als ich genug gelesen hatte, um nicht unvorbereitet an das Orakel heranzutreten, fuhr ich weiter durch steile und gefährliche Kurven, an Abgründen entlang.

Vor einer besonders scharfen Biegung saßen drei schwarzgekleidete alte Frauen am Wegesrand und spannen mit der primitiven, jahrtausendealten Handspindel. Waren es etwa die drei Patzen mit den Schicksalsfäden? Als ich mich umguckte, riss einer von ihnen der Faden ab, und um ein Haar wäre ich vor Schreck in den Abgrund gerollt.

Hoch oben am Berg liegt das Städtchen Arachowa, wo sich die Füchse wirklich gute Nacht sagen. Reihenweise hängen die Fuchspelze, eine der Haupteinnahmequellen des Ortes, vor den Geschäften. Die Felle sind preiswert und ein schönes Mitbringsel. Welche Dame wäre nicht stolz darauf, einen Fuchs am Halse zu haben, der nachweislich um das Orakel von Delphi strich?

An der letzten Steigung vor Delphi stand ein Euklid und kochte. Es handelte sich dabei nicht etwa um einen Nachkommen des Vaters der Mathematik bei der Zubereitung eines Süppchens, sondern um einen Traktor der Marke „Euklid".

Und dann kam Delphi. Es war allerdings nicht zu sehen, denn die Ausgrabungsstätten ziehen sich hinter einem Wäldchen den Berg hinauf. Aber die lange Reihe parkender Reisebusse bewies: Hier musste es sein.

Ich stieg bergan und fand Anschluss an eine Flugreisegesellschaft, die gerade das Dreieck Kairo-Istanbul-Athen „gemacht" hatte und dauernd Vergleiche zog, was nirgends schwerer ist als hier in Delphi.

Die Gruppe umstand einen etwa drei Meter hohen Felsbrocken, auf dem die Vorgängerin der Pythia, die weise Sibylle, gesessen und orakelt haben soll. Sie arbeitete noch ohne Hilfsmittel. Erst mit der Pythia zog der Fortschritt ein, denn sie stellte das Orakel auf Dampfbetrieb um.

Die Stelle, an der die Greisin lorbeerblattkauend auf einem Dreifuß über aromatisierenden Dämpfen saß, die aus einer Felsspalte quollen, ist nach wie vor Hauptanziehungspunkt für alle Fremden. Der Felsspalt ist weg, der Dreifuß ebenfalls, aber wie gebannt starren die Besucher in die grasbewachsene Mulde hinter dem Apollo-Tempel. Diese Mulde könnte eine Goldgrube sein, wenn man dort für die Fremden eine Wahrsagerin ansiedelte, die gegen entsprechende Vergütung Börsen- und Toto-Tipps gibt. Wie ich den modernen Fremdenverkehr kenne, wird diese Neuerung nicht mehr lange auf sich warten lassen.

Mit großem Interesse folgte die bundesdeutsche Reisegesellschaft den Ausführungen des Fremdenführers. Er wies darauf hin, dass die Abgesandten ihre Fragen nicht selber an die Pythia richten durften. Sie mussten zunächst ihre Geschenke abliefern und dann den Priestern des Apoll die schriftlich fixierten Fragen zu treuen Händen übergeben. Die gingen damit zur Pythia und setzten die alte Dame unter bzw. über Dampf, bis sie in Trance geriet. Was die Alte dann murmelte, wurde geschickt zurechtformuliert und bestimmte die Maßnahmen der Politiker. Man munkelt, der Wert der Geschenke sei nicht ohne Einfluss auf die Entscheidungen der Pythia geblieben. Die Bundesbürger nickten verständnisvoll, das alles war ihnen nichts Neues.

Vom Sitzplatz der Pythia ging es hinauf in das antike Theater. Es hat das billigste, aber schönste Bühnenbild der Welt: Die dahinterliegende Landschaft, die sich seit den Aischylos-Uraufführungen kaum verändert hat.

Auf der Bühne stand eine italienische Reisegruppe von etwa einhundertfünfzig Personen. Ihr Betreuer benutzte einen Handlautsprecher mit Batterieverstärker, um auch das letzte seiner Schäfchen jederzeit zur Herde zurückrufen zu können. Er brüllte gerade eine sehr hübsche Geschichte auf die Membrane: „Meine Damen und Herren! Im Jahre 1927 wurde hier eine klassische Tragödie neu aufgeführt. Und weil der Dichter am Höhepunkt des Stückes auf ein bestimmtes Stichwort Blitz und Donner verlangte, baute man unter großen Kosten eine hochmoderne Geräuschmaschinerie ein. Bei der Aufführung brach, auf das Stichwort genau, ein echtes Gewitter los, und alle Zuschauer wurden bis aufs Hemd durchnässt."

Niemand wird bezweifeln, dass der alte olympische Zeus da mit einem kleinen und feuchten Scherz beweisen wollte, dass er auch noch da war.

Am Stadion vorbei wanderte ich zu der Schlucht, in der die legendenumwobene Kastalia-Quelle entspringt. Als ich aber erfuhr, dass hier die Lästerer in den Abgrund gestürzt wurden, habe ich mich schnell verdrückt.

Im Museum, das die ausgegrabenen Schätze des Trümmerfeldes beherbergt, drängte sich eine bunte, aber von der Kletterei geschwächte Menge um den berühmten bronzenen „Wagenlenker" und die Marmorstatue des Jünglings Antinous. Letztere hat eine leicht pikante Geschichte, die gerade von einer Fremdenführerin den verlegen lächelnden Besuchern als Museums-Delikatesse serviert wurde. Antinous war nämlich der Geliebte – der Leser möge mir verzeihen, aber er war es wirklich – des Kaisers Hadrian. Die sachkundige Dame nannte das diskret „boy friend" und wies ausdrücklich darauf hin, dass so eine Liebe unter den damaligen Verhältnissen kein Skandal, sondern normal war. Um die Schönheit seines Jünglings publik zu machen, ließ der Kaiser an die tausend Marmorstatuen nach dem schönen Körper meißeln und überall im Lande aufstellen. So kam es, dass heute jedes bessere Museum seinen Antinous und eine hübsche Geschichte für die Fremdenführer hat.

Es gibt im Museum von Delphi viele Kunstwerke, die weit schöner als der Hadrians-Ephebe sind. Aber sie haben keine Anekdoten und können deshalb die Touristen-Fantasie kaum beflügeln.

Auf der Heimfahrt wollte ich in Levadia die beiden berühmtesten Quellen des Altertums besuchen, die hier angeblich sprudeln: Die

Quelle der Mnemosyne, deren Wasser beim Trinken schöne Erinnerungen weckt, und der dunkel brodelnde Lethe-Quell, von dem man sich nur ein Gläschen zu gönnen braucht, um alles zu vergessen. So steht es jedenfalls in den Geschichtsbüchern.

Nirgends in Levadia konnte man mir sagen, wo sich die Quellen befanden. Man hat sie vergessen. Wahrscheinlich wurde die städtische Wasserleitung von einem in der Mythologie unbewanderten Ingenieur nichtsahnend an den Lethe-Quell angeschlossen.

Welch ein Riesengeschäft könnte man aus zwei Quellen mit so gegensätzlichen Eigenschaften machen! (Ob die die Eigenschaften heute wirklich noch haben, ist nicht so wichtig und nur eine Frage der Propaganda.) Man bedenke: Ein moderner Badebetrieb mit Erinnerungsdusche und Wannen des Vergessens würde goldenen Regen auf Levadia rieseln lassen. Und erst der Flaschenversand! Aber vielleicht liefern die Levadianer schon seit Jahren ihren Sprudel unter einem harmlosen Mineralwasser-Etikett nach Deutschland. Das würde vieles erklären.

Anstelle des nicht auffindbaren Mnemosyne-Wassers trank ich einen „Ouzo", den landesüblichen Anisschnaps, der in kleinen Mengen Erinnerungen weckt und, in großen Mengen genossen, totales Vergessen schenkt. Das Getränk wurde mir von einer doppelzentnerschweren, watschelnden Wirtin gebracht. Sie hieß Terpsichore wie die leichtfüßige Göttin des Tanzes.

Nach diesem anstrengenden und erlebnisreichen Tage habe ich in einer Athener Taverne wieder ein lorbeerumkränztes Gericht gegessen, Wein aus Rhodos getrunken und hinterher von Satyrn, Nymphen, Pythia, Parzen und Terpsichore geträumt.

Am Kap Sunyon steht der gut erhaltene Tempel des Meeresgottes Poseidon. Unterhalb davon kann man sehr schön baden und auf Unterwasserjagd gehen. Obige Szene beweist, dass auch noch so aufgeklärte Damen manchmal verworrene Vorstellungen von der griechischen Mythologie und den Funktionen eines Meeresgottes haben.

Am nächsten Morgen fuhr ich an die Südspitze Attikas, um dort im Angesicht des Poseidon-Tempels zu baden. Unterhalb des Tempels liegt ein supermodernes, dreistöckiges Hotel mit luxuriösem Badestrand. Es wurde kürzlich fertiggestellt, obgleich rund um den Tempel strengstes Bauverbot herrscht, damit der landschaftliche Rahmen des Kulturdenkmals nicht verschandelt wird.

Wie war das möglich?

Griechische Freunde verrieten mir: „Das Hotel wurde von den vier Brüdern, die da oben am Tempel einen Erfrischungsstand bewirtschaften, nachts in aller Heimlichkeit gebaut. Als es dann stand, konnte die Baupolizei nichts mehr machen."

Ich kenne die Beamten nicht, die das nächtliche Geheimbauen eines dreistöckigen, hundert Meter langen Gebäudes übersehen haben, nehme aber an, dass sie jetzt ausgesorgt haben.

Nach einem herrlichen Bad in den blauen Fluten stieg ich hinauf zum Tempel, um dem Meeresgott meinen Dank abzustatten. Der Marmor war über und über mit eingemeißelten Inschriften bedeckt, von dankbaren Touristen mit einfachsten Mitteln eingegraben. Ein Herr E. Deposito beispielsweise hatte 1921 sich und seine Gattin Teresa hier in den Stein gehauen, in dreißig Zentimeter großen und einen halben Zentimeter tiefen Buchstaben. Er muss mindestens eine Woche Tag und Nacht gemeißelt haben, aber dafür wird seine Schrift noch in Jahrhunderten gelesen werden, was nur wenigen ganz großen Dichtern vergönnt ist.

Auf einer der Säulen befindet sich an bevorzugtem Platz der Schriftzug des Dichters Lord Byron, den ich allerdings nicht für ganz echt halte. Ein Lord kratzt sich nicht in Säulen.

Zwischen Hofbräuhaus und Harem
Der Orientexpress

Es gibt ihn immer noch, den legendären „Orientexpress" von Paris nach Istanbul. Einst war er der feudalste Eisenbahnzug des Kontinents und ging als Schauplatz spannungsgeladener Spionage-Romane in Literatur und Film ein. In seinem luxuriösen Speisewagen, auf den teppichbelegten Gängen und in den schwellenden Polstern der mahagonigetäfelten Schlafabteile spannen, wenn man den Berichten glauben darf, schöne Spioninnen ihre Fäden zu den im Zug stets reichlich vertretenen Geheimnisträgern des gehobenen diplomatischen Dienstes. Waffenhändler, inkognito reisende Monarchen und die Könige der internationalen Hotel- und Taschendiebe schlürften im Orientexpress Champagner und löffelten Kaviar.

Als das Gerücht umging, der Orientexpress solle in Anbetracht des Düsenzeitalters eingestellt werden, konnte ich der Versuchung nicht widerstehen, einmal mit ihm zu fahren und gleichzeitig Abschied zu nehmen vom berühmtesten Zug der europäischen Eisenbahngeschichte.

Als ich mich inmitten eines Pulks heimkehrender türkischer Gastarbeiter durch die Sperre des Münchner Hauptbahnhofes schob, dröhnte aus den Bahnsteiglautsprechern die Durchsage: „Bitte sofort ein Schlosser nach Gleis 15!" Wenige Sekunden später: „Sofort ein

Elektriker nach Gleis 15!" und gleich darauf als logischer Abschluss: „Ein Aufsichtsbeamter zum Gleis 15!"

Auf Gleis 15 stand nämlich der Orientexpress, dem die europäischen Staatsbahnen nicht gerade ihr bestes rollendes Material anvertrauen, und dafür haben sie ihre Gründe. Zwischen grauen, drittklassigen Waggons 2. Klasse französischer, bundesdeutscher, jugoslawischer, bulgarischer und rumänischer Provenienz prangte ein himmelblauer Schlafwagen mit dem von goldenen Löwen gehaltenen Wappen der „Compagnie internationale des wagons-lits". An seiner Unterseite tropfte er bedenklich und ließ den maroden Treibriemen der antiken Lichtmaschine lustlos und stark beschädigt auf die Schienen hängen.

Mit gemischten Gefühlen bestieg ich den Waggon, der seine Glanzzeit noch vor dem Ersten Weltkrieg erlebt haben mochte. Der fast ebenso alte Schlafwagenschaffner führte mich zu meinem Abteil, an dessen Tür ein Schild in vier Sprachen darauf aufmerksam machte, dass die „Compagnie internationale" für Diebstähle nicht aufkommt. Das ist kein feiner Zug.

Während unter meinem Bett bzw. unter dem Waggon und den Augen des Aufsichtsbeamten ein Schlosser, ein Elektriker und ein Achsenklopfer sich an der Lichtmaschine zu schaffen machten und verschiedene Diagnosen stellten, stürmten Gastarbeiter aller Balkan-Nationen die benachbarten Waggons letzter Klasse. Jeder Heimkehrer schleppte außer zwei riesigen, von Bindfäden mühsam zusammengehaltenen Koffern noch mindestens ein Dutzend Bündel, Einkaufsnetze und Plastiktragetaschen, deren grellbunte Werbeaufdrucke weit hinten in der Türkei zum Besuch westdeutscher Kaufhäuser auffordern sollten.

Kurz vor der Abfahrt gab es auf dem Bahnsteig Tränen, Umarmungen und Küsse, die allerdings vornehmlich unter Männern ausgetauscht wurden. Nur einige wenige zurückbleibende Mädchen brachten ihre schwarzgelockte Balkan-Romanze zum Zug und wurden aus dem Abteilfenster noch kurz mit einem Heiratsversprechen bedacht.

Scheppernd rollte der heruntergekommene Luxuszug früherer Generationen aus der Halle. Ich trat hinaus auf den Gang, um meine Schlafwagenmitreisenden ins Auge zu fassen. Der Gang war leer, die Türen aller Abteile geschlossen. Hatten sich dort Staatsgeheimnisträger und schöne Spioninnen bereits zurückgezogen? Meiner Fantasie waren keine Grenzen gesetzt, ich hoffte auf eine angenehme Überraschung beim späteren Diner im Speisewagen.

Die Überraschung kam auch und bestand darin, dass der Orientexpress gar keinen Speisewagen mitführt, obgleich er zwei Tage und zwei Nächte bis Istanbul unterwegs ist. Auch zu trinken gab es nichts, wie mir der Schlafwagenschaffner schonend beibrachte. Man muss sich auf den Bahnhöfen selbst versorgen.

Von Hunger und Durst getrieben, sprang ich in Salzburg aus dem Zug, spurtete zum Erfrischungsstand und befand mich bereits mitten auf dem Balkan, soweit es das Volksleben betraf: Die Speisen- und Getränkequelle war dicht umdrängt von Griechen, Jugoslawen, Bulgaren und Türken, die in der Mozartstadt einen Job gefunden hatten und ihre Freizeit in der Bahnhofshalle gestalteten.

Ich erstand einige belegte Brötchen, zwei harte Eier sowie eine Flasche Kalterer See und ließ mich dann zum Abendessen auf der Bettkante meines Abteils nieder.

Die Brötchen waren knochentrocken und hatten schon mehrere bessere Tage gesehen, zu den Eiern fehlte das Salz, und der Rotwein schmeckte kräftig nach dem Korken. Weniger konnte man kaum verlangen. Im Zug auf dem Nebengleis sang eine Klasse englischer Schulmädchen aus unerfindlichen Gründen „God save the Queen" und untermalte so das bescheidene Mahl.

Einige Kilometer hinter Salzburg tauchte das erste Schild auf, das die Nähe des Balkans ankündigte: „Molkerei Basil Weixler". Da muss wohl in den Türkenkriegen ein Türke mit dem Vornamen Basil in der Milchwirtschaft hängengeblieben sein.

Bei meinem Abendspaziergang durch die Gänge der 2. Klasse wurde ich mehrmals von Tunneln überrascht, die ohne Einschaltung der Innenbeleuchtung durchfahren wurden. Da der Express seit der Jahrhundertwende den inoffiziellen Beinamen „Zug der Taschendiebe" führt, presste ich jedes Mal beide Hände fest auf die Brieftasche.

In den Abteilen saßen dichtgedrängt und von Unmengen Gepäck eingekeilt die heimkehrenden Gastarbeiter. Sie dinierten aus Tragetaschen eines renommierten Münchner Feinkosthauses: Gemischte Vorspeisen, kaltes Huhn, Kassler Rippchen, diverse Käse, Obst, knuspriges Stangenweißbrot, Slibowitz, Rotwein. Wehmütige Weisen aus einer Hirtenflöte verbreiteten eine echt orientalische Atmosphäre. Es fehlte eigentlich nur noch, dass auf dem Boden ein Feuer entzündet und Hammelfleisch am Spieß gebraten wurde. Aber dem stand das bis auf die Gänge hinauswuchernde Gepäck im Wege, darunter Kühlschränke und Fernsehgeräte.

Neidvoll kehrte ich in mein Luxusabteil zurück und legte mich hungrig bei Elsbethen schlafen. (Das ist nicht etwa Berlinisch, sondern ein österreichischer Ortsname.) Der Schaffner hatte mir mitgeteilt, dass um Mitternacht an der jugoslawischen Grenze alles geweckt wird, nur die Deutschen dürfen weiterschlafen. Nach dieser geradezu symbolhaften Information löschte ich das Licht und träumte dann, eine schöne Spionin käme herein und wollte mir ein Staatsgeheimnis abschmeicheln. Da klopfte es heftig an die Tür. Schlaftrunken schob ich den Riegel zurück, ein niedliches Mädchen im Nachtgewand schlüpfte herein, wollte zu mir ins Bett und fragte: „Bist du mein Pappi?" So was hört niemand gern.

Aber da kam auch schon die aufgeregte Mutter aus dem Nebenabteil und holte die Vierjährige unter Entschuldigungen zurück. Meine Nachbarin fuhr zweifelsohne in die Türkei, um dort den Vater ihres Kindes aufzusuchen oder auch nur zu suchen. Der letztere Reisegrund soll ziemlich häufig sein und den Orientexpress erst rentabel machen.

Der Schlafwagen mit der großen Vergangenheit ratterte, schlingerte und schepperte durch die Nacht. Aus vielen Ritzen pfiff melodisch der Fahrtwind sein durch die Bettdecke dringendes, garstig kaltes Lied.

Am frühen Morgen weckte mich ein weicher, satter Orgelakkord, denn die jugoslawischen Lokomotiven stoßen keine Pfiffe aus, sondern machen sich durch ein nervenschonendes Dreiklanghorn bemerkbar. Das passte sehr gut zu der Idylle, die draußen am Fenster vorbeizog: Balkandörfer mit niedrigen, buntgestrichenen Häusern an Lehmwegen, in deren Furchen von schmalbrüstigen Pferden gezogene Panje-Wägelchen zottelten, Gänse promenierten und stämmige Bäuerinnen Wasser vom Ziehbrunnen heimwärts schleppten.

Um zu einem Frühstück zu kommen, stieg ich in Belgrad aus und überschlug einen Orientexpress, der ja alle vierundzwanzig Stunden zur gleichen Zeit vorbeikommt.

Der Bahnhof sah wüst und abbruchreif aus. Später erfuhr ich, dass ein neuer an anderer Stelle bereits im Bau ist und man den Abbruch des alten Gebäudes dem Zahn der Zeit überlässt, der die Aufgabe bereits zur Hälfte erledigt hat.

Mein erster Eindruck beim Verlassen des Bahnhofs: Hier wird gerade mit großem Komparsenaufwand ein Flüchtlingsfilm gedreht. Mit Sack und Pack lagerten auf dem Straßenpflaster malerische Gruppen von Bäuerinnen in bunten Pluderhosen und bärtige Männer mit Lammfellmützen. Es fand jedoch keine Dreharbeit statt, sondern echtes Volksleben.

Im Touristenbüro „Partisan" bekam ich von einer stämmigen Balkanschönheit mit knackfesten Rundungen einen deutschsprachigen Stadtplan, dem der Satz vorangestellt war: „Belgrad wünscht Ihnen, daß Sie sich vergnügt auf seinen langen Straßen und breiten Plätzen ermüden!"

Ich bat die junge Dame, mir den Satz zu erläutern, aber sie lächelte nur geheimnisvoll.

Ich machte mich auf zur vergnügten Ermüdung.

In Belgrads Innenstadt war von dem, was wir Westler uns unter Kommunismus vorzustellen haben, nur wenig zu merken. Die einzige Not, die überall auf den Straßen deutlich sichtbar wird, ist die Parkplatznot. Die Schaufenster sind genauso voll wie bei uns, der Unterschied liegt nur in den Preisen: Das Lebensnotwendige ist um die Hälfte billiger, aber alles, was man nicht unbedingt braucht, dreimal so teuer.

Der des Landes unkundige Tourist ist leicht verwirrt. An fast jeder Straßenecke Belgrads stehen blaue Pfeile mit der Aufschrift „Jedno Smirno", obgleich ein solcher

Ort auf keiner Straßenkarte verzeichnet ist. Das ist auch nicht erforderlich, „Jedno Smirno" bedeutet nämlich „Einbahnstraße".

An den Zeitungskiosken sind die bundesdeutschen Illustrierten vollzählig vertreten. Die westliche Sexwelle ist in den Osten übergeschwappt, und die Ur-Angst vor plötzlichem Dickerwerden wird von vielen Kleinstunternehmen genutzt, die an den Straßenecken hinter Personenwaagen sitzen und durch Lockrufe zur Gewichtskontrolle anregen.

Die allerkleinsten Unternehmer lernte ich auf einer der vielen Kaffeehausterrassen kennen: Noch nicht schulpflichtige Kinder boten aus Aktentaschen oder Pappschachteln selbstgedrehte Papiertütchen an, die jeweils fünf bis sechs Erdnüsse enthielten. Ein schönes Beispiel von Privatinitiative.

Als ich die breite Steintreppe hinunterging, die von der hochgelegenen Innenstadt zum kribbelnden und krabbelnden Wochenmarkt führt, durchfuhr es mich eisig: Da war mitten zwischen den Buden und Ständen ein Chirurgen-Team auf offener Straße tätig. In weißen Operationskitteln und ebensolchen Kappen schnitten die Ärzte, über einen Tisch gebeugt, mit großen Messern an etwas herum.

War hier ein Unfall passiert, der sofortiges chirurgisches Eingreifen erforderte? Bei näherem Hinsehen atmete ich erleichtert auf: Hier wurden große Blöcke des berühmten Schafskäses nach Titos strengen Hygiene-Vorschriften zerschnitten und verkauft.

Auf den Treppenstufen saßen Gestalten, wie man sie in einem kommunistischen Lande kaum erwartet: Original-Hippies, langhaarig, bärtig und gitarrenzupfend. Sie sprachen lupenreines Sächsisch.

Starker westlicher Einfluss war in einem Park zu spüren, wo für die Kinder eine Wildwest-Eisenbahn aufgebaut war. Über dem

Bahnhof leuchtete in bunten Glühbirnen der Stationsname „Colorado Springs", am Fahrkartenschalter hing ein Steckbrief mit dem Bild John Waynes „Wanted! 10 000 Dollar!", und die Kinder wurden in kleinen Wägelchen von einem Lokomotivchen mit knatterndem Benzinmotor durch einen Plastik-Tunnel nach „Santa Monica" und zum Rio Grande gefahren. Die Eindrücke, die sie dabei empfingen, waren für den Wilden Westen durchaus positiv.

Bei meinem Bummel durch die kommunistische Metropole Belgrad fiel mir eins besonders auf: Die Leute sahen alle zufrieden aus, was sie nach unseren bewährten Maßstäben doch eigentlich gar nicht sein dürften. Niemand hatte den gehetzten und vom gesunden Konkurrenzkampf geprägten Gesichtsausdruck, der unser westliches Straßenbild bestimmt. Aber vielleicht täusche ich mich da, denn ich sah die Umwelt bereits durch eine kommunistische Brille: Meine im Westen hergestellten Augengläser waren auf der Rolltreppe einer Fußgängerunterführung heruntergefallen und zu Bruch gegangen. Bei einem volkseigenen Optiker bekam ich eine neue Brille, die nur ein Zehntel von dem kostete, was man mir in der Heimat dafür abverlangt hätte.

Im Café des Hotels „Moskwa" trank ich am späten Nachmittag einen Slibowitz und lauschte handgemachter Musik. Auf dem Podium spielte ein Salon-Orchester Operettenweisen und Charakterstücke längst versunkener Epochen. Die Titel der „Piécen" wurden auf Tafeln bekanntgegeben, die von der greisen Pianistin an einem zum Publikum gerichteten Notenständer befestigt wurden. Rundherum saßen schachspielende, diskutierende oder meditierende Individualisten.

Im Stadtführer, der mir vom Verkehrsbüro „Partisan" überreicht worden war, las ich: „Belgrad hat nur wenige historische

Baudenkmäler aufzuweisen, weil die Stadt im Laufe der Jahrhunderte wegen ihrer günstigen Lage immer wieder verwüstet und dem Erdboden gleichgemacht wurde."

Um eine solche Lage als „günstig" zu bezeichnen, muss man wohl Historiker oder Stratege sein.

Als die Abenddämmerung hereinbrach, flammte an einem zwölfstöckigen Hochhaus ein riesiger Sowjetstern aus roten Neonröhren auf, um den herum auf Giebeln und Fassaden in meterhohen Buchstaben die Namen monopolkapitalistischer West-Unternehmen leuchteten. Die Ostgeschäfts-Anbahner dieser Firmen traf ich in der Halle des Hotels „Metropol", wo sie dank besonders tragfähiger Stimmen und des ihnen durch ein mehr oder weniger gnädiges Geschick angeborenen sicheren Auftretens den Ton angaben.

An der Bar kam ich mit einem westdeutschen Generalvertreter für Dichtungen (nicht im Sinne von Poesie, sondern von Abflussrohrverschlüssen) ins Gespräch. Er war stramm antikommunistisch, soweit es die „Ideologie" betraf, aber sehr dafür, wenn man ein Geschäft machen konnte. Der bilaterale Gesinnungswechsler riet mir, am Abend unbedingt das volkseigene Spielcasino und Nacht-Cabaret im Hotel „Majestic" zu besuchen, den Treffpunkt aller westdeutschen Geschäftsreisenden.

„Sie kriegen da einen Striptease zu sehen – doller als in Paris! Da haut sich eine Stripperin zu Beethoven-Musik mit einer Lederpeitsche zwischen die Beine – also das müssen Sie gesehen haben!"

So verlockend das auch für manche Ohren klingen mag – ich zog es vor, einer mir gemäßeren Form der Fleischeslust nachzugehen: Dem Verzehr von zwiebelreichen, paprikagewürzten Balkan-

Dieses Belgrader Haus in der „Straße des 7. Juni" ist nicht etwa ein fragwürdiges, sondern das hochanständige und berühmte Kaffeehaus „Zum Fragezeichen". Dem Wirt fiel nichts Zugkräftiges ein, da hängte er einfach ein Fragezeichen vor die Tür. Unter diesem Emblem kann man sehr gut über die Fragwürdigkeit allen kapitalistischen oder kommunistischen Tuns meditieren. Und das tun die Belgrader hier oft und gerne.

Grillspezialitäten. Die gibt es in reicher Auswahl in der „Skardaska", einer Gasse im alten Belgrad, wie sie kein Filmarchitekt pittoresker aufbauen könnte.

Gemütliche Kneipen mit Tischen vor den Türen, Kopfsteinpflaster, romantische Gaslaternen und blühende Kastanienbäume, zwischen denen Girlanden bunter Lämpchen hängen. Das Dekor war einzigartig, der Wein hervorragend, aber leider muss gesagt werden, dass die Grillspezialitäten der Münchner jugoslawischen Restaurants immer noch die besten sind.

Am nächsten Morgen enterte ich wieder den Orientexpress, der gerade von einigen Hundert Heimkehrern verlassen worden war. Nach dem Anpacken der Waggongriffe hatte ich zwei kohlschwarze Hände. Ein Blick in die offen stehende Tür des WC ließ erkennen, dass hier nur noch die Feuerwehr wirksame Abhilfe schaffen konnte. Auf dem Gang lag eine knöcheltiefe Schicht von Obstschalen, zusammengeknülltem Fettpapier mit Speiseresten, Plastikbechern und anderem Zivilisationsmüll. In den Abteilen sah es nicht viel besser aus, die Luft enthielt eine Reihe von Geruchskomponenten, deren Beschreibung zu weit führen würde.

Um die negative Variante des Duftes der großen weiten Welt hinauszulassen, drehte ich die Scheibe herunter und sah draußen eine adrette Putzfrau sorgfältig die Waggongriffe putzen, wenn auch etwas zu spät. Wie es drinnen im kapitalistischen Waggon aussah, ging sie offensichtlich nichts an. Mit einer Zeitung kehrte ich den Dreck aus meinem Abteil auf den Gang hinaus.

Eine halbe Stunde hinter Belgrad erschien eine Frau im himmelblauen Kittel, mit schneeweißem Häubchen und einem Reisigbesen.

Sie begrüßte mich herzlich als einzigen Gast der Ersten Klasse, schob den internationalen Müll zu einem großen Haufen zusammen, öffnete in voller Fahrt die Waggontür und feuerte das Ganze hinaus auf die Strecke.

Während der siebenstündigen Fahrt bis zur bulgarischen Grenze gaben ähnliche Abfälle der ziemlich eintönigen Landschaft viele farbenfrohe Akzente. Kurz vor Nisch belebte noch eine leuchtendgelbe, für einen deutschen Whisky werbende Plakatwand den grauen, trockenen Karst. Wer trinkt so was im Lande des Slibowitz?

Auf dem jugoslawisch-bulgarischen Grenzbahnhof Dimitrowgrad bevölkerten gackernde Hühner die Schienen, auf dem Bahnsteig lagerten Stapel verstaubter und verschnürter Aktenbündel neben einem demontierten Kanonenofen und dem Büromobiliar des Stationsvorstehers, dessen Amtssitz gerade frisch getüncht wurde. Aber das Schönste war ein Wasserhahn, aus dem es fröhlich plätscherte. Im ehemaligen Luxuszug standen die Hähne schon seit Belgrad trocken. Wie gerne hätte ich meine kohlschwarzen Hände und die trockene Zunge an das Nass herangebracht! Aber nun fand die einstündige Pass- und Zollkontrolle statt, die einen repräsentativen Querschnitt aller jugoslawischen und bulgarischen Uniformen bot.

Als die große Bahnhofsuhr 14 Uhr 30 anzeigte und eine kleinere sich auf 14 Uhr 55 kaprizierte, meine Armbanduhr aber auf 15 Uhr 26 bestand, rollte der Zug über die Grenze, wo es genau 16 Uhr 27 war denn die Bulgaren haben Sommerzeit.

Ab Grenzpfahl waren die Schottersteine neben den Schienen blitzsauber ausgerichtet und an der Außenkante mit einer schnurgeraden weißen Linie bemalt. Man spürte: Hier beginnt das linientreueste

Land des Ostblocks, das sogenannte Preußen des Balkans, worin nicht jeder etwas Positives sieht.

Neben dem Bahndamm wanderte ein Mann und betätigte sich mit einer interessanten Variante des mir bisher nur kulinarisch bekannten Balkan-Spießes: Er pickte im Dienste der bulgarischen Staatsbahn herumliegendes Papier, leere Zigarettenschachteln und Obstschalen mit einem Metallspieß auf, wobei auf dem Eisenstab eine Art Müll-Schaschlik entstand.

Im Hauptbahnhof von Sofia hielt es mich nicht länger im wasserlosen Orientexpress. Mit klebrigen Rußfingern und noch klebrigerer Zunge verließ ich den Zug. Um ein Haar wäre nicht nur die Reise, sondern auch mein Leben beendet gewesen: Um zum Ausgang zu gelangen, musste man die Gleise überschreiten, die ich aufgrund des Allgemeinbildes dieses mehr als tristen Bahnhofes für tot hielt. Über die nur scheintoten Gleise kam aber urplötzlich und laut pfeifend eine sehr lebendige Rangierlokomotive, der ich mich gerade noch durch einen Hechtsprung entziehen konnte.

Vor dem Bahnhof, der weit außerhalb der Stadt zu liegen schien, stand eine einzige Taxe, und die war bereits von drei Mitreisenden im Sturm erobert worden. Die freundlichen Bulgaren rührte meine Hilflosigkeit, sie ließen mich einsteigen und sich zunächst einzeln nach Hause fahren. Sie wohnten weit über Sofia verstreut. So kam ich in den Genuss einer Rundfahrt.

Pompöse Parteibauten, bescheidene Wohnhäuser, wenig Verkehr, antike Straßenbahnen und an den Straßenrändern zwischen parkenden „Wolga"- und „Tschaika"-Automobilen riesige, in Zelteinwand verpackte Pakete. Es waren ebenfalls Autos, die abends von ihren stolzen Besitzern sorgfältig zugedeckt und eingewickelt werden, damit sie schön sauber bleiben. Die Sofioten haben, wie ich noch oft merken sollte, einen staatlich gelenkten Sauberkeitsfimmel. Jeder der drei Mitfahrer zahlte seine Teilstrecke, der letzte empfahl mir das Hotel „Balkan", einen siebenstöckigen, der Reichskanzlei Adolf Hitlers stark nachempfundenen Prachtbau.

Das Renommierhotel wurde vor zehn Jahren von russischen Architekten gebaut, denen nichts groß und teuer genug sein konnte. Haushohe Kassettentüren, die von gewaltigen Säulen getragene Halle dreimal so groß wie Sofias Hauptbahnhof, in den mit dicken Teppichen ausgelegten Korridoren könnten zwei Autos nebeneinander fahren. Die Appartements haben allerdings einige kleine Eigenheiten, die vielleicht den erstaunlich niedrigen Preis von (umgerechnet) 19 DM erklären.

Nachdem mich ein Hotelboy in makelloser, leuchtend roter Pagenuniform hinaufgeleitet hatte, riss ich mir, verdreckt und nach Sauberkeit lechzend, die Kleider vom Leibe.

Als ich im himmelblau gekachelten Badezimmer den Warmwasserhahn aufdrehte, kam kaltes heraus, um dann schnell zu versiegen. Aus den Hähnen am Waschbecken tröpfelte es nur, und diese paar Tropfen verschwanden im Abfluss, weil kein Stöpsel vorhanden war. Den demontierte ich aus dem Bidet, dessen Hähne, anscheinend verbittert, auf gar nichts reagierten.

Ich verpflanzte den Bidetstöpsel mit Chirurgen-Kunstfertigkeit ins Waschbecken, wo sich nach einigem Warten gut und ungern ein Liter Wasser ansammelte. Aber nach meiner Mini-Waschung hatte der ortsfremde Stöpsel sich festgesogen und war nur durch eine komplizierte Operation mit Nagelschere und Taschenmesser zu entfernen. Das herbeigerufene Zimmermädchen machte mir die hochinteressante Mitteilung, dass man in den oberen Stockwerken des Balkan-Hotels nur dann Wasser hat, wenn sich unten keiner wäscht.

Nun versuchte ich den Kleiderschrank zu öffnen. Der betreffende Schreiner muss ein Witzbold oder gar ein Saboteur gewesen sein, denn er hatte das Schloss falsch herum eingesetzt. Wenn man den Schrank öffnen wollte, musste man ihn zuschließen, und umgekehrt.

Der Radioapparat von der Größe einer mittleren Kommode blieb trotz aller Bemühungen stumm, und als ich mich resigniert auf die Couch fallen ließ, hatte das eine Beule am Hinterkopf zur Folge. Die Liegestatt war anscheinend aus Beton gegossen und dann mit grauem Velours bezogen worden.

Alle diese kleinen Misshelligkeiten spülte ich in der Hotelhalle an der zehn Meter langen Bar mit einem doppelten Wodka hinunter.

In klobigen Polstersesseln saßen unter einem riesigen Ölgemälde mit dem listig lächelnden Lenin deutsche Geschäftsleute, waschechte Kapitalisten, und sprachen mit ebenso waschechten Kommunisten vom Geschäft. Prozente, Diskonte, Umrechnungskurse und haushohe Zahlen wirbelten durch die Luft. Dabei machten die sogenannten Proletarier den Eindruck von Herren, während die Herren aus dem Westen in ihrem Auftreten etwas leicht Proletenhaftes an sich hatten.

Die vorherrschende Sprache war Deutsch. Lautstark und mit Frankfurter Dialektfärbung verkündete ein bulliger Herr seinem bulgarischen Kontrahenten: „Die deutsche Haut von südlich des Mains ist die beste der Welt!"

Über die verborgenen Schönheiten dieses Satzes dachte ich bei einem weiteren Wodka angestrengt nach. Ein neben mir an der Bar sitzender bundesdeutscher Generalvertreter für Kühlaggregate klärte mich auf: „Der Herr ist Lederhändler aus Offenbach. Er hat in der Zone zehntausend ostdeutsche Schweine gegen harte D-Mark gekauft, in den Westen transportiert, dort die Häute gegerbt und das Schweinsleder für US-Dollars an die Bulgaren weiterverscheuert. Ein Bombengeschäft! Die kaufen hier nur das Beste und Teuerste, denn bezahlen können sie es sowieso nicht, die Rechnungen gehen direkt zum Russen, der zahlt sich dumm und dämlich, damit die Brüder linientreu bleiben! Ich könnte Ihnen Dinger erzählen ..."

Und er erzählte. Von den modernsten Cola-Automaten mit Tiefkühlung, die wegen unsachgemäßer Behandlung bereits nach wenigen Wochen nicht mehr funktionierten, aber auf allen Provinzbahnhöfen repräsentativ herumstehen. Von der 6-Millionen-D-Mark-Maschine zur Zigarettenfabrikation, die nach 14 Tagen hin war, weil in der Halle ein paar Scheiben kaputtgingen, die Klimaanlage deshalb nicht mehr klappte und der zu feuchte Tabak die deutsche Wertarbeit ruinierte. Und von vielen anderen Grotesken als Folge des zu plötzlichen Fortschritts.

Nach diesem Einblick in die Geheimnisse des Ost-Handels fragte ich den Kenner der hiesigen Verhältnisse, wie es denn mit dem Abhören von Gesprächen und dem Herumspionieren im Gepäck der Hotelgäste sei. Angeblich sollen diese Bräuche in Bulgarien in höchster Blüte stehen. „Das gibt es natürlich", sagte mein Gewährsmann, „aber hauptsächlich aus rein geschäftlichen Gründen. Auch die deutschen West-Ost-Händler, die untereinander in erbittertem

Kampf um die kommunistischen Staatsaufträge stehen, lauschen munter mit. Sie benutzen die Errungenschaften der modernen Mini-Abhörtechnik, um über die Pläne und Angebote der Konkurrenten auf dem Laufenden zu sein. Und was die Gepäck-Inspektion während der Abwesenheit des Hotelgastes angeht: Ziehen Sie vor dem Ausgehen einen dünnen, unsichtbaren Klebstoff-Faden über die Kofferschlösser. Das machen wir alle, nur um zu wissen, ob jemand dran war."

Man darf wohl annehmen, dass die heimlichen Kofferinspekteure den Trick längst kennen und beim Schließen einen neuen Klebstoff-Faden anbringen.

Nach dem lehrreichen Gespräch warf ich einen Blick in den Speisesaal, der sich in nichts vom Speisesaal eines westlichen Grandhotels unterschied. Deshalb fuhr ich zum Abendessen hinaus nach „Bojansko Hantsche" vor den Toren Sofias, um in einem rustikalen Lokal zu den Klängen von Hirtenflöten und Dudelsack den reichhaltigsten Balkan-Grillteller meines Lebens zu verzehren. Dazu gab es einen schweren, samtigen Rotwein aus seltsam geformten Tonkrügen, die man um den Hals fassen musste, damit die köstliche Bacchusgabe aus einem kleinen Loch im Henkel in dünnem Strahl ins Glas lief. Die Kellner trugen bulgarische Bauerntracht, die aus aufgesetzten Flicken an Knien und Ellbogen einen modischen Effekt macht: Die mit bunten Blumenmustern reich bestickten Applikationen sind auch auf nagelneuen Hemden und Hosen bereits fest aufgenäht.

Erst gegen Mitternacht kehrte ich ins Hotel „Balkan" zurück und machte zwecks Löschung des Nachdurstes eine Stippvisite in der Bar. Im schummrigen Halbdunkel bewegten sich zwischen den an kleinen

Tischen sitzenden westlichen Geschäftsleuten einige äußerst sehenswerte junge Damen in Miniröcken und schicken Frisuren. Sie setzten sich plaudernd mal hier, mal dorthin, um den Gästen Gesellschaft zu leisten. Eine dieser Nacht-Hostessen nahm sich auch meiner an und wollte mich unbedingt für bare 30 US-Dollars oder 120 D-Mark (West) in einen „Nachtclub mit Programm" führen. Er läge ganz in der Nähe. Weil mein Alkoholpegel bereits weit über dem Strich stand, wurde nichts daraus. Kenner verrieten mir, dass es sich bei diesen Damen um staatliche Venusdienerinnen handelt, die aus patriotischer Gesinnung heraus das Loch im bulgarischen Devisenhaushalt zu stopfen versuchen.

Am nächsten Morgen wanderte ich durch Sofia, das von allen europäischen Hauptstädten pro Kopf der Bevölkerung die größte Quadratmeterzahl an Grünanlagen besitzt und sich in den Kopf gesetzt hat, die sauberste Hauptstadt der Welt zu sein. Wer hätte so etwas je auf dem Balkan vermutet, wo sich nach den Vorstellungen unserer Großväter die Einwohner hauptsächlich mit dem Knacken von Läusen und der Jagd auf Wanzen beschäftigen?

Überall auf den Straßen waren in den Morgenstunden Reinigungstrupps mit riesigen Tankwagen und armdicken Wasserschläuchen tätig. Die Spritzkolonnen trieben die Passanten vor sich her, und auch ein Hauseingang, in den ich hineinflüchtete, bot keinen sicheren Sprühschutz.

Gegen ein kleines Trinkgeld wird der Hochdruck-Wasserstrahl auch auf Autos gerichtet, die so in den Genuss einer Schnellstwäsche kommen. In den Schaufenstern war leider nur ein reichhaltiges Angebot an Parteiparolen und Emblemen zu sehen, denn der Jahrestag der

Als rauchender Fremder hat man in Sofia häufig den Eindruck, dass die von früh bis spät emsig tätigen Straßenkehrerinnen nur darauf warten, dass man seine Pfeife womöglich über dem Pflaster ausklopft oder die Asche von der Zigarette fallen lässt. Das sehen diese auf Sauberkeit bedachten Trottoirpflegerinnen gar nicht gerne, denn dafür sind die Aschenbecher da, die von der Sofiotischen Stadtverwaltung am unteren Rand der an fast jedem Baum und Laternenpfahl befestigten Papierkörbe angebracht wurden.

Revolution stand bevor. Deshalb war auch ausnahmsweise der einbalsamierte Nationalheld Georgi Dimitroff durchgehend geöffnet. Er liegt gegenüber vom alten Königsschloss, das sich gegen die gewaltigen Parteibauten wie ein Wochenendhaus ausnimmt, in seinem Mausoleum. Davor steht eine Bronzetafel mit dem deutschsprachigen Hinweis: „Geöffnet von 15–18 Uhr, es werden keine Ausnahmen gemacht. Die Direktion des Mausoleums."

Direktor eines Mausoleums mit einem einzigen, ziemlich anspruchslosen Bewohner – einen ruhigeren Beruf kann es wohl kaum geben.

Das ruhige und beschauliche Leben ohne Hast, Geldgier und Konkurrenzkampf bestimmt das Straßenbild Sofias. Die beliebteste Freizeitgestaltung ist das Sitzen auf Parkbänken oder das Promenieren auf dem Lenin-Boulevard. Wer sich einen kleinen Luxus leisten will, lässt sich auf einer Café-Terrasse nieder oder besucht eine der vielen Imbiss-Stuben, von denen manche sogar eine aus Italien importierte Espresso-Maschine haben, die meistens kaputt ist. Die einzige gut funktionierende entdecke ich in einem Café schräg gegenüber vom Balkan-Hotel. Der Wirt hatte zur Bedienung des Gerätes eine Italienerin importiert und sie dann geehelicht. Das scheint die einzige Möglichkeit zu sein, in Bulgarien eine Espresso-Maschine in Gang zu halten.

Auch in der volkseigenen Kosmetik-Industrie scheint es hin und wieder kleine Pannen zu geben. Einem Haarfärbemittel wurde eine Leuchtfarbe beigemischt, die zwischen Verkehrsampelgelb und jenem Rot schwankt, das Autobahnarbeiter in leuchtenden Streifen auf dem Rücken tragen. Diese weithin schreiende Haarfarbe sprang mir im vorherrschenden Grau des Straßenbildes immer wieder schmerzhaft ins Auge.

Zu den wenigen Dingen, die einwandfrei funktionieren, gehören die öffentlichen Fernsprecher. Die Münzapparate hängen frei und offen an den Häuserwänden der Hauptstraßen, alle Passanten können zuhören. Da aber jeder sowieso damit rechnet, dass die Telefone auch noch anderweitig abgehört werden, stört das niemanden.

Am späten Nachmittag kletterte ich wieder in den vertrauten Orientexpress. Im Eingang des Schlafwagens lag ein Kohlenhaufen, von dem sich Spuren in alle Abteile zogen. Ich verzehrte meinen vorsorglich mitgebrachten Proviant und legte mich schlafen.

Am nächsten Morgen rollte der Zug bereits auf türkischem Boden. Die rote Fahne mit dem weißen Halbmond wehte über einem Barackenlager, das rundherum mit einem doppelten Stacheldrahtzaun gesichert war. Türkische Soldaten exerzierten mit alten Flinten und übten das militärische Grüßen, um die westliche Freiheit am äußersten Zipfel Europas notfalls verteidigen zu können. In der Mitte des nach einem Sträflingslager aussehenden Komplexes war eine Baracke nochmals extra mit Stacheldraht eingezäunt. Dort lümmelten sich Soldaten im Sand, die sich irgendeines Vergehens schuldig gemacht hatten. Ein Gefängnis im Gefängnis.

Und dann zogen die Vorort-Slums der „Perle am Goldenen Horn" am Abteilfenster vorbei. Im Vergleich dazu sind die schlimmsten Elendsviertel Neapels gepflegte Villenvororte.

Im Hauptbahnhof von Istanbul nahm mir ein gefährlich aussehender Gepäckträger gegen erbitterten Widerstand die Reisetasche ab. Sie war mein ganzes Gepäck, denn wegen des als unsicher geltenden Balkans hatte ich einen großen Koffer mit den besseren Sachen von München aus direkt nach Istanbul aufgegeben. Noch ahnte ich nicht, dass ich ihn in den nächsten Stunden noch mehrfach, wenn auch in anderem Sinne, aufgeben sollte.

Der Gepäckträger erwies sich als sehr nützlich, denn er bahnte mir in der Zollhalle einen Weg durch das Gedränge der Schlange stehenden, hochbeladenen Heimkehrer. Der Zollbeamte, der jedes Gepäckstück seiner Landsleute umstülpte und restlos ausleerte, ließ meine Reisetasche ungeschoren und signierte sie mit Kreide. Als ich ihm aber meinen Gepäckschein überreichte, bildeten sich schwere Sorgenfalten auf seiner Stirn. Er ließ alles stehen und liegen, forderte mich durch Zeichensprache auf, ihm zu folgen, und lieferte mich in einem rückwärtigen Kabuff ab, wo zwei kleine graue Männer in Bergen von Formularen saßen. Sie suchten in Pappkartons das Pendant zu meinem Gepäckschein, fanden es aber nicht.

Und nun begann eine Irrsinns-Odyssee durch ein gutes Dutzend Dienststellen: Der Träger mit der Reisetasche wurde bereits nach den ersten zehn Minuten abgesprengt, ich schrieb ihn ab und wollte nur noch den Koffer. Als im zwölften Büro das Pendant des Gepäckscheines gefunden wurde, glaubte ich mich am Ziel meiner Wünsche.

Aber jetzt ging's erst los. Niemand schien zu wissen, wo der Koffer sein könnte. Schließlich führte mich ein gehbehinderter Beamter aus dem Bahnhof heraus und hinüber zur Güterabfertigung. Auf dem Wege dorthin gesellte sich ein Taxifahrer zu uns, der mich unbedingt ins Hotel fahren wollte und meine Sache zu der seinen machte, indem er den Gepäckschein samt Pendant an sich brachte.

Zu dritt suchten wir in nach Lysol stinkenden Lagerkellern, in denen Ratten huschten und Lumpenbündel bis hoch unter die Decke gestapelt waren, nach meinem Koffer.

Schließlich blieb nur ein einziger Keller im ganzen Bahnhofsgelände zu durchsuchen, aber der war abgeschlossen. Allah wollte, dass der zugehörige Beamte gerade irgendwo in Istanbul das Mittagessen einnahm. Als er nach einem guten bzw. unguten Stündchen auftauchte und uns sein Reich erschloss, leuchtete mein Koffer zwischen vielen Elendsbündeln in seiner ganzen fremdländischen Schönheit.

Aber damit hatte ich ihn noch nicht: Ein Zöllner musste seinen Inhalt prüfen, und dann wurde ich noch einmal den ganzen

Instanzenweg zurückgejagt, während der Taxifahrer allein mit dem wiedergefundenen Gepäckstück zurückblieb.

In Kabuffs, Verschlägen und Büros des Bahnhofs füllte ich zahlreiche plakatgroße Formulare aus, die mit meinem Pass hinter

Schon in der Zollhalle des Istanbuler Hauptbahnhofs merkt man deutlich, dass in der Türkei der Unterschied zwischen Arm und Reich besonders groß ist: Bei den armen

Schalterfenstern verschwanden, viele Zimmer weiter wieder auftauchten, von Beamten mehrerer Rangklassen gestempelt und sig-
niert wurden, um dann dem „Chef des Zolls" vorgelegt zu werden.
Er residierte hinter einer Tür, vor der rund fünfzig Gepäckanwärter

Heimkehrern wird die Zöllnerhand an so ziemlich alles gelegt, bei den Bessergestell-
ten, die mit Gepäckträger kommen, meistens nur an die Dienstmütze.

Schlange standen. Ich reihte mich ein mit der ziemlich festen Überzeugung, dass nach dem Gepäckträger mit meiner Reisetasche nun auch der Taxifahrer mit dem Koffer längst das Weite gesucht hatten.

Während die Schlange langsam vorrückte, fühlte ich immer wieder nach meiner Brieftasche mit den Reiseschecks, die mir eine sofortige Heimkehr ermöglichen sollten.

Nach anderthalbstündigem Warten war es endlich so weit, dass sich die Tür des „Chefs vom Zoll" vor mir öffnete. Der orientalische Bahnhofspotentat saß in einem hochelegant eingerichteten Zimmer hinter einem Feudal-Schreibtisch mit einer roten Schreibunterlage aus feinstem Saffian und hatte sämtliche von mir ausgefüllten Formulare sowie meinen Pass vor sich liegen. Wortlos schrieb er eine ganze Seite im Pass auf Türkisch voll. Dann musste ich ein Formular unterschreiben, dass ich meinen Koffer einwandfrei erhalten hätte. Eigentlich hatte ich ihn ja nur gesehen, aber nun war mir schon alles egal.

Als ich an Leib und Seele gebrochen fünf Stunden nach Ankunft des Orientexpress aus Istanbuls Hauptbahnhof heraustrat – wer stand da und erwartete mich? Der Taxifahrer mit dem Koffer und der Gepäckträger mit der Reisetasche. So ehrlich sind die Türken.

Mit dem Schicksal versöhnt, packte ich im Hotel den Koffer aus und merkte dann, dass von allen Anzügen die Hosen fehlten. In welchem der vier vom Koffer allein durchreisten Länder mochten die Hosen jetzt an Diebesbeinen herumlaufen? Nur Allah weiß es, und der verrät es nicht.

Ich habe diese Koffer-Episode so ausführlich erzählt, um dem Leser die Folgen einer Aufgabe des Reisegepäcks von München nach Istanbul zu verdeutlichen. Zumal die Reisegepäck-Versicherung nur zahlt, wenn man Zeugen des Diebstahls nennen kann. Das soll mir mal einer vormachen. Da stand ich nun ohne Hosen in Istanbul, der legendären Perle am Bosporus.

Doch das ist ein Kapitel für sich.

Auf Kreuzfahrt mit Frau Meier

Wo weht der Duft der großen weiten Welt ganz besonders intensiv? Dank einer Zigarettenreklame wissen wir es alle: Am vollsten bekommt man die Nase von diesem erregenden Duft, wenn man sich auf Kreuzfahrt an Bord eines Ozeanriesen begibt.

Den großen, weiten Weltduft wollte auch ich mal schnuppern und bestieg deshalb im Hafen von Istanbul ein blütenweißes Schiff, das die italienische Flagge am Heck führte und schon seit acht Tagen mit einer Urlauberladung im Mittelmeer unterwegs war.

Als ich das Fallreep des schwimmenden Ferienparadieses hochkletterte, hingen die bereits altgedienten Passagiere dicht an dicht über der Reling und ließen so viele prüfende Blicke auf mich herunterfallen, dass ich fast in die Knie ging. Alle Augenpaare schienen zu fragen: „Ist dieser Neuzugang ein Gewinn für unsere Bordgemeinschaft? Ist er ein fleißiger Tänzer, ein witziger Plauderer, ein geselliger Trinker und vor allem einem kleinen Abenteuer nicht abgeneigt?" In einer Person vereint ergeben die vier Eigenschaften nämlich den idealen Kreuzfahrer.

Oben angekommen, wurde die aus der Vogelschau vorgenommene Inspektion durch diskrete Seitenblicke ergänzt. Ich hatte das Gefühl, von einigen Damen bereits im Geiste vernascht zu werden.

Aber vielleicht war es auch nur Enttäuschung, was da aus den Augenwinkeln blitzte.

Errötend folgte ich dem Steward, dessen erfahrener Röntgenblick aufgrund von Details meiner Garderobe und der Gepäckstücke das zu erwartende Trinkgeld vorauskalkulierte.

Der Weg zur Kabine führte an vielen Richtungspfeilen vorbei, die meinem Seereiselustgefühl einen kleinen Dämpfer aufsetzten: Unter jedem Pfeil stand „Zu den Rettungsbooten!".

Ich blieb vor einem schwarzen Rahmen stehen, in dem die wissenswertesten Sirenentöne (nicht im Sinne von „Meerjungfrauen") aufgeführt waren. Demnach geben sieben kurze und ein langer Sirenenton die Aufgabe des Schiffes bekannt, ein Vorgang, an den man nur ungern denkt. Für kleinere Misshelligkeiten wie „Mann über Bord", „Feuer" und Ähnliches waren kürzere Signale vorgesehen.

Im Weitergehen fiel mir die lange, auf der Rückseite des Tickets ganz klein gedruckte Liste der Katastrophenfälle ein, die eine Haftung der Reederei ausschlossen. Das fing an mit Aufruhr und ging über höhere Gewalt, Kriegseinwirkungen, Materialfehler bis zu Unfällen durch (ich zitiere wörtlich) „Unfähigkeit des Kapitäns". Der letztere Passus wird von weiblichen Seereisenden häufig missverstanden.

Als der Steward mich in meiner Kabine allein ließ, wurde die so kräftig genährte unheilschwangere Stimmung noch verstärkt: Beim Öffnen des Kleiderschrankes stand ich der dort angebrachten, reich bebilderten Anweisung zum Anlegen der Rettungsweste gegenüber. Jeder Leser wird verstehen, dass ich sie noch vor dem Kofferauspacken vor dem Spiegel anprobierte.

In der sehr guten Zeit von vier Minuten zwanzig Sekunden wurden von mir alle Schleifchen vorschriftsmäßig zugeknippert.

Da klopfte es, der Steward kam herein und machte ein Gesicht, als hätte er noch nie im Leben einen Mann mit Schwimmweste gesehen.

Nach diesem privaten Probealarm kam das, was an jeder Kreuzfahrt das Schönste ist: die „Inbesitznahme" des Schiffes durch einen Rundgang über alle Treppen und Decks, verbunden mit Inaugenscheinnahme der Mitreisenden, an die man nun für einige Zeit in Freud und eventuell sogar in Leid (siehe oben „Notsignale" und „Katastrophenfälle") gekettet ist.

Die meisten Passagiere hatten die besten Jahre mehr oder weniger weit hinter sich. Trotzdem war die von einem etwa dreißigjährigen Grünschnabel spitz hingeworfene Bemerkung „Das ist ja ein schwimmendes Altersheim" stark übertrieben und, da sie auch mich einschloss, geradezu geschmacklos.

Die an Bord vorherrschende Sprache war dank der Aktivität eines Stuttgarter Reisebüros unverfälschtes Schwäbisch. Die geschichtsreiche Ägäis, auf deren Wellen wir in den nächsten Tagen schaukelten, sollte für mich zum schwäbischen Meer werden.

Das Ablegen des Schiffes von der türkischen Hafenmauer wurde von allen an der Reling stehenden Passagieren sorgfältig überwacht. Schwäbischerseits wurde moniert, dass in diesem erhebenden Moment nicht das vertraute und an die Tiefen der Touristenseele rührende „Muss i denn, muss i denn zum Städtele hinaus" erklang. Stattdessen quakten pausenlos viersprachige Durchsagen aus den auf allen Decks verteilten Lautsprechern. Unter anderem wurde Frau Meier aus Stuttgart zunächst englisch, dann französisch, italienisch und schließlich

„Im Falle eines Falles – welches Rettungsboot können Sie mir empfehlen? Und vor allem möchte ich sehr gern wissen: In welches Rettungsboot gehen Sie?"

auf Hochdeutsch gebeten, zum Zahlmeister zu kommen, obgleich sie, wie ich später merkte, keiner dieser vier Sprachen mächtig war.

Wir fuhren hinaus in den Bosporus, vorbei an der Silhouette Istanbuls mit seinen im Sonnenlicht blitzenden Kuppeln und Minaretten. Die Kreuzfahrer warfen einen letzten Blick auf das Panorama und fassten die Eindrücke der am Vormittag absolvierten Stadtbesichtigung dahingehend zusammen, dass die Sauberkeit stark zu wünschen übrig lasse. Diese auf scharfer Beobachtungsgabe beruhende Erkenntnis war auch nach allen späteren Landausflügen das allabendlich gezogene Fazit eines erlebnisreichen Tages. Und jedes Mal wurde hinzugefügt, dass die Leute es doch nur so zu machen brauchten wie wir in der Bundesrepublik, um reich, sauber und glücklich zu werden. Aber die wollen anscheinend nicht.

Der Gong rief zum Mittagessen. Mit etwas Herzklopfen betrat ich den Speisesaal, denn für den Erfolg der Kreuzfahrt eines Einzelreisenden ist es von entscheidender Bedeutung, mit wem er nach dem Willen des allmächtigen Oberstewards an einen Tisch gesetzt wird. Wer hoffte in dieser Situation wohl nicht auf ein charmantes, mit allen körperlichen Reizen des anderen Geschlechts ausgestattetes Gegenüber? Ich hoffte auch, aber wie immer vergebens. Man platzierte mich an ein Tischchen mit einem einzigen Gedeck und Blick auf die Klapptür zur Küche. Eine Art Isolierstation.

Dennoch gelang es der am Nebentisch mit ihren Kränzchenschwestern residierenden Frau Meier aus Stuttgart, anlässlich des vorbeirollenden Vorspeisewagens, mit mir Kontakt aufzunehmen.

Sie riet mir, welche Hors d'œuvres ich nehmen sollte, und ich gehorchte. Während des Essens warfen die munteren Matronen hin und wieder ein Scherzwort herüber, das ich jeweils zu quittieren hatte.

Nach dem Lunch, wie das Mittagessen offiziell heißt, wurde ich vom Decksteward für die Dauer der Reise in einen Deckstuhl eingewiesen, der mit meinem Namen und der Kabinennummer geziert war. Unmittelbar an meinem linken Ellbogen führt eine vielbegangene Treppe zum nächsthöheren Deck, rechts war ich auf Tuchfühlung direkter Anlieger von Frau Meier.

Der aufmerksame Stuhlbetreuer hatte unsere Annäherung im Speisesaal beobachtet und daraus die Konsequenzen gezogen. Der weitere Verlauf meiner Kreuzfahrt war damit von ihm vorgezeichnet. An Frau Meiers Seite durfte ich nun tagelang die ozonreiche Meeresluft und so manches andere einsaugen. Meine Nachbarin stand nämlich in einem ununterbrochenen, äußerst regen Gedankenaustausch mit ihren Landsmänninnen, deren Deckstühle einen geschlossenen und unangreifbaren Block bildeten.

Um nicht mehr als nötig ins Gespräch gezogen zu werden, schloss ich die Augen und konnte nun einen der größten Vorzüge der Kreuzfahrerei genießen: Die umfassende Weiterbildung im Halbschlaf. Der frische Seewind blies mir ein komplettes Handbuch des Wissens ins Ohr. Auf dem Meer des Odysseus lernte ich haarklein die Vorteile eines Steckkontaktes auf dem Küchenbalkon kennen, hörte viele praktische Tipps für Haus und Garten, erfuhr Allgemeingültiges über Liebe, Ehe und Tod sowie ein bewährtes Rezept gegen offene Beine.

Um fünf Uhr nachmittags wurden im Salon Tee und Kleingebäck gereicht, das der Stehgeiger der kleinen Bordkapelle mit sogenannten „Charakterstücken" aus der Zeit um die Jahrhundertwende musikalisch bestrich. Die Zeit verging nicht wie im Fluge, und das ist ja gerade das Erholsame an einer Schiffsreise, die einem stets doppelt so lang vorkommt, wie sie wirklich dauert. Man gewinnt also zusätzliche Urlaubszeit.

Eine Stunde vor dem Abendessen verschwanden alle Damen von der Bildfläche. Sie zogen sich in ihre Kabinen zurück und um. Der täglich bis zu zehnmalige Garderobenwechsel gibt dem Bordleben seine farbigen Akzente und wirkt auf die weibliche Psyche stark geltungstriebstillend.

Der aufmerksame Speisesaal-Steward hatte inzwischen mein Isoliertischchen an die munteren Schwäbinnen herangerückt. Durch ein seltsames Spiel des Zufalls hatte Frau Meier eines meiner Bücher als Reiselektüre mitgenommen und überhäufte mich während des Essens mit Tipps, was ich noch schreiben müsste.

Nach dem Dinner hatte man die Wahl zwischen Kino und Bingo. Die meisten entschlossen sich für das Glücksspiel Bingo, weil es weit mehr Spannung vermittelt als die meisten Filme. Die Mitspieler bekamen Tafeln mit 24 kleinen Fenstern, in denen jeweils eine Zahl zwischen 1 und 99 stand. Jede Tafel hatte eine andere Zahlenmischung und jedes Fenster einen Schieber, mit dem man es schließen konnte. Der Zahlmeister wanderte mit einem Säckchen herum, in dem sich Kugeln mit 99 Nummern befanden. Mehrdeutige Witzchen reißend ging er von Dame zu Dame, jede durfte hineingreifen und eine Kugel ziehen. Wer die betreffende Nummer hatte, durfte sie auf seiner Tafel zuschieben, und wer als Erster alle Fenster zuhatte, war der Gewinner einer Flasche Whisky oder einer Stange Zigaretten.

Nach zwei Stunden emsigen und erregenden Nummernschiebens spielte dann die Bordkapelle, die sich inzwischen mittels bunter Smokings als Beatband verkleidet hatte, zum Tanz.

Dem überreichen Angebot unternehmungslustiger Endvierzigerinnen stand trotz angeblich gefühlsstimulierender Schiffsvibration die nur ganz schwache Nachfrage einiger weniger Herren gegenüber. Aber der Kapitän wusste, was er den ihm anvertrauten Kreuzfahrerinnen schuldig war und warf seine Offiziere bis zum letzten Mann an die Tanzfront.

Sie taten ihre im Anstellungsvertrag der Reederei schriftlich festgelegte Damenschwenkpflicht. So mancher schien dabei von einem ruhigen Job auf einem biederen Frachtdampfer zu träumen.

In den Tanzpausen versuchte der eine oder andere Litzenträger, sich in die zweite Klasse zu verdrücken, wo das Durchschnittsalter um 25 Jahre tiefer lag. Solche Deserteure tauchten meist nach kurzer Zeit wieder auf, wenn auch etwas verstört. Ich wurde den Verdacht nicht los, dass der 1. Offizier sie in der zweiten Klasse aufspürte und nach antikem Seemannsbrauch mit der neunschwänzigen Peitsche in den Ballsaal zurücktrieb.

Am nächsten Morgen fuhren wir ein in den Hafen von Izmir, des früheren Smyrna. Frau Meier rief entzückt aus: „Wie an der Mosel!"

Sie hatte die bei Reisenden häufig auftretende Vergleichs-Manie. Alles war wie irgendwo anders, sodass sie sich die teure Kreuzfahrt eigentlich hätte sparen können. Aber vielleicht verglich sie auch nur, um ihre Weitgereistheit laut kundzutun.

Von den sattgrünen Hügeln Izmirs grüßten uns die haushohen, an Stahlgerüsten montierten Reklamen der türkischen Banken. Wir

Höhepunkt eines jeden Bordfestes ist der beliebte „Zitronen-Tanz", bei dem die Partner mit ihren Stirnen eine Zitrone festhalten müssen. (Es kann auch ein Apfel oder

eine Orange sein.) Die Tänzer dürfen die Frucht mit allen Körperteilen am Fallen hindern, nur die Hände dürfen sie keinesfalls daran beteiligen.

legten neben einem zur Verteidigung desselben bereiten U-Boot und einem Kreuzer an, was die männlichen Relingsteher zu fundierten Kommentaren über die dank islamischer Religion besonders erfreuliche Kampfkraft türkischer Soldaten veranlasste.

Die Passagiere wurden mit Lunchpaketen ausgerüstet und in Omnibussen der Firma „Abdullah Tourism" abgefüllt. Frau Meier saß mir zur Seite, als wir gen Ephesus rollten. Mit hellwachen Äuglein und glasklarer Stimme stellte sie fest, dass Izmir sauberer sei als Istanbul, unsere Scheibe jedoch schlecht geputzt und der schwarzgelockte Fahrer schöner als alle Schiffsoffiziere zusammen.

Der anatolische Lenkradvirtuose hatte seinen Führerschein mit Klebestreifen an der Windschutzscheibe befestigt, mit künstlichen Rosen umrahmt und mit Amuletten behängt. Letztere nahm ich ernst, als mein Blick in einen Abgrund fiel, in den ein „Abdullah-Tourism"-Bus gefallen war und nun alle vier Räder nach oben streckte. Der hatte sicher keine Amulette mitgeführt.

Wir rasten durch die fruchtbare anatolische Landschaft. Auf den Feldern standen in kleinen Gruppen kugelrunde, blühende Büsche, und an einigen Bäumen hingen dicke, kunterbunte Blütendolden. Bei näherem Hinsehen entpuppten sich die Büsche allerdings als wuchtige Gesäße in blumenreichen Pluderhosen. Sie gehörten Bäuerinnen, die tiefgebückt und mit dem Rücken zur Landstraße Stecklinge setzten und ihre Kleinstkinder in ebenso bunten Beuteln in die Bäume gehängt hatten.

Da tauchten plötzlich am Straßenrand die ersten Kamele dieser Kreuzfahrt auf und lösten in vierzig Kehlen den Schrei aus: „Ha-a-alt! Das müssen wir fotografieren!"

Die Kameras kreisten, denn jeder wollte sich mit einem Kamel auf dem eigenen Film haben. Frau Meier monierte, dass die armen Tiere so ungepflegt seien. „Man möchte am liebsten erst mal mit Kamm und Bürste rangehen!" Wenn es nach ihr ginge, müssten die Kameltreiber ihre Wüstenschiffe für den Fremdenverkehr ondulieren.

Der nächste Fotostopp wurde in Elbirlik gemacht, wo auf den antiken Säulen Störche nisten. Diese notorischen Pillengegner hatten für meine Mitreisenden längst jeden Schrecken verloren und gaben Anlass zu vielen laut belachten Anspielungen.

Durch die Ruinen von Ephesus führte uns ein nach eigenen Angaben „fimwumackzig"-jähriger Türke. Er war von „Abdullah-Tourism" wohl mit Bedacht ausgewählt worden, um den Kreuzfahrern das Gefühl des Noch-sehr-Jungseins zu vermitteln. Der Greis gab vor, deutsch zu sprechen, aber der einzige allgemein verständliche und häufig wiederkehrende Satz lautete: „Ihr hier befinden in Heimat von Hummer!"

Ehrfürchtig stand ich vor den Trümmern der Stadt, die der Welt dieses schmackhafte Schalentier gab. Später stellte sich durch Zufall heraus, dass es sich nicht um Hummer, sondern um den altgriechischen Dichter Homer handelte.

Die Ruinen von Ephesus sind sehr weitläufig, aber die schönsten im ganzen Mittelmeerraum. Die antike Hafenstadt war, soweit wir den Erklärungen unseres Türkengreises folgen konnten, berühmt für ihre Tempel, Tavernen, Freudenhäuser und Kurtisanen. Vor einigen geborstenen Säulen verhielt der radebrechende Mentor und sagte: „Dies ist Haus von Hera. Die war ewige Flamme!"

Wie oft las man in Kunstgeschichten und Reiseführern, dass in den klassischen Ruinen die Steine reden! In Ephesus reden sie wirklich, dank dreisprachiger Beschilderung an den interessantesten Stellen: Türkisch, Deutsch und Englisch. So kann der Tourist

seinen Fremdsprachschatz erweitern und an einem ganz speziellen, seit zweitausend Jahren vorübergehend geschlossenen Etablissement sinnenfrohe Andenkenfotos machen. Dem Spiel der Fantasie sind nur vom Anstand bescheidene Grenzen gesetzt.

Da konnte man Frau Meier nicht übel nehmen, dass sie zu wissen begehrte, *wessen* ewige Flamme jene Hera war. Der Ruf des antiken Götterhimmels war ja nicht der beste.

Nach schweißtreibendem Abtraben von Stadion, Theater und Tempeln näherten wir uns dem Ausgang des eingezäunten und scharf bewachten Ausgrabungsgeländes. Da hob unser Türke unter geheimnisvollem Getue und sich ängstlich nach allen Seiten umblickend eine Handvoll klitzekleiner Kiesel auf, ließ jeder der Damen einen davon in die Handtasche gleiten und flüsterte: „Nix verraten! Ist streng verboten, auch nur Staubkorn mitnehmen!"

Diese Masche, aus Kieselsteinchen klingende Trinkgeldmünze zu machen, verdiente unser aller Bewunderung. Vor unseren Augen schaufelte gerade ein Greifbagger solche Kiesel kubikmeterweise in einen Lastwagen, um weitere Ausgrabungen möglich zu machen.

Für eine halbe Stunde wurden wir den Händlern mit Onyx- und Alabaster-Andenken zur Bearbeitung freigegeben. Dann bestiegen wir die Omnibusse, um zur „letzten Wohnung der Jungfrau Maria" zu fahren. So stand es jedenfalls auf den Wegweisern und auf riesengroßen Plakaten am Wege. Vierzig Minuten lang donnerten wir eine steile, lebensgefährliche Serpentinenstraße hoch, landeten in tiefster Bergeinsamkeit auf einem großen Parkplatz mit Sonderpostamt und wurden in einen Wirtsgarten geführt, wo wir unter dem großen Schild „Verbot zu picknicken! Ort des Gebetes!" an extra für diesen Zweck bereitgestellten Tischen unsere Lunchpakete öffneten und den Inhalt verzehrten. Der Wirt sah das gerne, denn für die von ihm servierten Getränke nahm er den Preis eines vollen Menüs, das wir selber mitbrachten.

Frisch gestärkt besichtigten wir dann Marias letzte Wohnung. Darüber möchte ich mich nicht weiter äußern, obgleich alle Historiker, Wissenschaftler und sogar viele Kleriker auf meiner Seite stehen. Für eindrucksvolle Andenkenfotos jedenfalls sehr geeignet und zu empfehlen.

Der alte Türke wies auf den Brunnen vor dem kleinen Hause und sagte wortwörtlich: „Dies Sie sehen ist Swimmingpool von Jungfrau Maria und erstes Zimmer in Haus ist ihr Salon." Wunder des Fremdenverkehrs!

Bei der rasenden Talfahrt gab der bildschöne Fahrer dem Wunsch Frau Meiers nach, unmittelbar hinter einer Haarnadelkurve zu halten, damit sie ein Foto des Panoramas von Ephesus machen konnte. Jeder der hinter uns ahnungslos um die Kurve sausenden Omnibusse hatte eine reelle Chance, uns in den Abgrund zu torpedieren.

Von der für uns gar nicht zuständigen Hand Allahs beschützt, kamen wir wider Erwarten heil in Izmir an.

Vor neuerlichem In-See-Stechen wollte ich noch im Hotel „Efeso" ein lukullisches Mahl einnehmen, das mich für das Lunchpaket entschädigen sollte. In diesem Hotel war nämlich ein berühmter und mit vielen Medaillen dekorierter Koch tätig, wie ich aus kompetenten Quellen wusste.

Der Ober verkündete mir eine Trauerbotschaft: Die Perle der Köche war vor zwei Wochen anlässlich eines Streites um eine Soße von einem heißblütigen Küchengehilfen mit einem Tranchiermesser erstochen worden. Welch schöner und standesgemäßer Tod für einen Meisterkoch!

Der Himmel hatte sich verdüstert, wir stachen in eine stark bewegte See. Für die Reederei war das ein Geschenk des Himmels, denn Passagierschiffe werden erst durch schlechtes Wetter rentabel: Die meisten Gäste verlangen dann nur ungesüßten Tee, Haferschleim und etwas Toast. Auch die abendliche Geselligkeit litt unter dem Seegang, obgleich die Bordmusiker sich bis auf den grünlich schimmernden Pianisten als seefest erwiesen und die Füße ihrer Notenständer durch aufgesetzte Gummipfropfen rutschfest gemacht hatten. Aber sogar Frau Meier wurde still, und das will was heißen. Die Schaukelei hörte erst auf, als wir am nächsten Morgen im Hafen von Piräus einliefen.

Frau Meier war sofort wieder topfit, lehnte sich über die Reling und stellte fest: „Nicht wiederzuerkennen! Da sehen sie mal, was eine starke Hand ausrichten kann! Der ganze Dreck ist weg!"

Tatsächlich, der mir aus früheren Zeiten vertraute Melina-Mercouri-Hafen war bis zur Unkenntlichkeit verschönert: Riesige Blumenrabatten, in den Landesfarben kunstvoll komponiert, Hecken mit militärischem Haarschnitt, Fahnen noch und noch, aber das Schönste war das riesige Emblem der neuen Herren, das drei Stockwerke hoch am Hafengebäude befestigt war: Ein Vogel Phönix mit durchscheinendem Bauch, und darin die Silhouette eines sein Gewehr präsentierenden Soldaten, unter dessen Gesäß Flammen züngeln.

Das erinnerte mich an meine unvergessene Dienstzeit, als der Feldwebel zu brüllen pflegte: „Ich werde euch Feuer unter dem ... machen, dass die ... kocht!"

Am deutlichsten wurde der Umschwung im freiheitsdurstigen Lande der Hellenen, als das Fallreep heruntergelassen wurde und Polizisten mit einem Telefon an Bord kamen, dessen nach hinten abrollende

Schnur die Beamten über einen Steckkontakt in der Kaimauer mit der Zentrale des Militär-Regime-Sicherheitsdienstes in Athen verband. Das machte sofortige Rückfragen bei der Passkontrolle möglich.

Die Stuttgarterinnen waren in den Geheimarchiven noch unbescholten und konnten sofort an Land gehen. Bei mir machte die hochverdächtige Berufsbezeichnung „Journalist" längere Nachforschungen nötig. Zu meiner Schande muss ich gestehen, dass man mich passieren ließ.

Auf die für alle Passagiere mit einwandfreiem Vorleben offene Athen-Rundfahrt habe ich verzichtet und einen kurzen Bummel durch den Hafen von Piräus gemacht. An jeder Ecke wurde mit schwarzen Brillen gehandelt, unentbehrliches Requisit für Leute, die nicht erkannt werden wollen. Ein neues Striptease-Cabaret mit dem Namen „Kennedy" hatte sich in der ehemaligen „Sonntags-nie"-Gasse etabliert, und etwas weiter lockte das Plakat „Deutsche Kneipe!" in „Josefs Weinstube zur guten Laune".

Da bin ich wieder an Bord gegangen und verfolgte über die Reling ein Fußballspiel, das auf dem Kai von den Mannschaften zweier nebeneinanderliegender Schiffe ausgetragen wurde und dessen Reiz darin bestand, dass der Ball immer wieder aus dem Hafenbecken herausgefischt werden musste.

Als Frau Meier von der Athen-Besichtigung zurückkehrte, war sie des Lobes voll über die Sauberkeit, die nur noch stellenweise zu wünschen übrig ließ.

In der Abenddämmerung schob sich unser Amüsierkreuzer im Schritt-Tempo durch den Isthmus von Korinth, dessen Wände man mit ausgestrecktem Arm fast berühren konnte. Mit Recht sagte Frau

Meier: „Hätten die faulen Köppe den Kanal damals etwas breiter gegraben, könnten wir mit Karacho durchzwitschern!"

Und dann wurde uns der Höhepunkt jeder Seereise beschert: Das „Captains Dinner" mit anschließendem Bordfest.

Als Kapitän und Offiziere in schneeweißen Gala-Uniformen den vollbesetzten Speisesaal betraten, rauschte gewaltiger Applaus auf. Er sollte den Dank dafür ausdrücken, dass diese Männer uns bisher glückhaft an allen in den Transportbedingungen kleingedruckten, haftungausschließenden Katastrophenfällen vorbeigeführt hatten.

Die Köche gaben ihr Bestes, und der Kapitän gab eine Rede zum Besten, in der er uns viele schöne Reisen wünschte, natürlich nur auf den Linien seiner Reederei.

Im Namen der Passagiere drückte die schwäbische Reiseleiterin Dank, Bewunderung und noch vieles andere aus, was ihr unter dem Herzen lag. Lustige Papierhüte und Luftschlangen wurden ausgegeben, die Musiker entsicherten ihre Instrumente, das bacchantische Bordfest begann.

Der als „Maître de plaisir" fungierende Zahlmeister, eine nicht für möglich gehaltene Kreuzung aus Kulenkampff und Frankenfeld, arrangierte jene bewährten Tanzspiele, die blitzschnellen Partnerwechsel erfordern und so allen Damen zu ihrem Recht verhelfen.

Es wurde ein rauschendes Fest. Einen ganzen Walzer lang lag Frau Meier selig in den Armen des 1. Ingenieurs, der sich am Abend vorher gerühmt hatte, jede, aber auch jede Maschine in Gang bringen zu können. Nun bewies er es.

Der nächste, etwas verkaterte Tag verging mit Deckspielen (das ist nicht etwa ein Begriff aus der Viehzucht, wie Frau Meier zunächst errötend glaubte) und gründlichem Durchsprechen des vergangenen Abends.

Bei Einbruch der Dämmerung durchfuhren wir die Straße von Messina und wurden dann in stockdunkler Nacht über Lautsprecher an Deck gerufen, um am Stromboli zu schnuppern. Dieser alle sieben Minuten am Kraterrand rosa aufleuchtende Vulkan war in der Finsternis kaum zu erkennen und nur mit der Nase an seinem brenzligen Geruch erkennbar.

Der kaum ernst zu nehmende Obersteward wollte uns einreden, dass im Krater ein Vulkanwächter auf ein Funksignal vorbeikommender Kreuzfahrtschiffe einen Haufen alter Zeitungen anzündet und dafür von den Reedereien, die ihren Passagieren etwas bieten wollen, entlohnt wird. Aber vielleicht hatte der Obersteward doch recht, denn der Krater leuchtete plötzlich kurz auf. Im Fremdenverkehr ist nichts unmöglich.

Und wieder ging ein schöner Tag zu Ende, wie Frau Meier auf dem Heimweg in die Kabine so treffend zu singen pflegte. Es kamen noch eine ganze Reihe: in Neapel, Marseille und Genua. Überall genossen wir das herrliche Gefühl, nach der Besichtigung von vielerlei pittoreskem Elend stets auf unser im Hafen liegendes Luxusschiff zurückkehren zu können. Dort war allabendlich die Welt wieder in Ordnung. Vom Kapitän als idealer Vaterfigur auf geradem Kurs gehalten, vom Steward bemuttert, von vielen Köchen liebevoll bekocht und von den Musikern allabendlich mit dem Lied „Guten Abend, gute Nacht, von Englein bewacht" verabschiedet, konnte man totales Urlaubsglück genießen.

Der einzige Schatten, der auf das Ende jeder Kreuzfahrt fällt, ist das Trinkgeldproblem. Am letzten Tage muss man nämlich zur Kasse bzw. jenem kleinen Tisch am Ausgang des Speisesaales schreiten, wo in einer Art goldenem Buch das vor aller Augen abzuliefernde Trinkgeld eingetragen wird. Leider vergessen hier sehr viele, wie hervorragend sie betreut wurden.

Als ich nach dem Verlassen unseres in so kurzer Zeit zur Heimat gewordenen Schiffes inmitten hektischen Getriebes auf einem Bahnsteig des Hauptbahnhofs von Genua stand, fand Frau Meier haargenau die richtigen Worte. Von Gepäckträgern, falschen Auskünften, Streikmeldungen und nicht vorhandenen Zuganschlüssen an den Rand des Wahnsinns gebracht, rief sie frei nach Shakespeare aus: „Ein Schiff, ein Schiff – ein Königreich für ein Schiff!"

Besseres kann man über eine Kreuzfahrt wohl kaum sagen.

Bakschisch, Bauchtanz und Basare

Wer die Korrektheit, Zurückhaltung und Bescheidenheit der venezianischen Gondolieri, Gepäckträger, Andenkenverkäufer und Restaurateure schätzen und bewundern lernen will, der fahre für einige Tage nach Kairo. Dort wird er Erfahrungen machen, die ihm bei der Rückkehr sogar die Forderungen neapolitanischer Kofferträger als maßvoll erscheinen lassen.

Höhepunkt jeder Schiffsreise von Venedig nach Alexandria ist der am Abend vor der Ankunft stattfindende Bordball. Diese rauschende Festivität auf hoher See dürfte der Grund für jenen bekannten Passus der Beförderungsbedingungen sein, dass „die Reederei nicht haftet für Personenschäden, die durch Unfähigkeit oder Fehler des Kapitäns, der Offiziere oder der Besatzung entstehen."

Als ich um zehn Uhr abends den Ballsaal betrat, wimmelte es von Schiffsoffizieren in schneeweißen, ordengeschmückten Gala-Uniformen. Sämtliche Damen, ob Greisin oder Teenager, schmolzen dahin. Den neidisch dreinblickenden männlichen Passagieren wurden von den Stewards bunte, dumme Hütchen aufgesetzt, wodurch sie völlig konkurrenzunfähig wurden. Auf dem Höhepunkt des sekttriefenden Festes zählte ich bei der Polonäse die anwesenden Dienstgrade durch. Soweit ich als Laie feststellen konnte, war das navigatorische und technische Führungspersonal des Schiffes vollzählig auf dem Parkett. Nur der Bordfriseur fehlte. Daraus schloss ich, dass er als einziger auf der Kommandobrücke stand und uns durch die Nacht navigierte. Man konnte nur hoffen, dass er nicht den in der Beförderungsbedingung vorgesehenen Tatbestand der Unfähigkeit erfüllte.

Der Friseur schien aber ein guter Seemann zu sein, denn als ich am nächsten Morgen etwas verkatert aufwachte, lag die Reede von Alexandria hinter dem Bullauge. Von einer Barkasse aus, die mit dem Berliner Stadtwappen und dem Schriftzug „BERLIN-BAZAAR" bemalt war, enterte ein Wüstensohn das Schiff und versuchte, Käufer für Kissen, Kamelsättel und Handtaschen mit aufgedruckter Sphinx zu finden. Die Orientfahrer waren indes kaufunlustig und missgestimmt, weil vor wenigen Minuten die Bordlautsprecher in vier Sprachen verkündet hatten: „Innerhalb des Hafens ist das Fotografieren streng verboten!" Die durchweg mit Fotoapparaten behängten Passagiere standen verzweifelt herum. Ihren gequälten Gesichtern war anzusehen, dass sie durch dieses Verbot an einer ihrer natürlichsten Verrichtungen gehindert wurden. Als wir dann an der einstmals von König Faruk benutzten Lust(!)-Jacht vorbeifuhren, hielt es ein neben mir stehender Amerikaner nicht mehr aus. Ihn juckte der Auslöser derartig, dass er sich in seine Kabine zurückzog und lieber gar nichts sehen wollte, als es nicht fotografieren zu dürfen.

Nach dem Anlegen kamen ägyptische Polizisten geschniegelt und gebügelt an Bord, um sich zwecks Passkontrolle im Speisesaal niederzulassen. In den Gängen drängten sich die wartenden Pyramiden-Anwärter.

Ein mandeläugiger Ägypter in tadellosem, dunkelblauem Maßanzug, blütenweißem Hemd und modischer Krawatte kam auf mich zu und sagte freundlich lächelnd: „Sie sind Herr Schmidt? Folgen Sie mir bitte!" Ich hielt ihn für einen Beamten und folgte.

Er bahnte einen Weg durch die Menge, führte mich an den Polizistentisch und sprach mit den Passkontrolleuren etwas Arabisches. Alles, was er ihnen sagte, klang wie „Bacharach". (Wahrscheinlich ist dieses rheinische Städtchen eine arabische Gründung.) Blitzschnell wurde mein Pass gestempelt, ein bärtiger Burnusträger wuchs aus dem Boden und hatte meine beiden Koffer schon in der Hand.

Als Erster verließ ich mit dem Träger und meinem liebenswürdigen Helfer das Schiff, beneidet von den Gesellschaftsreisenden, die ihrer kollektiven Abfertigung harrten. Sie alle hatten ihre Orientfahrt „inkl. Landausflüge" gebucht, brauchten sich um nichts zu kümmern und wurden von Reiseleitern betreut, während ich nur eine Schiffskarte gekauft hatte, um meine Tage in Ägypten auf eigene Faust und unbetreut zu verbringen.

Der nette Herr begleitete mich in die Zollhalle, half beim Ausfüllen zahlreicher komplizierter Formulare mit arabischen Schriftzeichen, zählte sorgfältig meine Barschaft (alle eingeführten Zahlungsmittel müssen auf die Mark genau angegeben werden), trieb die Zollbeamten mit krächzendem Gebacharache zu eiliger Abfertigung und bugsierte mich dann, die andrängenden Souvenirhändler abwimmelnd, zu einem Taxi.

Ein so lieber Mensch! Herzlich dankend wollte ich mich nun von ihm verabschieden und sagte: „Ich fahre zum Bahnhof und nehme den nächsten Zug nach Kairo!" Das gefiel ihm gar nicht. „Der nächste Zug geht erst in zwei Stunden! Deponieren Sie Ihr Gepäck bei mir, sehen Sie sich Alexandria an, und ich besorge Ihnen inzwischen die

Fahrkarten." Angesichts so viel morgenländischer Gastfreundlichkeit konnte ich schlecht nein sagen. Gemeinsam bestiegen wir die Taxe.

Und wohin fuhren wir? Zu einem am Midan-Platz gelegenen Reisebüro, das mein Betreuer betrieb, wie ich bald merken sollte. Im Schaufenster hing ein Plakat „Besuchen Sie Paris!" Aber dazu war es nun zu spät.

Der Herr setzte sich hinter seinen Schreibtisch, ließ Kaffee bringen und begann, meinen Aufenthalt in Ägypten genau durchzuplanen: Preisgünstige Besichtigung in Kairo, Exkursionen nach Memphis, Luxor, Abu Simbel, alles mit geschultem Führer und über ebendieses Reisebüro. Meine Barmittel kannte der tüchtige Touristenberater vom Zoll her ganz genau und disponierte sie sehr geschickt und restlos.

Nun war ich also das, was ich um jeden Preis vermeiden wollte: Betreut. Nur eine Notlüge konnte mich retten. Ich behauptete, ägyptische Freunde erwarteten mich in Kairo und hätten bereits alles vorbereitet.

Der Reisemanager bewahrte nur mühsam die orientalische Gelassenheit. Für die Bemühungen zwischen Schiff und Büro berechnete er mir zwei Pfund, also etwa zwanzig Mark. Als letzten Liebesdienst rief der Herr eine schrottreife Taxe herbei, die mich zum Bahnhof brachte.

Dort verlangte der Fahrer einen Fantasiepreis, der ungefähr dem Tageswert seines Wagens auf dem Gebrauchtwagenmarkt entsprach. Ich warf einen Blick auf die Taxameteruhr. Sie zeigte den Fahrpreis in arabischen Ziffern an. Ich wusste noch nicht, dass in der arabischen Zahlenschreibweise eine 2 eine 5 ist, eine 4 wie eine umgedrehte 3 aussieht, eine 5 durch eine 0 wiedergegeben wird und eine 6 durch eine 7.

Während ich völlig wehrlos den Fantasiepreis zahlte und mich nach meinem kulanten Betreuer zurücksehnte, stritten sich bereits ein halbes Dutzend Wüstensöhne um meine zwei Koffer. Drei Mann trugen den Sieg davon: Zwei übernahmen die Gepäckstücke, der dritte die Führung. Am Fahrkartenschalter gesellte sich ein vierter dazu und half dolmetschen, obgleich der Beamte deutsch sprach. Ein Fünfter bahnte einen Weg durch die vielen auf dem Bahnsteigboden hockenden Eingeborenen, von denen sich noch drei meiner Karawane anschlossen. Alle acht legten gemeinsam Hand an, als der Zugschaffner die beiden Koffer in Empfang nahm. Im Handumdrehen (noch nie traf der Ausdruck so zu wie hier, denn alle drehten die Innenfläche der Hand nach oben) war ich wiederum zwei ägyptische Pfunde los.

Der grün uniformierte Beamte der Staatsbahn verstaute die Koffer im Gepäckraum und wies mich darauf hin, dass der dort sitzende Kollege einen Bakschisch für die Mühe der Beaufsichtigung haben müsse. Ich hatte nur noch Pfundnoten und bat den Schaffner, einen Schein zu wechseln. Er steckte das Pfund ein und sagte: „Das teile ich mir mit dem Kollegen, vielen Dank, Deutschland prima!"

Seit dem Betreten ägyptischen Bodens hatte ich somit bereits eine Bakschisch-Durchschnittsgeschwindigkeit von etwa 25 DM pro Stunde erreicht.

Im äußerlich stark heruntergekommenen, innen aber mit Klimaanlage ausgestatteten Pullman-Wagen fand ich ein ruhiges Fensterplätzchen. Ein weißlivrierter, tiefschwarzer Nubier mit „Wagon-

Lit"-Wappen auf der Jacke brachte einen türkischen Kaffee und legte einen sauber gedruckten Bon über 8,6 Piaster, zuzüglich 1,7 Piaster für Bedienung, neben die Tasse. Ich gab ihm ein Pfund, das (rein theoretisch) 100 Piaster wert ist. Es erübrigt sich wohl, zu erwähnen, dass der Kellner während der zweieinhalbstündigen Fahrt bis Kairo keine Gelegenheit zum Herausgeben fand.

So sähe ein Gruppenbild aus, das alle diejenigen Ägypter vereint, die dem Alleinreisenden (Mitte) beim Transport zweier Koffer vom Schiff in Alexandria bis zum Hotel in Kairo Mann für Mann behilflich waren und mit reichlich Bakschisch bedacht werden mussten.

Am Abteilfenster zogen grüne Felder vorbei, auf denen emsige Fellachen mit vorchristlichen Mitteln Ackerbau trieben. Dabei assistierten ihnen hagere, zu lebenslänglichem Schöpfraddrehen verurteilte Wasserbüffel und melancholische Kamele, deren Mist von den Fellachengattinnen auf dem Kopf heimgetragen wurde, um als traulich knisterndes Brennmaterial der Bereitung des Abendessens

zu dienen. Armut ist keine Schande, wie die reichen Leute zu sagen pflegen, und für Nassers Raketenantrieb ist der heimische Brennstoff vorläufig nicht verwendbar. Aber die ins Land gerufenen deutschen Chemiker werden vielleicht einen Dreh finden, und dann müssen die Fellachen auch ihren Kamelmist auf den Altar des Vaterlandes legen und kalt speisen.

Als der Zug durch die Vororte Kairos fuhr, hatte ich den Eindruck, dass die Stadt in der vergangenen Nacht von einem Erdbeben heimgesucht wurde. Die oberen Stockwerke der Häuser sahen aus wie eingestürzt, und auf den Straßen liefen die Einwohner in Nachthemden und buntgestreiften Pyjamas zwischen verstreutem Gerümpel und qualmenden Notküchen herum.

Das war aber ein ganz normales Straßenbild, wie ich auf Nachfrage beim Zugschaffner erfuhr. Als Honorar für diese Auskunft nahm er meine volle Zigarettenschachtel vom Klapptisch, steckte sie ein und sagte: „Die ist wohl leer?"

Als wir auf dem Hauptbahnhof von Kairo ankamen, hielten die beiden Zugschaffner beim Herausreichen der Koffer noch einmal die Hände weit auf, obgleich sie bei Antritt der Fahrt bereits ein Pfund eingestrichen hatten. Man musste ihnen aber zugutehalten, dass inzwischen fast drei bakschischlose Stunden vergangen waren.

Wiederum erkämpften sich drei Fellachen meine Koffer. Vor dem Bahnhof versuchte ich, eine Taxe herbeizuwinken. Zwei hinzukommende Nachthemdenträger halfen winken, leider erfolglos. Alle vorbeifahrenden Taxen waren besetzt. Auf der gegenüberliegenden Straßenseite erkannten zwei hilfsbereite Araber meine Notlage und winkten ihrerseits allen vorbeifahrenden Autos zu, worauf meine drei Träger mit den Koffern hinüberstürmten. Ich wollte hinterher, aber da kam vor meiner Nase eine leere Taxe an. Ich winkte sie heran und hatte vor dem Besteigen neun Ägypter zu entlohnen: Die sieben bisher Beteiligten, einen achten, der steif und fest behauptete, den Wagen herbeigewinkt zu haben, sowie einen neunten, der die Autotür öffnete.

Um das nötige Kleingeld flüssig zu machen, bat ich den Chauffeur, zwei Pfund zu wechseln. Er gab mir 170 Piaster, ein für ägyptische Verhältnisse solider Wechselkurs, wenn man bedenkt, dass ein Pfund nur 100 Piaster hat. Die kleinen Münzen, die zum Teil wie Dichtungsringe aussahen und es wahrscheinlich auch waren, verschwanden im Gewirr der mir zum ägyptischen Gruß (nach oben offene rechte Hand) entgegengestreckten Arme. In jedem Sinne erleichtert ließ ich mich in die zerschlissenen Polster fallen, und nun stieß die Taxe laut hupend mitten hinein in das Menschengewimmel des Bahnhofsplatzes.

Während der ersten Fahrminuten glaubte ich mehrfach, ganz deutlich das Geräusch unter den Reifen zerknürpsender Knochen zu hören. Wider Erwarten wurde aber niemand überfahren. Die Bevölkerung Kairos wäre bei der dort üblichen Fahrweise in einem Monat ausgerottet, wenn die Einwohner nur das gängige mitteleuropäische Reaktionsvermögen hätten. Die Fußgänger Kairos berechnen mit einem Seitenblick blitzschnell aus dem Tempo des nahenden Autos und der eigenen Marschgeschwindigkeit auf den Bruchteil einer Sekunde genau, wann sie mit einer leichten, toreroartigen Drehung ausweichen müssen, um von den vorbeizischenden Kotflügeln nur noch leicht am Burnus gestreift zu werden. So kommt es, dass die Kairoer Taxen an den Seiten stets sauber abgewischt sind, die Burnusse der Fußgänger dagegen meistens ziemlich dreckig.

Das Verkehrsgebaren der nichtmotorisierten Ägypter würde bei einem deutschen Verkehrsschutzmann einen Tropenkoller auslösen. In Kairo hat eine rotleuchtende Verkehrsampel nur symbolische Bedeutung. Radfahrer und Fußgänger nehmen sie nicht zur Kenntnis und überqueren vor der Nase der Polizisten illegal die Straße. Ich fragte den Taxifahrer, ob es in Kairo keine Strafmandate gäbe. Er sagte: „Das wäre zwecklos, denn die meisten Radfahrer und Fußgänger haben nicht einen einzigen Piaster in der Tasche. In ganz schweren Fällen haut der Polizist dem Verkehrssünder einfach eine runter."

Diese orientalische Form des Strafmandates sollte sich unser Innenminister mal durch den Kopf gehen lassen.

Vor dem Hotel angekommen, verlangte der Chauffeur in einwandfreiem Englisch einen grotesk hohen Fahrpreis. Als ich herunterzuhandeln versuchte, verstand er nur noch Arabisch.

Nach Entlohnung des Chauffeurs und eines Hausdieners, der mein Gepäck ganz allein und ohne fremde Hilfe in die Halle trug, überschlug ich kurz die Gesamtkosten, die bisher durch den Transport der zwei Koffer entstanden waren. Es ergab sich ein Betrag, der fast den Wert des Kofferinhalts überstieg.

In der Halle saßen bereits die Gesellschaftsreisenden vom Schiff, die mit Luxusbussen hierhergelangt waren. Sie hatten keinen einzigen Piaster Bakschisch zu zahlen brauchen, denn alles war inbegriffen. Dafür hatten sie aber auch bei Weitem nicht so viel erlebt wie ich.

Als ich den ungeheuer vornehmen ägyptischen Empfangschef um ein Zimmer bat, fragte er nur: „Zu welcher Gruppe gehören Sie?" Beschämt musste ich gestehen, dass ich allein, gruppenlos und unbetreut reiste, was heutzutage als geradezu abenteuerlich gilt. Der Hotelgewaltige sagte staunend und mit dem Ausdruck tiefsten Bedauerns: „Alle Zimmer sind von Gesellschaftsreisenden vorbestellt. Vielleicht versuchen Sie es morgen noch einmal!"

Nun hatte ich auf meiner Fahrt von Alexandria nach Kairo bereits gelernt, dass der sogenannte „Bakschisch" Motor, Treibstoff und Schmieröl des ägyptischen Wirtschaftslebens ist. Deshalb wagte ich etwas, was man normalerweise bei keinem Empfangschef eines besseren Hotels wagen darf: Ich drückte ihm zwei Pfundnoten in die Hand.

Eine halbe Stunde später konnte ich ein prächtiges Zimmer im zehnten Stock beziehen, mit Blick auf die Pyramiden, den Nil und den in gepflegtem Grün liegenden Swimmingpool des Hotels. Da bin ich sofort hineingesprungen.

Schwimmend wurde ich Zeuge einer grotesken Szene: Ein koffertragender Hotelboy geleitete eine greise, aber forsche Amerikanerin zu einem Bungalow am Rande des Schwimmbeckens. In diesem Nebengebäude gab es kleine, aber hübsche Unterkünfte, allerdings ohne Blick auf Nil und Pyramiden. Die Dame warf einen entsetzten Blick auf die ihr zugedachte ebenerdige Bleibe und bekam einen Tobsuchtsanfall. Mit weit ausholenden Fußtritten stieß sie eine blumengefüllte Schale, einen Liegestuhl und ein Gartentischchen um, feuerte einen Aschenbecher ins Wasser und schrie: „Das ist eine Unverschämtheit! Ich habe ein Zimmer im zehnten Stock mit Blick auf die Pyramiden bestellt!" Ich kombinierte ziemlich schnell, wer wohl dieser Dame das vorbestellte Zimmer im zehnten Stock mittels eines zweipfündigen Bakschisches weggefangen hatte. Laut schimpfend eilte die US-Matrone ins Hotel, wahrscheinlich zum Empfangschef. Für diskret zugesteckte zwei Pfund bekam sie sicher ein anderes, vorbestelltes Zimmer, dessen Aspirant dann an den Pool ziehen müsste. Theoretisch könnte der Empfangschef das Spiel mit jedem ankommenden Gast wiederholen und so viele Male zwei Pfund kassieren, wie das Hotel Zimmer hat.

Vielleicht tut er es auch.

Beim Gang durch die Halle geriet ich in die hoteleigene Ladenstraße, wo der Reisende alle Wunder des Orients kaufen kann. Dieser Luxus-Basar soll die Hotelgäste davor bewahren, außerhalb der Hotelmauern übers Ohr gehauen zu werden. (Der Ton liegt auf „außerhalb".)

Hier gibt es alles, was den Hauch des Morgenlandes ins abendländische Heim bringt und von der Weitgereistheit seines Besitzers zeugt: der königliche Kopf Nofretetes als Schuhanzieher, Teelöffel oder Rückenkratzer, mit Bauchtänzerinnen bedruckte Hemden- und Pyjamastoffe, Sphinx-Aschenbecher und Porzellangeigen mit aufgemalten Pyramiden.

Der orientalische Basar innerhalb der Hotelmauern ist ein echtes Bedürfnis und psychologisch gut durchdacht. Die Erfahrung hat nämlich gezeigt, dass transatlantische Besucher nach einem ersten (und meistens letzten) Bummel durch die glutheißen, von dubiosen Gestalten wimmelnden und vom Gegenteil der Wohlgerüche Arabiens erfüllten Straßen Kairos nur noch ungern den sicheren Port des

Hotels verlassen. Und wenn, dann nur zu den vom Hotel arrangierten Besichtigungsfahrten.

Zu den Exkursionen meldet man sich am „Transportation-Desk", also dem „Transport-Tisch", bei einer charmanten, mehrsprachigen Ägypterin an. Diese junge Dame, mandeläugig und schön wie Kleopatra, verführte mich zum Kauf eines Billetts für die abendliche Aufführung des Schauspiels „Licht und Ton an den Pyramiden". Transport ab und bis Hotel inbegriffen.

Bei Einbruch der Dunkelheit wurde ich mit einem Hotelfahrzeug an den Tatort gebracht. Diese Bezeichnung mag manchem Leser übertrieben erscheinen. Doch was die Beleuchtungs- und Tontechniker mit den Pyramiden und vor allem mit der Sphinx trieben, konnte man nur als Vergewaltigung bezeichnen. Die jahrtausendealten Kulturdenkmäler wurden dank einer raffinierten Technik zu einem gewaltigen Licht- und Ton-Berieselfeld.

Die in Omnibussen und Taxen angelieferten Zuschauer saßen auf Klappstühlen im lauwarmen Sand, die Pyramiden lagen in völligem Dunkel. Aber dann wurden sie plötzlich, von gewaltig aufbrausender Musik untermalt, bonbonrosa angestrahlt. Die vor den Pyramiden liegenden Tempelruinen leuchteten, von mehreren Scheinwerfern unter Feuer genommen, quittengelb. So entstand eine optische Täuschung, die das Ganze wie gestapelte Kisten vor einer Markthallenmauer aussehen ließ.

„Oh, es ist wunderbar!", flüsterte eine vor mir sitzende Amerikanerin ihrer Nachbarin zu, „und alles über vierhundert Jahre alt!" Die Dame verschätzte sich dabei um kleine viertausend Jahre, aber vor der Entdeckung Amerikas kann es eben nur die Steinzeit gegeben

haben. Nach dem Orchestervorspiel, das aus Dutzenden von Großlautsprechern auf uns herniederprasselte, wurde der in Reisehandbüchern oft gebrauchte Ausdruck „Die Steine reden" hörbare und
grausame Wirklichkeit.

Man hatte jedes Bauwerk mit einer eigenen Beschallungsanlage
(so lautet der tontechnische Fachausdruck) ausgestattet, und nun
begann die Cheops-Pyramide mit dröhnender Stimme und bestem
Burgschauspieler-Pathos zu sprechen. Wie eine Riesendame auf dem
Rummelplatz nannte sie ihre Maße und Gewichte, erzählte ihre Geschichte und gab überhaupt gewaltig an. Sie behauptete, hunderttausend glückliche und stolze Bauarbeiter hätten das Werk aus echtem
Idealismus und reinem Glauben geschaffen. Dass ziemlich viele Fellachen hatten dran glauben müssen und dem Glauben auch sehr kräftig mit der Nilpferdpeitsche nachgeholfen worden war, blieb leider
unerwähnt. Nach diesem Monolog quoll ein Hörbild aus den Lautsprechern, das wie eine vom Sportreporter Sammy Drechsel kom-
mentierte Direktübertragung vom antiken Bauplatz klang.

Wenn man die Augen schloss, glaubte man, die Fellachen schuf-
ten zu sehen. Den seilziehenden Sklaven lieh ein Männerchor seine
geschulten Stimmen und sang eine Melodie, die sich stark an das
Lied der Wolgaschiffer anlehnte.

Dann leuchtete die etwas kleinere Chephren-Pyramide auf und
ließ es sich nicht nehmen, auch etwas über ihr Innenleben (das seinerzeit aus einer einzigen Pharaonenleiche bestand) zu berichten.
Nachdem die Pyramidensteine ausgeredet hatten, leuchtete die
Sphinx grün auf und erzählte mit gutmodulierter Mädchenstim-
me Schwänke aus ihrer ziemlich bewegten Vergangenheit. Ihr Mund

blieb dabei allerdings geschlossen. Man muss aber damit rechnen, dass die Techniker demnächst eine Mechanik mit Mundbewegungen unter die demolierte Nase der Sphinx montieren, damit die Illusion vollkommen wird. Die steinerne Halbdame (hinten ist sie bekanntlich Löwin) plauderte von ihrem Rendezvous mit Cäsar (wörtlich sagte sie „One evening I met Cesar..."") und ließ sich auch von dem dauernden Hundegebell nicht stören, das aus dem nahen Dorf herüberklang. Einige Anekdoten aus ägyptischen Königshäusern folgten. Während die Sphinx das alles von sich gab, fiel mir der bekannte Schlagertext ein:

Nimm das Dings

Mehr nach links

Sprach die Sphinx –

Und mit einem Mal – da ging's!

Diese Perle deutschen Liedschaffens wollte mir nicht mehr aus dem Kopf und nahm dem Ton-Licht-Schauspiel viel von seinem seltsamen Reiz.

Die Sphinx redete ziemlich lange, und ich erfuhr, die Artillerie Napoleons habe ihr die Nase weggeschossen und dieselbe könne in Londons Britischem Museum besichtigt werden.

Eine vorvorchristliche Geräuschkulisse, das Originalgetrappel des Lieblingshengstes König Tuts, gab mir den Rest.

Noch einmal leuchteten Pyramiden, Tempelruinen und Sphinx musikumrauscht in den gebrochenen Farbtönen billiger Charmeuse-Damenwäsche auf, um dann im Dunkel der lauen Sommernacht zu verschwinden. Starker Applaus belohnte Beleuchter und Tontechniker, die aber leider nicht vortraten, um sich zu verbeugen.

Vielen hatte die Aufführung so gut gefallen, das sie sich am Ausgang die Langspielplatte mit dem Originaltongemälde kauften. Man legt die Scheibe auf den Plattenteller, betrachtet dazu eine Farbpostkarte von den Pyramiden und kann so das schöne Erlebnis immer wieder aufbrühen.

Auf dem Heimweg fuhren die mit den Gästen der diversen Kairoer Hotels besetzten Taxen untereinander ein Rennen aus, das allen Insassen bis zum Sterbebett in Erinnerung bleiben wird. Abends um halb zehn wurde ich wieder ins Hotel eingeliefert, gerade rechtzeitig, um den Beginn der großen „Original-Sahara-Show" mitzuerleben. Sie findet allabendlich in einem vierhundert Personen fassenden Scheichs-Prunkzelt statt, das in einem Saal des Hotels aufgebaut ist.

Hier kann der Gast die ihm aus vielen Filmen vertraute Wüstenromantik genießen, ohne sich mehr als fünfzig Schritte von seinem Komfort-Apartment zu entfernen und ohne den Biss eines Sandflohs oder gar eines Skorpions zu riskieren.

Als Beduinen verkleidete Musiker entlockten ihren Flöten, Kniegeigen und Handtrommeln nervenzersägende arabische Weisen, während dunkelhäutige Kellner in Pluderhosen und reichbestickten Jacken das knoblauchduftende Hammelgericht „Kofta-Kebab" servierten. Dazu hüpfte als erste Show-Nummer ein Kupfergefäße schwenkendes Ballett mehr oder weniger männlicher Wasserträger juchzend durch den Raum. Dann boten ein halbes Dutzend Wüstensöhne und ebenso viele Wüstentöchter einige stampfende Volkstänze dar. Sie sprangen herum, als hätten sie den Burnus voller Sandflöhe, was natürlich nicht der Fall war. Aber die Tänze dürften ihren Ursprung diesen Tierchen verdanken.

Den Höhepunkt der Show bildete der von allen Zuschauern mit Spannung erwartete Bauchtanz, gewackelt von einem Fräulein Magdi Sohair. Die Darbietung befriedigte allerdings die an knallharten Striptease gewöhnten Reisenden nicht recht, denn der beim Bauchtanz so eminent wichtige Nabel darf auf allerhöchsten Befehl Nassers nicht mehr gezeigt werden. (Den Touristen wäre es bestimmt lieber, wenn der Diktator zunächst die Bakschisch-Moral höbe. Ein nackter Nabel ist leichter zu ertragen als Nepp.)

Fräulein Magdi war von oben bis unten züchtig bekleidet und vollführte mit ihren Hüftpartien ruckartige Bewegungen, die aussahen, als wolle sie mit dem Allerwertesten eine Nuss knacken. Anschließend an die Bauchartistik gingen ein malerisch gekleideter Tamarindensafthändler, ein Hausfotograf in Beduinentracht und eine halbverschleierte Handleserin von Tisch zu Tisch und boten ihre Dienste an. Sie vermittelten den Gästen ein desinfiziertes, hygienisch einwandfreies, ganz neues Wüstengefühl.

Um doch noch ein echtes Wüstenerlebnis zu haben, fuhr ich hinaus zu jenem Karawanenzelt, in dem sich dicht unter den Pyramiden am Rande des ewigen Sandes der „Sahara-Night-Club" etabliert hat. Aber dort war das Programm nicht viel anders, nur die Getränke waren teurer.

Als ich enttäuscht ins Hotel zurückkam und in den zehnten Stock hinauffahren wollte, war der Fahrstuhl angefüllt mit elegant gekleideten Ägyptern. Das mollige Liftgirl mit Kleopatra-Frisur fragte jeden nach dem gewünschten Stockwerk. Einer nach dem andern zeigte mit dem Daumen nach oben und sagte: „Ruff!" Hatten die etwa alle in Berlin studiert? Nein, sie sprachen Englisch und wollten zum „Roof", dem Dachgarten.

Dort oben verkehrt die Elite der Kairoer Gesellschaft, also die ganz großen Bakschisch-Kassierer. An der Bar genoss ich von bayrischen Emigranten gebrautes „Stalla-Bier", einen von russischen Emigranten gebrannten Wodka und den Blick auf das Lichtermeer Kairos.

Am nächsten Morgen fuhr ich mit einer Taxe hinaus zu den Pyramiden, um sie ohne bonbonfarbene Lichteffekte und ohne dozierende Geräuschkulisse in aller Ruhe zu besichtigen. Beim Aussteigen bedrängten mich aber so viele Kameltreiber, Pferdeverleiher und Übersetzer, die mit den Händen auf mich einredeten, dass ich sofort in die Taxe flüchtete und zum Hotel zurückfuhr.

Dort schloss ich mich einer deutschen Reisegesellschaft (West) an, die sich gerade zu den Pyramiden aufmachte.

Bei der Ankunft in Gizeh übergab der Reiseleiter die Gruppe einem zahnlosen alten Araber, der mit wehender Knoblauchfahne zum Pyramideneingang voranstürmte. Dort teilte er uns in brüchigem Englisch mit, die vielen Hunderttausend, pro Stück zwei Tonnen schweren Steine seien ohne jede Zementbindung lose aufeinandergeschichtet. Angesichts des engen, finsteren Loches, das in das Innere des gewaltigen Cheops-Gedächtnis-Steinhaufens hineinführte, verzichteten viele Orientfahrer auf eine Besichtigung der im geometrischen, also besonders beunruhigenden Mittelpunkt der Pyramide befindlichen Grabkammer. Mich trieb jedoch die Pflicht hinein.

Wer in der schräg nach oben führenden Aufstiegsröhre Platzangst bekam, konnte nicht mehr zurück. Wegen der Enge des Schachtes ist der Grabkammer-Publikumsverkehr nur in jeweils einer Richtung möglich.

Nach mühsamem Aufstieg standen wir zweiunddreißig Grabschänder in der zweckentfremdeten, dem Fremdenverkehr erschlossenen letzten Ruhestätte des Pharaos. Besucher aus allen Kulturländern hatten bereits ihre Namen in die Wände gekratzt. Der Gedanke, dass einige Hunderttausend Tonnen Gestein lose über unseren Köpfen lagen, ließ keine rechte Andacht aufkommen. Alle Umstehenden sahen ängstlich zu der aus einem einzigen Granitblock bestehenden Gruftdecke empor und machten sich klar, dass sie im Falle eines Einsturzes bequem in jedes Briefmarkenalbum passen würden. Es roch auch sehr schlecht im Raum, obgleich der Sarkophag längst leer war.

Heilfroh, der Pyramide entronnen zu sein, standen wir nach dem Abstieg im heißen Sand. Und weiter ging's – zur Sphinx.

Dort wollte ein glücklicher Zufall, dass wir drei Minuten lang völlig unbelästigt das Bild dieser stark angeschlagenen Löwendame auf das Auge bzw. auf den Rollfilm wirken lassen konnten. Die sechzig diensttuenden Kameltreiber waren nämlich gerade voll damit beschäftigt, eine Monstre-Gruppe mit fünf Dutzend hoch zu Kamel sitzenden Touristen zu arrangieren. Von allen Höckern kreischte es sächsisch, die sturmerprobten Wüstenschiffe waren von ostzonalen Brüdern und Schwestern besetzt. Vor der imposanten Gruppe stand ein Beduine und schrie: „Goodsverbibbich, nu heerd mal uff mit dem Gemähre! Sonst machds fuffzich Biasder mähr!" Das war der Reiseleiter. Nachdem der offizielle Pyramidenfotograf mit einem Originalapparat des seligen Daguerre das Monumentalfoto aufgenommen hatte, gingen die Kamele ohne besonderes Kommando in die Knie. Das Klicken des Kameraverschlusses war für sie das gewohnte

Nur in stark gebückter Haltung können die Touristen zur Grabkammer im Zentrum der Pyramide gelangen. Mancher Fluch
wird auf den witzigen Baumeister ausgestoßen, der einen Quader-
stein etwas in den Gang hineinragen ließ. Abergläubische Reisende halten
die so entstehenden Beulen für eine Folge des berühmten Fluches der Pharao-
nen, der jeden Eindringling treffen soll. Alle Unbill, die den Grabkammerbesucher
in den kommenden Jahren heimsucht, wird natürlich ebenfalls dem Pharao in die
Schuhe geschoben.

Zeichen. Die ostzonale Last wurde abgesetzt, um die westdeutschen Devisenbringer auf die Höcker zu nehmen. Kontakte zwischen den Gruppen wurden nicht aufgenommen, was den jeweiligen Verfassungsschutz beruhigen wird. Ein dicker, eunuchenhafter Kameltreiber stürzte auf mich zu und rief: „Herr Baron, reiten Sie auf meinem Bismarck! Ich war auch schon in Düsseldorf!" Dieser werbepsychologisch sehr geschickten Ballung überzeugender Argumente konnte ich nicht widerstehen und enterte das Wüstenschiff. Bei schwerem Seegang schaukelte ich auf dem Star-Kamel „Bismarck" eine Runde. Name und Vergangenheit des Kamels schlugen sich in einer stark überhöhten Bakschischforderung nieder.

Damit war die Pyramidenbesichtigung zu Ende, die Reisegesellschaft wurde wieder in die Stadt hinein und zum Ägyptischen Museum gefahren, wo man die aus den Grabkammern herausgeholten Schätze betrachten kann.

Hauptanziehungspunkt des Museums ist jener Raum im ersten Stock, der die wertvolle Grabausstattung des „King Tut" birgt. Neben dem edelsteingespickten Sarg liegen in einer Vitrine die Fingerlinge aus echtem Gold, die der Mumie auf der Reise in die Ewigkeit die Finger schützen und erhalten sollten. Zwei Engländerinnen standen davor und zählten nach: Es waren elf Hüllen! Die Damen zählten noch einmal und gingen verwirrt weiter. Der Wärter verriet mir augenzwinkernd den Zweck der elften Hülle, die nur männlichen Mumien mitgegeben wird.

Im Mumienraum lagen in Glaskästen vierzig hervorragend konservierte Potentaten, die vor dreitausend Jahren (und mehr) bereits ihre Ruhe haben wollten und nun ihre letzte Ruhe unter einem Schild absolvieren, das dem durchströmenden Publikum das Anlehnen an sie verbietet. („It's strictly forbidden to lean against mummies!") Ich konnte den ledernen Gesichtern keinen Reiz abgewinnen und ging zurück ins Hotel, wo gerade ein Pulk alter Amerikanerinnen ankam. Das Make-up der Matronen sah aus, als wären sie einem Mumien-Einbalsamierer aus der Werkstatt entwischt. Im Speisesaal lag das Durchschnittsalter an diesem Tage um die Siebzig. Die Ägypter müssen den Eindruck haben, dass die übrige Welt ein riesiges Altersheim ist.

Am Nachmittag bummelte ich allein durch das Volksgewimmel am Nilufer. Dort gab es Einfachst-Schießbuden, wo aus Zeitschriften

Als Foto-Hintergrund für geltungstriebhafte Bundesbürger und andere Touristen aus aller Welt haben die Pyramiden nicht ihresgleichen. Wer so ein Bild vorzeigen kann, erhöht sein Prestige und vergisst schnell die vielen kleinen Misshelligkeiten, die eine Ägyptenreise mit sich bringt. Wer dieses Foto nicht hat, dem wird niemand glauben, dass er wirklich da war.

herausgeschnittene Starfotos als Zielscheibe dienten. Wenn die Köpfe durch Einschüsse unkenntlich geworden waren, riss der Budenbesitzer das nächste Foto aus seinem Film-Magazin und hängte es auf. Ich habe mit Genuss auf mehrere Leinwand-Lieblinge gefeuert, deren Namen ich aber nicht nennen möchte.

Besonderes Vergnügen bereitet es anscheinend den Ägyptern, Gewichtheberhanteln zu stemmen. Auf einer Strecke von hundert Metern gab es ein halbes Dutzend Hantelverleiher, die von jedem hebefreudigen Kunden fünf Piaster für die Benutzung verlangten. Jetzt erschienen mir die fünfundzwanzig Piaster, die vor Kurzem jeder Gepäckträger für das Anheben meines Koffers einhob, in einem ganz neuen Licht. Ich bezahlte demnach den Fellachen ein Vergnügen.

Trotz dieser pittoresken Eindrücke trieb mich das Verkehrsgebaren der Einheimischen ins Hotel zurück. Als Mitteleuropäer wird man nervös, wenn Bettelkinder einem an die Hosentaschen fassen, um die Ausrede „Ich habe kein Kleingeld mehr!" auf ihren Wahrheitsgehalt nachzuprüfen.

Vor dem Nil-Hilton fuhr gerade ein Pullman-Bus zu einer Stadtbesichtigung ab. Da bin ich eingestiegen.

Erste Station: Der Palast König Faruks, im Reiseführer als „Musterbeispiel orientalischer Prachtentfaltung" bezeichnet. Das scheint mir stark übertrieben. Die Inneneinrichtung könnte samt und sonders aus Berliner Kanzleiratswohnungen der Jahrhundertwende stammen. Das Schlafzimmer des lebensfrohen Monarchen war eine herbe Enttäuschung. Ein graugestrichenes Umbaubett, wie man es in jedem zweitklassigen Hotel finden kann, und als Nachttischbeleuchtung eine ordinäre Büro- oder Arbeitslampe, denn der Potentat pflegte bis in die Nacht hinein das Beste seines Volkes im Auge zu haben. Schöne Ägypterinnen in Öl schmückten alle Privatgemächer des Herrschers. Wirklich interessant war für die meisten nur das Badezimmer. Dort stand neben einer Personenwaage ein weißer Glasschrank mit sehr persönlichen Gerätschaften, die Seine Majestät in der Eile des Aufbruchs zurückgelassen hatte: Ein Föhn, ein Klistier und einige rätselhafte orientalische Apparaturen, von denen die aufs Exotische eingestellte Fantasie der Schlossbesichtiger, die sich kein X für ein U vormachen lassen wollten, stark beflügelt wurde. Im Vorraum des Badezimmers hingen Stangen von der Decke, auf denen zurzeit Faruks lebende Tauben gurrten. So sagte uns jedenfalls der Kastellan. Die Tauben waren, von den Bienen natürlich abgesehen, des Königs Lieblingstiere.

Zum Schluss wurden wir in den privaten „Night-Club" geführt. Die Ausstattung soll fünf Millionen Mark gekostet haben, ist es aber bestimmt nicht wert. Da wurde der König der Ägypter offensichtlich gewaltig übers Ohr gehauen, was in diesem Lande doch eigentlich das Vorrecht der Fremden ist. Eine Tür weiter lag das mit nackten, sich auf Kissen räkelnden Haremsdienerinnen reich dekorierte Schlafzimmer der Königin-Mutter, die von hier aus wohl aufgepasst hat, dass ihr dickes Bübchen nebenan keinen Unfug trieb.

Zweite Station der Stadtrundfahrt: Die Zitadelle mit der Mohammed-Ali-Moschee. Hier stauten sich die Sightseeing-Busse. Die in das mohammedanische Heiligtum strömenden andersgläubigen Touristen mussten ihre Schuhe in die Hand nehmen und sich von am Boden hockenden biblischen Gestalten graue Leinenbeutel über die Füße ziehen lassen. Die Ägypter arbeiteten nur mit der linken Hand, die rechte hielten sie zum Bakschischempfang hoch, pro Minute etwa fünfmal.

Letzte Station: Die stark übervölkerte Altstadt mit dem „Basar". Es bedurfte starker Überredungskünste des Führers, wenigstens einen Teil der Insassen aus dem Bus heraus auf die Straße und in die Souvenirläden zu bringen. (Der Dragoman bekommt von jedem Kauf Prozente.) Die meisten blieben sitzen, denn der Dreck, mit dem orientalisches Volksleben bekanntlich verbunden ist, überstieg hier selbst die romantischsten Erwartungen.

Ich schloss mich dennoch einer kleinen Gruppe an, die unter Führung unseres Dragomans einen Ausfall aus dem von Bakschischjägern umlagerten Bus wagte. Nach Einkauf des Allernötigsten an Souvenirs, wozu vor allem eine „Harems-Geheimnisse" genannte Parfümmischung gehörte, stiegen wir wieder in das Kollektiv-Fahrzeug, wo die sitzen gebliebenen Amerikanerinnen deutlich von uns abrückten. Damit war die Stadtrundfahrt beendet.

Abends habe ich das Restaurant „Muenchen" besucht. Dort saßen unter einem handgemalten Alpenpanorama biertrinkende blonde Männer mit treudeutschem Spezialistenblick. Man sah ihnen an, dass sie jede Schraube ihrer Raketen oder Düsenbomber kannten und sonst nichts in der Welt. Auf einer Konsole stand eine Plastik des Münchner Kindls, und ein festlich geschmückter Farbiger brachte eine „Original Bayerische Leberknödelsuppe", die aber einen sehr unbayerischen Wasserbüffel-Nachgeschmack hatte.

Der Abschied von Kairo fiel mir ziemlich leicht. Vom Verlassen des Hotels bis zum Betreten des Schiffes in Alexandria hatte ich 18 (in Worten achtzehn) hilfsbereite Araber mit Bakschisch zu beschenken.

Meine Piaster schwanden dahin. An der Gangway krächzte mir von hinten eine Männerstimme ins Ohr: „Scheene Miezen! Puff!" Ich drehte mich um. Ein Händler bot schöne Mützen und runde lederne Sitzkissen an. Als das Schiff ablegte, war ich sehr erleichtert, seelisch und finanziell.

Ein Trip nach Kairo steht im Prestigewert weit über einer Spanien- oder Italienreise. Und nur deshalb fahren die meisten Leute hin. Denjenigen Lesern aber, die einen romantischen, von den Wohlgerüchen Arabiens erfüllten, liebenswerten und farbenprächtigen Orient kennenlernen möchten, gebe ich den Rat: Gehen Sie ins Kino oder fahren Sie nach Tunis.

Mit Frau Meier in die Wüste

Tunesien ist ein fortschrittliches Staatswesen. Das merkte ich bereits auf dem Schiff, das Neapel mit Nordafrika verbindet: Ein tunesischer Passagier in schneeweißem Burnus verlangte vom Steward eine Spesenquittung mit Stempel und Datum für die Steuer.

Als der Dampfer frühmorgens im Hafen von Tunis anlegte, kamen zunächst, wie in allen Häfen der Welt, die amtlichen Ordnungshüter an Bord, um nach uralten Riten die Passkontrolle vorzunehmen. Die Herren trugen tadellose Maßanzüge oder sehr elegante Uniformen. Sie etablierten sich im Speisesaal an einem langen Tisch, auf dem die Pässe sämtlicher Fahrgäste sauber aufgestapelt lagen. Durchglüht von dem amtlichen Irrglauben, dass böse Menschen an schlechten Pässen zu erkennen sind, machten sie sich an ihre verantwortungsvolle Arbeit.

Ein italienischer Steward rief die Namen der Passagiere auf, deren Pass dran war. Es waren viele fremdländische darunter. Sogar eine thailändische Prinzessin schien an Bord zu sein: Immer wieder rief der Steward den seltsamen Namen „Skimidit", der fast so schön wie „Sirikit" klang und eine dufte Blume des Orients vermuten ließ. Leider meldete die Prinzessin sich nicht, wahrscheinlich wollte sie dem Zollbeamten eine Privataudienz in ihrer Luxuskabine gewähren.

Als alle Passagiere (bis auf mich) abgefertigt waren, rief der Steward noch einmal „Skimidit!". Da erkannte ich in seiner Hand meinen Pass. Im Italienischen wird „Sch" wie „Sk" ausgesprochen, und die vielen Konsonanten in „Schmidt" konnte der brave Italiener nur durch „i"-Einschieben bewältigen.

An der Gangway überreichte mir eine wunderschöne Orientalin in einem sehr schicken marineblauen Schneiderkostüm einen amtlichen Prospekt des tunesischen Verkehrsbüros. Mit diesem Fremdenführer in der Tasche ging ich durch die Zollhalle, wies den Kofferinhalt vor und gelangte auf die Straße. Weit und breit kein Taxi. Im Schatten aufgestapelter Dattelkisten setzte ich mich auf meinen Koffer, wartete und blätterte im Führer. Auf der ersten Seite stand:

„So schwierig es manchmal sein kann, den Reiz, der von einem jungen Mädchen ausgeht, in Worte zu fassen, so schwierig ist es, den Zauber Tunesiens zu schildern."

War dieser blumige Satz als Warnung an herumreisende Reporter zu verstehen? Im Moment war ich nur für die Reize eines Taxameters ansprechbar.

Ein Wasserhändler kam die sonnendurchglühte Straße entlang. Er sah genauso aus wie die Wasserträger in amerikanischen Bibelverfilmungen und trug seine Ware in einer aufgeblasenen ehemaligen Ziege an einem Strick über der Schulter. Am einen Ende der Ziege war ein Messinghahn befestigt, aus dem das wertvolle Nass in einen verbeulten Blechbecher lief. Der bärtige Alte hielt mir den Becher hin, doch von Europas Bakterienfurcht angekränkelt, wich ich zurück. Da kam die schicke Dame wieder vorbei, die mir vorhin den Prospekt überreicht hatte. Sie nahm den Becher, setzte ihn an ihre im schönsten Pariser Rouge leuchtenden Lippen, trank, zahlte und ging. Nun konnte ich dem Wasserhändler natürlich nicht mehr nein sagen. Obgleich der Verdacht nicht von der Hand zu weisen ist, dass die Dame den Becher im Dienste der Fremdenverkehrswerbung leerte.

Auf die Frage, wann man hier draußen am Hafen mit der Vorbeifahrt eines Taxis rechnen könnte, antwortete die biblische Gestalt in der Sprache Voltaires. Seinen Worten war zu entnehmen, dass die Taxen in Tunis von Allah betrieben werden, wenn auch formell eine städtische Gesellschaft dafür zuständig ist. Inzwischen aber war durch die Sonne, die ungewohnte Umgebung und vielleicht auch durch das Wasser aus dem Ziegensack etwas von der berühmten orientalischen Gelassenheit über mich gekommen.

Ich schlug den Führer wieder auf und las weiter: „Man begeistert sich mit Recht an dem goldenen Licht der Sonne, der Azurfarbe des Himmels und des Meeres, die zu jeder Jahreszeit das Land zärtlich umhüllen und ihm die Süßigkeit des Lebens verleihen, die den Lauf der Zeit vergessen lässt und dem Alltag einen tieferen Sinn und Lebensinhalt gibt."

Welch herrlicher Satz von orientalischer Pracht und Lieblichkeit! Und das in einem Prospekt, der auf Deutsch und für Deutsche geschrieben war! Das tunesische Verkehrsbüro hatte bestimmt keinen erfahrenen deutschen Werbefachmann zugezogen. Der hätte den schönen Satz rücksichtslos gestrichen und durch den der deutschen Mentalität entgegenkommenden Slogan ersetzt:

Tunis – ein neues Reisegefühl
für repräsentative Menschen von Geschmack!

Endlich gefiel es Allah, eine seiner Droschken vorbeikommen zu lassen. Es war ein Kleinstwagen französischer Bauart mit einem hünenhaften Berber am Steuer. Hinter dem Ohr trug der Wüstensohn einen Strauß Orangenblüten, deren betäubender Duft mich in eine milde Trance versetzte, die bis zum Hotel anhielt.

Als Fahrpreis verlangte der Hüne nur den Betrag, den die Taxameteruhr anzeigte. Wenn man vorher in Neapel war, wo jeder Taxifahrer

„Was willst du damit sagen, dass die Verschleierung auch ihre Vorteile hat?"

den von der Uhr angegebenen Betrag mit einem selbsterdachten Index multipliziert, fühlt man sich in Tunis wie in einer Hansestadt.

Der Hotelportier trug eine rote Filzkappe und fragte: *„Vous êtes de quel caravane?"*

Zu welcher Karawane ich gehörte? Verwirrt antwortete ich: „Zu keiner!"

Der Empfangschef schlug die Hände über dem Kopf zusammen und rief zur Direktion hinüber: *„Madame, un voyageur isolé!"* Man bezeichnete mich als „isolierten Reisenden". Madame kam aus dem Büro heraus, das Hotelpersonal sammelte sich im Foyer, alle bestaunten mich. Im Zeitalter der Gesellschaftsreisen, im tunesischen Hoteljargon Karawanen genannt, ist der *voyageur isolé* ein seltener, schwer einzuordnender Zugvogel.

Jeden Touristen, der zum ersten Mal in den Orient kommt, zieht es mit magischer Kraft zum Basar. Am großen Tor, das in die Altstadt von Tunis führt, saßen drei Araber auf nichts: Zwischen, Erd- und Hosenboden befanden sich zwanzig Zentimeter Luft. Wunder des Orients!

In den engen Gassen wimmelte es von Burnussen, Turbanen und weißen Schleiern. Einige auf dem Weg zur Emanzipation (und kleinen Besorgungen) befindliche Frauen hielten nur noch einen Zipfel des Schleiers mit den Zähnen fest – ein Bild, das bei der vorigen Moslemgeneration noch als Halbakt gegolten hätte.

Der überraschendste Eindruck meines Bummels durch die Basare war die Diskretion, mit der alle Geschäfte getätigt wurden. Da gab es kein Geschrei und lautes Gefeilsche, wie man es von anderen Anrainern des Mittelmeeres gewohnt ist. Freundlich lächelnd saßen die Händler vor ihren Schätzen, begrüßten die vorbeibummelnden Fremden mit einer höflichen Verbeugung und forderten sie mit diskreter Handbewegung zum Nähertreten auf. Trat man nicht näher, war der Fall erledigt.

Vor der Moschee Ezzitouna kam ein fürstlich gekleideter Scheich auf mich zu. (Weshalb das Wort „Scheich" bei uns meist in einem etwas abfälligen Sinne gebraucht wird, ist mir ein Rätsel. Jeder burnustragende Araber, und sei er auch noch so arm, hat mehr echte Würde als ein ganzer Staatsempfang in Bonn.) Der Grandseigneur im dunkelroten Burnus mit weißem Überwurf fragte: „Sind Sie Deutscher?" Ich gab es zu. Er lobte Deutschland im gepflegtesten Französisch. Sein Angebot, mich durch die Kasbah zu führen, nahm ich dankbar an.

Es wurde einer der zauberhaftesten Vormittage meines Lebens. Der würdige Herr zeigte mir die Koranschule, den früheren Sklavenmarkt, den Palast des Bei (an dessen Mauern ausgerechnet Schlafzimmer feilgeboten wurden), verträumte kleine Höfe und blumengeschmückte Dachterrassen, von denen man einen weiten Blick über die moscheenreiche Stadt hatte.

Der Zufall wollte allerdings, dass wir bei unserem Spaziergang in regelmäßigen Abständen bei Freunden meines neuen Freundes landeten, die seltsamerweise alle Teppichhändler waren. Überall wurden wir zu einem kleinen türkischen Kaffee eingeladen, den wir auf jenen runden Sitzkissen einnahmen, die man auch in feinsten Kreisen als Puff bezeichnet. Wir sprachen über Geschichte, Sitten und Gebräuche des Landes, über Parallelen in den verschiedenen Religionen und über die tunesischen Volksbräuche. Nur über eins sprachen wir nicht: Über Teppiche, die doch eigentlich, um einen Ausdruck der jungen Dichtergeneration zu gebrauchen, das echte Anliegen des jeweiligen Gastgebers waren.

Die Höflichkeit gebot mir natürlich, beim Abschied stets ein paar bewundernde Worte über die reichlich herumliegenden Produkte einheimischen Knüpf-Fleißes zu verlieren. Ebenso natürlich gebot die Höflichkeit dem Gastgeber einige exquisite Stücke hervorzuholen, sie aber nicht etwa zum Kauf anzubieten, denn das wäre einer Beleidigung des Gastes gleichgekommen.

Daraufhin gebot mir wieder die Höflichkeit, nach dem wahrscheinlich sehr hohen Wert der Teppiche zu fragen, was den Gastgeber veranlasste, zunächst den Wert und dann ein Fünftel als Freundschaftspreis zu nennen. Das war dann jedes Mal der kritische Punkt des Besuches, an dem ich immer wieder dieselbe Ausrede benutzte: „Ich komme am Nachmittag mit meiner Frau, die dann die Auswahl treffen wird!" Ich verschwieg allerdings, dass meine Frau sich in der ziemlich sicheren Entfernung von etwa zweitausend Kilometern befand. Händler und Scheich wiederum beteuerten, dass ihnen nichts an einem Geschäft läge, sondern dass es ihnen ein Vergnügen war, einen so netten Menschen wie mich kennenzulernen. So erzählten wir uns pausenlos Märchen, es war wie in Tausendundeiner Nacht.

Am Rande der Kasbah verabschiedete ich mich unter Austausch vieler Höflichkeiten von meinem Begleiter. Ich kam mir vor wie ein Betrüger, denn der als Scheich verkleidete Teppichhandelsvermittler hatte mich ohne jede Gegenleistung mit echt orientalischer Verkaufsgesprächskultur bekannt gemacht. Außerdem gab er mir noch einen sehr wertvollen Tipp mit auf den Weg: Ich sollte unbedingt zur „Place Bab Souika" fahren, denn dort sei Tunis am orientalischsten.

Mein Freund hatte nicht übertrieben. Rund um den Platz saßen in Garküchen und maurischen Cafés, deren Tische und Stühle auf

Viele Reisende kommen mit übertriebenen Vorstellungen von Bauchtanz zu den Vorstellungen, die in manchen Oasen für Reisegesellschaften gegeben werden. Viel mehr als auf diesem Bild wird von den Tänzerinnen selten gezeigt. Trotzdem staunt der Laie immer wieder, was die Damen vom Fach alles mit dem Bauch machen können.

die Straße hinaus wucherten, leise plaudernde, meditierende oder Domino spielende Araber. Ich habe mich in so ein Café gesetzt, mir eine Wasserpfeife bestellt und in aller Ruhe das Gewimmel von Einkaufstaschen schleppenden verschleierten Hausfrauen, Lastträgern, Kuchenhändlern, Eselstreibern und Wasserverkäufern betrachtet.

Aus dem Hinterzimmer des Cafés ertönten klagende Flötenweisen. Wenn die Nargileh wegen meiner Ungeübtheit auszugehen drohte, nahmen hilfsbereite Nachbarn das Mundstück, ließen es in ihren Prophetenbärten verschwinden und nuckelten die Wasserpfeife wieder in Gang. Sie rieten mir: „Langsam und ruhig ziehen, niemals hastig!" Eine goldene orientalische Lebensregel, die für alles passt. Nicht ohne Grund ist der Herzinfarkt eine im Orient ziemlich seltene Ablebenserscheinung. Wie vielen bundesdeutschen Managern würde eine Wasserpfeifenkur an der Place Bab Souika guttun! Aber die Touristen aus der Bundesrepublik besuchen die Stadt Tunis nur am Rande, denn sie alle streben nach der rein deutschen Kolonie Hammamet, die fünfzig Kilometer südlich am wunderschönen gleichnamigen Meerbusen liegt.

„Hammamet" – bis vor Kurzem hätte ich das für die Äußerung eines alten Germanen bayerischer Abstammung gehalten, der sich bei seiner Thusnelda erkundigt, ob noch Met im Hause sei. Inzwischen weiß ich, dass Hammamet eine Perle an den blauen Gestaden des Mittelmeeres ist. Vor diese Perle werfen deutsche Flugreisegesellschaften allwöchentlich ganze Klipperladungen sonnenhungriger Touristen aus der regenreichen Bundesrepublik. Luftlandetruppen des Friedens, wenn man so sagen darf.

Als ich ziemlich spät abends in Hammamet ankam und eines der beiden im Stil maurischer Sultanspaläste erbauten Hotels betrat, klang mir das schöne Lied „Trink, trink, Brüderlein trink" entgegen. Mein erster Eindruck war: Ich bin in der Filmstadt Geiselgasteig, die Dekoration für den Monster-Ausstattungsfilm „Die Lieblingsfrau des Kalifen" ist drehfertig ausgeleuchtet, die deutschen Komparsen sitzen noch in den Kulissen herum und warten auf das Eintreffen der Kostüme. Bis dahin vertreiben sie sich die Zeit mit Skatspielen und dem lautstarken Erzählen von Kriegserinnerungen.

Der arabische Portier sprach rheinisch gefärbtes Deutsch und bedauerte, mich als Einzelreisenden nur zwei Nächte beherbergen zu können. „Wejen Reisejesellschaft ... übermorgen Se können jehn in de Wüste!"

Das war keine Drohung, sondern das freundliche Angebot, mich an einer zweitägigen Omnibusfahrt zur Oase Gabés zu beteiligen. Diese Wüstenfahrten sind das Ventil, mit dem sich die Hotels in Hammamet während der Hochsaison vom Überdruck befreien.

Ein eleganter Boy in ornamentverzierten Pluderhosen nahm die Koffer und führte mich durch die Pracht, vorbei an indirekt beleuchteten Wasserspielen, altrömischen Amphoren mit der Aufschrift „Papier" und farbenprächtigen Blumenrabatten. Um einen betäubend duftenden Garten mit Zitronen- und Orangenbäumen herum lagen ebenerdige Appartements mit kunstvoll vergitterten Fenstern. Ich kam mir vor wie ein Mädchen, das in ein Serail eingeliefert wird. Der Boy schloss eine mit Eisennägeln verzierte Tür auf, stellte meine Koffer ab und verschwand, ohne auf Trinkgeld zu warten. Wunder des Orients!

Wegen eines Schlaftrunkes machte ich noch einen Abstecher in die Bar, wo alle Tische mit Erfolgsmenschen voll besetzt waren. Es ist ja eine bekannte Tatsache, dass man auf Reisen ausschließlich sogenannte „Führungskräfte" kennenlernt. Wie viel Tüchtigkeit des Einzelnen sprach aus allem, was da ziemlich laut gesagt wurde! Die einzigen „Herren" im althergebrachten Sinne waren eigentlich nur die vornehmen und zurückhaltenden Kellner. Sie waren keine Erfolgsmenschen im kommerziellen Sinn, aber schön wie die Scheichs der Stummfilmzeit. Die gewichtigen Gattinnen der deutschen Führungskräfte himmelten die arabischen Dienst-Herren an und gaben sich bei allen Bestellungen furchtbar neckisch. Es geht das Gerücht, dass männliche Einwohner Hammamets hin und wieder dem Werben bundesdeutscher Damen nachgeben, die wegen Übergewichtes jede Hoffnung auf Romanzen längst aufgegeben haben. In Tunesien gilt die Förderung des Fremdenverkehrs als nationale Pflicht. Außerdem kommt die Fülligkeit mitteleuropäischer Mittvierzigerinnen dem arabischen Frauenideal sehr nahe.

Das diskrete Gurren, das ich auf dem Rückweg zu meinem Bungalow aus den dunklen Gärten hörte, konnte Tunesisch, Rheinisch oder eine Mischung aus beidem sein.

Beim Schlafengehen machte ich die überraschende Feststellung, dass in den Betten von Hammamet keine Langeweile aufkommen kann. Man hört aus den Nebenappartements jedes Wort und jedes Geräusch.

Zu beiden Seiten meines Bettes wurden die großen Eindrücke des heutigen Tages besprochen. Von links kam eine Männerstimme: „Hätte ich nicht die Sieben gezogen, als der angebliche Fabrikdirektor

Pique ausspielte, hätte ich gewonnen!" Von rechts kam eine Damen-
stimme: „Fleisch können die Brüder nicht kochen! Gott sei Dank habe
ich die Zähne meines Vaters!" Dieser Satz mit seinen Auslegungs-
möglichkeiten bewegte mich bis zum Einschlafen. Zu erzählen, was
mir sonst noch geboten wurde, verbietet die Diskretion, soweit es
das Zimmer zur Linken, und der Anstand, soweit es das Zimmer zur
Rechten betrifft.

Als ich am nächsten Morgen vor die Tür trat, saßen rechts und
links meine Nachbarn beim Frühstück. Errötend wünschte ich mit
Verbeugung nach beiden Seiten einen guten Morgen. In der Mor-
gensonne machte die Bungalowreihe mit den unter Zitronenbäu-
men sitzenden Bewohnern den Eindruck einer sehr vornehmen
Arbeitersiedlung.

Nach dem Frühstück musste ich mich völlig umziehen, weil mir
eine vollreife Zitrone in die Kaffeetasse gefallen war. Die Zitronen-
bäume haben offensichtlich die Aufgabe, der Hotelwäscherei zu re-
gem Geschäftsgang zu verhelfen.

Hinter dem Minigolfplatz von Hammamet traf ich das wohl
meistfotografierte Kamel der Welt. Es machte pausenlos Kniebeu-
gen: Vorderbeine runter, Hinterbeine runter, ein Hotelgast rauf auf
den Sattel, Hinterbeine hoch, Vorderbeine hoch, Blende 8, sechzigstel
Sekunde, Klick, Vorderbeine runter, Hinterbeine runter, Gast runter,
der Nächste bitte, Hinterbeine hoch, Vorderbeine hoch und so weiter,
bis zur Mittagspause ... Nichts hebt den gesellschaftlichen Wert eines Menschen so sehr wie die Verbindung mit einem Kamel.

Fünfhundert Quadratmeter Sandstrand kommen schätzungs-
weise auf jeden Kopf der Hotelbevölkerung von Hammamet. Wer

Einsamkeit sucht, kann sie hier finden. Es sucht sie aber keiner. Es wird nur in Pulks gebadet und gesonnt.

Ich erholte mich an diesem einen Tag in Hammamet ganz ausgezeichnet. Das war auch nötig, um die Strapazen der Wüstenfahrt am folgenden Tag zu überstehen. Sechzehn Oasen-Aspiranten standen um sieben Uhr früh in leichtester Sommerkleidung vor dem Hotel. Ich fragte die Reiseleiterin, wie weit es bis zum Ziel unserer Wüstenträume sei, und wurde blass: Hin und zurück siebenhundert Kilometer. Noch blasser wurde ich, als der Omnibus kam: Es war ein Kleinbus, wie ihn größere Hotels für kleine Strecken und Gepäcktransport benutzen.

Ich bekam einen Platz über der Hinterachse. Neben mir saß die hervorragend gepolsterte Frau Meier aus Castrop-Rauxel, ein Ausbund rheinischer Fröhlichkeit. Sie machte dauernd urkomische Bemerkungen, über die sie vor Lachen kreischte. Für die Lustigkeit der Fahrt sorgte außer Frau Meier noch ein Herr Bickel, der diese Gegend schon einmal im Range eines Stabsfeldwebels bereist und sich den goldenen Humor dieser Berufsgruppe bewahrt hatte.

Sieben ratternde Kleinbusstunden lang unterhielten uns die beiden Betriebsnudeln. Nur hin und wieder gelang es der Reiseleiterin, sie mit wohlgemeinten Ausführungen über Sitten und Gebräuche des Landes zu unterbrechen. Auf halber Strecke wurde eine Pause eingelegt, um das altrömische Kolosseum von El Djem zu besichtigen. Ein arabischer Führer geleitete die Gruppe durch Kolonnaden und Verliese. Immer wieder splitterten von der Gesellschaft einzelne Touristen ab, um irgendeinen besonders schönen antiken Winkel allein und verinnerlicht zu betrachten. Beim Verlassen des Bauwerks waren alle wieder in gesteigerter Fröhlichkeit vereint. Herr Bickel ging Wein „organisieren", wie er es so anheimelnd nannte.

Das Mittagessen wurde in voller Fahrt aus weißen Pappkartons eingenommen, sogenannten Lunch-Boxes, die das Hotel für jeden in die Wüste geschickten Gast mitgegeben hatte. Der Bus raste auf schnurgerader Piste an Kamelen, Olivenhainen und wandernden Beduinenfamilien vorbei. Die Beduinen, die uns neidlos nachblickten, mussten den Eindruck gewinnen, dass die Deutschen mit Vorliebe weiße Pappkartons verzehren.

Der Dichtungsvertreter ließ die Weinflasche kreisen, die Stimmung war hervorragend. Das Lied zum Lobe des schönen Westerwaldes erklang, wurde aber aus weltanschaulichen Gründen nicht von allen mitgesungen.

Als wir am Nachmittag im Oasenort Gabés ankamen, war ich total gerädert.

Alle übrigen Teilnehmer der 350-Kilometer-Fahrt, erprobte Gesellschaftsreisende, waren noch taufrisch. Der deutsche Tourist ist, da gibt es keinen Zweifel, der zäheste der Welt.

Nach Zuweisung der Hotelzimmer machte die Gruppe, aber ohne mich, noch einen kleinen 120-Kilometer-Ausflug zum Höhlendorf Matmaha. Ich bummelte inzwischen in Gabés herum. Vor einem Andenkenladen hing ein großer Wandteppich zum Verkauf, auf dem eine Schneelandschaft dargestellt war, durch die eine Troika raste. Es handelte sich bei diesem Stück wohl kaum um tunesische Volkskunst, sondern um die Folge eines bilateralen Handelsabkommens mit Pankow.

Beim gemeinsamen Abendessen saß Frau Meier neben mir. „Da haben Sie aber wieder wat verpasst, Herr Schmidt! Wir haben einen

Damen mit gewissem Übergewicht können im Orient das langentbehrte Glück genie-
ßen, die bewundernden Blicke aller Männer auf sich zu ziehen. Dort herrscht eine völ-
lig andere Geschmacksrichtung als in der freiwillig hungerleidenden Bundesrepublik.

jungen Scheich gesehen, der sein Pferd zur Tränke führte ... nein,
war der schön ... wie ein Schauspieler!" Was Schöneres kann es wohl
kaum geben.

Nach dem Essen zog ich mich in die Hotelhalle zurück. Unter einem riesigen Ölbild, auf dem eine schöne Beduinin ein Kamel bändig-
te, das vor einem Auto der Jahrhundertwende scheute, lag auf einem

Tischchen als einziger Lesestoff die „Deutsche Drogistenzeitung"
Ein sicher hochinteressantes Blatt, für das ich aber 350 Kilometer tief
in der Wüste nicht die richtige Konzentration aufbrachte. Das Einschlafen war mit Schwierigkeiten verbunden, denn unter meinem
Fenster waren deutlich hörbar zwei Araber damit beschäftigt, sich
gegenseitig die Kehle durchzuschneiden oder zuzudrücken. Stöhnen
und Gurgeln drangen an mein entsetztes Ohr. Ich lehnte mich zum
Fenster hinaus und stützte dabei die Hände auf den Sims. Die Finger
versanken in einer lehmartigen Masse. Einige dicke Tauben, die den
Radau (und außerdem die lehmartige Masse) erzeugt hatten, flatter-
ten erschreckt davon.

Am Morgen regnete es wie aus einer voll aufgedrehten Dusche. Der
Portier versicherte, dass man schon gewaltiges Glück haben müsste,
um das in einer Oase zu erleben.

Vor dem Hotel standen vier antike Pferdedroschken für die von
den Reisenden im Voraus bezahlte und deshalb eisern durchgeführ-
te Oasenrundfahrt bereit. Durch die Löcher im Verdeck rann mir das
Wasser pausenlos in den Nacken.

Im Zentrum der Oase hielt die gespenstische Kolonne an einem im
Bau befindlichen Postkartenstand. Vor uns lag die lebenspendende
und rauschende Quelle. Das Rauschen konnten wir allerdings nicht
hören, weil der Regen zu laut auf das Verdeck prasselte.

Die Reiseleiterin forderte uns zum Aussteigen auf. Wir sollten
ihr auf einen etwa hundert Meter entfernten Hügel folgen, von dem
aus man einen Blick von einmaliger Schönheit in die Wüste haben
würde. Und da tat ich etwas, was man wohl als Schandfleck in einem
Reporterleben bezeichnen darf: Ich blieb in der Kutsche sitzen und

wurde zum Wüstendienstverweigerer. Ich hatte noch einige trockene Fäden am Leibe, und die sollten es bleiben.

Zweieinhalbtausend Kilometer weit war ich gereist, um die echte Wüste kennenzulernen. Aber die letzten hundert Meter habe ich nicht mehr geschafft. Durch einen Spalt im Verdeck konnte ich beobachten, wie meine Mitreisenden in strömendem Regen und vom Wind gepeitscht den Hügel stürmten, allen voran Frau Meier. Sie hat mir hinterher erzählt, was sie sah, und ich habe es als pflichtbewusster Reporter genau aufgeschrieben: „Also, Herr Schmidt, so viel Sand können Sie sich janich vorstellen! So weit dat Auge reicht, Sand und noch mal Sand! Da ham Sie aber wieder mal wat verpasst!"

Auf der Rückfahrt machten wir kurze Rast in zwei herrlichen Städten, in denen ich schon auf der Hinfahrt hätte aussteigen sollen: Sousse und Sfax. Wer Ihnen, liebe Leser, erzählen will, da unten gäbe es keinen echten Orient mehr, will sich nur wichtigmachen. Das Einzige, was in Tunesien vom echten, alten Orient fehlt, ist das Übervorteilen von Reisenden. Hier wird der Fremde geehrt, als Gast betrachtet und, um einen Ausdruck aus der Jägersprache zu benutzen, geschont.

Abschließend möchte ich darauf hinweisen, dass Frau Meier gar nicht Meier hieß.

Alle Abenteuer in einem Band!

ISBN 978-3-8303-3152-0

„Kombiniere: Ich bin komplett!",
würde der berühmteste Comic-Detektiv Deutschlands
zu dieser Ausgabe seiner gesammelten Abenteuer bemerken.
So bekannt wie seine trockenen Sprüche ist sein markantes Aussehen:
Riesenstirn, Hakennase, Pfeife, Kantenkinn,
Schiebermütze und karierter Knickerbocker-Anzug.
Erfunden hat ihn Manfred Schmidt, als gezeichnete Parodie auf James Bond.
Zum Tode von Manfred Schmidt 1999 bemerkte die
Frankfurter Allgemeine Zeitung:
„Es gibt keinen wichtigeren deutschen Comic-Zeichner als ihn."

Unvergessen: Heinz Erhardt!

ISBN 978-3-8303-3207-7

ISBN 978-3-8303-3206-0

Heinz Erhardt ist auch dreißig Jahre nach seinem Tod noch immer einer der beliebtesten Komiker Deutschlands. Viele seiner zeitlos-komischen Gedichte haben Kultstatus.

Diese Sonderausgabe zu seinem 100. Geburtstag bietet das Beste aus dem Gesamtwerk des Unterhaltungskünstlers und enthält neben seinen bekanntesten Gedichten und Chansons auch zahlreiche autobiografische Texte sowie Fotos. Große Heiterkeit ist garantiert.

Er war der Schelm der Nation. Ursprünglich wollte er Pianist werden, gab das ernste Fach dann aber zugunsten des Unernstes auf und eroberte als Kabarettist und Komiker Bühnen, Radio, Film und Fernsehen. Diese Biografie erzählt die Lebensgeschichte des großen Unterhaltungskünstlers, der unvergessen bleibt, weil er uns auch 30 Jahre nach seinem Tod mit seinen Büchern, CDs und Filmen noch immer zum Lachen bringt.

Bücher, die Spaß bringen!

ISBN 978-3-8303-3248-0

ISBN 978-3-8303-3314-2

Wo kommen wir Deutschen her? Wer sind wir überhaupt? Und wo gehen wir möglicherweise hin? Diese und viele andere Fragen beantwortet dieses sehr lehrreiche, oft überraschende und durchweg komische Buch – gleichermaßen geeignet für alle, die sich bisher mit unserer Geschichte kaum beschäftigt haben, wie auch für diejenigen, die glaubten, bereits alles über Deutschland zu wissen. Ein humoristischer – und dank der Illustrationen – auch optischer Leckerbissen!

Sie galten schon immer als etwas Besonderes: Es heißt, sie seien nicht wie die anderen Männer ... Soviel ist sicher: Kleine Männer sind in Wirklichkeit die größten. Sie geben den Takt an und sagen, wo's langgeht.
Günther Willen (1,89 m), Autor des Bestsellers „Niveau ist keine Hautcreme", hat eine Liebeserklärung an alle Männer unter 1,73 m geschrieben – lustig und lehrreich zugleich.
Mit 333 berühmten Beispielen!

ISBN 978-3-8303-3333-3

Alle Rechte vorbehalten. Nachdruck, auch auszugsweise,
nur mit besonderer Genehmigung des Verlags.

© 2013 Lappan Verlag GmbH,
Würzburger Str. 14, 26121 Oldenburg
www.lappan.de

Druck und Bindung: GGP Media GmbH, Pößneck
Printed in Germany

Der Lappan Verlag ist ein Unternehmen
der Verlagsgruppe Ueberreuter.

Das säurefreie und alterungsbeständige
Papier EOS liefert Salzer, St. Pölten, Österreich,
(hergestellt aus chlorfrei gebleichtem Zellstoff
aus nachhaltiger Forstwirtschaft).